本文为中共青海省委党校、青海省行政学院、青海省社会主义学院出版资助项目

青海党校学者文库（2019）

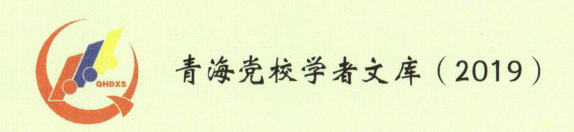

青海旅游业发展研究

RESEARCH ON TOURISM DEVELOPMENT
IN QINGHAI PROVINCE

马桂芳　著

社会科学文献出版社
SOCIAL SCIENCES ACADEMIC PRESS (CHINA)

总　序

习近平总书记强调，党校要坚持以马克思主义为指导，在研究上多下功夫，多搞"集成"和"总装"，多搞"自主创新"和"综合创新"，为建设具有中国特色、中国风格、中国气派的哲学社会科学体系做出贡献。要发挥自己马克思主义基本理论学科优势，认真研究、宣传、阐述党的思想理论，加强党的基本理论研究，更加及时地发出中国声音、更加鲜明地展现中国思想、更加响亮地提出中国主张。

六十余载沧桑巨变，一甲子春华秋实。半个多世纪以来，青海党校系统在聚焦主业主课、教育培训党员领导干部的同时，孜孜于学术研究、致力于理论创新，求真务实地记录历史、积累智慧、积淀文化。一批苦心向学之士坚守三尺书桌，以"甘愿坐穿冷板凳"的心境和"孤舟蓑笠翁"的姿态，深入青藏高原的沟沟壑壑，驰骋在广袤无际的知识海洋，为地方经济社会发展和相关学科领域研究默默地释放能量。特别是2015年全国党校工作会议以来，青海党校系统充分结合省情实际和自身特点，加强对国家和地区中长期发展问题的战略性研究，加强对重大现实问题和突出矛盾的对策性研究，加强党情政情社情信息反映和研究，在党的思想理论、生态文明建设、循环经济、民族宗教研究等方面取得了新成绩。为反映青海党校学者、学术、学科的特点和风采，营建厚德载物、薪火承传、不断精进、激励后学的学术家园，使研究成果更加系统化、科学化、体系化，我们从青海党校学者优秀学术论文、博士毕业论文和国家社科基金项目结项成果中撷取精华，集为《青海党校学者文库》，涵盖哲学、经济学、政治学、管理学、民族学等学科，着重凸显学术性，兼顾思想性与可读性，旨在为艰苦跋涉在学术研究和理论创新途中的青海党校学者提供一个展现价值和发出声音的平台，扩大青海党校系统在哲学社会科学研究领域的整体影响力。

"视而使之明，听而使之聪，思而使之正"。党校因党而立，党校学者只有坚持深化党的思想理论研究，才能不断巩固党对意识形态工作的领导、巩固马克思主义在意识形态领域的指导地位；只有营造格物致知的学术氛围和淡泊名利的学术取向，才能造就恢宏的思想气度和博大的学术气象；只有聚焦党和国家中心工作、党委政府重大决策部署和社会热点难点问题，才能有的放矢地产出有价值的学术成果。经过多年培养和积累，青海党校系统已经拥有了一支素质优良、专业过硬、作风扎实的师资队伍。着眼未来，为更好建设"一流红色学府、新型高端智库"，青海党校系统将一以贯之的继承优良传统，着力培养政治强、业务精、作风好的优秀教师，造就一批马克思主义理论大家，一批忠诚于马克思主义、在相关学科领域有影响的知名专家，以期成为青海培养和造就高素质党员领导干部的摇篮，成为青海哲学社会科学领域学术研究的前沿，成为推动学术成果向现实生产力转化的重要力量，成为青海精神、青海文化与外界传播沟通的桥梁纽带。

《青海党校学者文库》应运而生，大有可为。希望青海党校学者始终牢记习近平总书记的嘱托，秉承"实事求是"的校训，不忘初心，砥砺前行，传承党校人优秀的学术基因，努力创作出更多高质量、有影响力的优秀理论成果，为党校事业、党的事业发展做出更大贡献。

谨此为序。

中共青海省委常委
省委组织部部长
省委党校校长

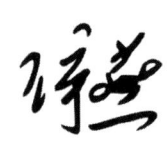

前　言

　　进入21世纪的青海旅游业，在全球经济一体化和世界多元化形成以及中国经济持续增长等时代特征的推动下，正发生一系列新的变化。如生态旅游、文化旅游蓬勃发展，休闲旅游日益完善，全域旅游有效推进。依托独具特色的自然风光、名胜古迹、民俗风情、清凉气候等旅游资源，旅游业正在成为青海省的支柱产业，并显现出游客高品质消费特征和产业高质量发展趋势。新时代，青海旅游业步入了转型发展的关键期，面临着优化产业结构、转变增长方式、提升发展质量和水平的艰巨任务，迫切需要由粗放型经营向集约化经营转变，由数量扩张向质量提升转变，由满足人们旅游的基本需求向提供高品质的旅游服务转变。在这样的时代背景下，本书以作者近年来对青海旅游业发展的一系列研究为基础，通过梳理、补充、完善而形成了关于青海旅游业发展脉络的理论文集。全书分综合篇、区域篇、生态篇、民俗篇、丝路篇和文化篇六个单元，意在系统阐述青海旅游业发展的特征、成效与不足。一方面，为实现青海旅游强省的相关学术研究作基础性铺垫；另一方面，为推动高颜值欠发达的青海旅游业高质量发展，对拉动内需、促进就业、扩大开放、增加农牧民收入、推动民族团结进步创建活动、构建和谐民族关系提供智力支持。

目录 / contents

综合篇

青海旅游业与第三产业的发展 …………………………………………… 3
加快青海体育旅游业发展的几点思考 …………………………………… 12
青海全域旅游发展研究 …………………………………………………… 21
推动青海旅游产业高质量发展的几个着力点 …………………………… 33

区域篇

对加强青藏两省区旅游协作的几点思考 ………………………………… 47
发展生态旅游 打造旅游名省 ……………………………………………… 53
大力开发旅游资源 建设高原旅游名省 …………………………………… 56
黄河上游经济区旅游协作构想 …………………………………………… 59
加快发展乡村旅游 助推青海乡村振兴 …………………………………… 66

生态篇

加快发展青海生态旅游业的思考 ………………………………………… 77
青海生态旅游发展研究 …………………………………………………… 87
青海生态旅游精准扶贫研究 ……………………………………………… 116

民俗篇

论青海民俗旅游资源的开发和利用 ………………………………………… 155
着力打造青南藏区节日民俗文化旅游品牌 ………………………………… 164
青南藏族聚居区节日民俗文化旅游发展研究 ……………………………… 169

丝路篇

青海丝绸之路旅游业发展的新机遇新动力 ………………………………… 205
论青海丝绸之路旅游业的新发展 …………………………………………… 208

文化篇

论康巴文化旅游业发展 ……………………………………………………… 219
以文化创意助推青海旅游业发展 …………………………………………… 228
节日文化是发展青南藏区民族旅游业的核心 ……………………………… 231

综合篇

青海旅游业与第三产业的发展

摘　要：20世纪90年代以来，全国旅游业发展迅猛，外汇收入和接待人数逐年增加，旅游已成为国内消费的新热点。在全国旅游业大发展和西部大开发的背景下，青海旅游业作为一项新兴产业，从小到大，正以前所未有的速度飞跃发展。本文通过对青海旅游业发展的分析，从旅游产业定位角度，深入浅出地分析了青海旅游业的发展对青海省第三产业发展的促进作用。

关键词：青海；旅游业；第三产业

旅游业是21世纪的朝阳产业，具有产业关联度强，带动效应大的特点。现阶段，在西部大开发战略的过程中，国家把旅游业作为西部开发的重点发展方向之一，这为青海旅游业的发展注入了催化剂。青海以其独特的地理位置、气候条件形成了独特自然生态环境和人文氛围，为发展现代旅游业提供了独具特色的资源优势。青海应抓住西部大开发和全面建设小康社会的历史性机遇，充分利用省内独特、丰富的旅游资源，以及旅游业投资少、见效快的特点，大力发展相对优势产业，发挥旅游业的地区扩散效应，促进青海第三产业的发展，带动周边地区经济及相关产业的发展，使之成为推动青海经济极具生命力的经济增长点，促进青海经济的腾飞，使青海实现历史跨越式的发展。

一　旅游业与第三产业的发展

旅游者在旅游活动过程中，有食、住、行、游、购、娱等多方面的需求。为了满足旅游者的多种需要，就要由多种不同类型的企业为旅游者提供商品和服务。这些不同类型的企业按照传统的产业划分标准，虽然分别属于若干相互独立的行业，但是为旅游者提供服务这一共同职能以及满足旅游者的需要这一业务关系的纽带把它们联系到了一起，形成一个集合体。因此，旅游业是一个综合性极强的产业（见图1）。据澳大利亚工业经济局对国内、国际旅游业进行的投入产出分析资料表明，澳大利亚旅游业提供的商品服务涉及国民经济中29个经济部门中的109个行业，其中还不包括文教、卫生、公安等非经济部门。

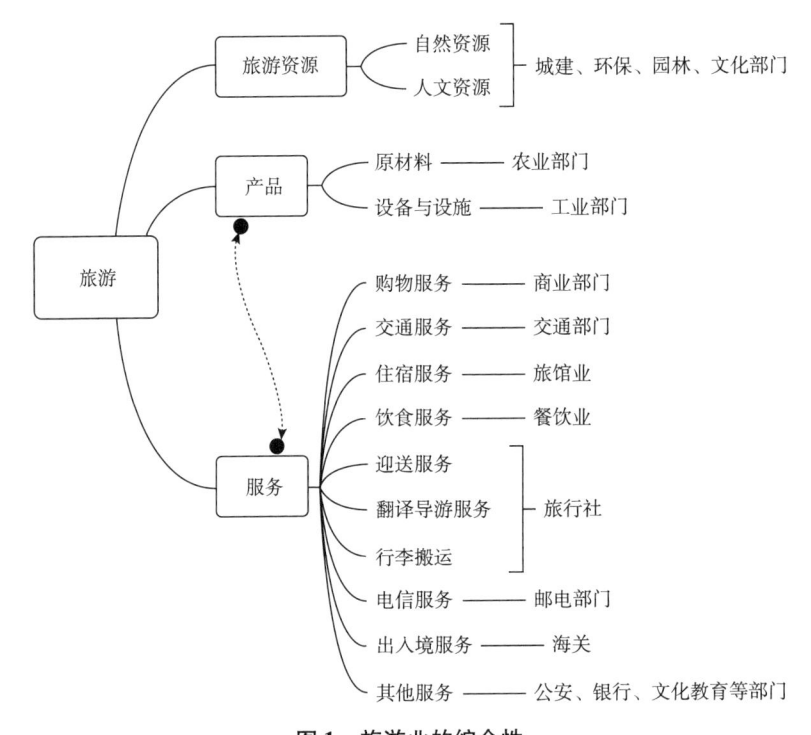

图1 旅游业的综合性

资料来源：见保继刚、楚义芳、彭华《旅游地理学》，高等教育出版社，1993。

（一）旅游业的发展状况

旅游产业发展迅速，现已成为世界一个重要产业，它兼具经济、社会、文化和环境等多种功能[1]，其经济功能尤为明显，食、住、行、游、购、娱等多方面的需求对地方经济发展的关联带动作用日益增强。因此，国内许多地方都将旅游业作为自己的先导产业、优势产业和支柱产业等，使中国旅游产业的发展进入一个新的历史时期。

在旅游产业蓬勃发展的背景下，区域旅游产业竞争也日趋激烈。许多专家学者将关注的焦点集中于区域旅游产业竞争力的研究，从旅游产业竞争力的概念、性质、结构层次的探讨到定量评价体系的确立以及实证分析的说明，旅游产业竞争力的理论开始逐步形成。

（二）旅游业与第三产业的关系

1. 旅游业从属于第三产业

旅游业一直都是第三产业的重要组成部分，这是众所周知的。如同第三产业的产生与发展具有不同阶段一样，旅游业在形成期就是一个集吃、住、行、游、购、娱等要素于一体的相互关联的传统产业集群。旅游产业的部门（行业）结构中最基本的构成形式，包括旅游交通、旅游游览、旅游住宿、旅游餐饮、旅游购物、旅行社和休闲娱乐等部门，显然应该归之于第三产业中比较初级的生活服务业。随着半个世纪以来旅游业的迅猛发展，旅游业进入到成长期。一方面，旅游业的原有基础部门需要得到现代化的改造和提升，以适应现代社会经济发展的需要。如传统的酒店、旅行社等旅游面临着现代管理理念和运营方式以及高科技和信息化的洗礼，有一个逐步转型的过程。另一方面，随着工业化后期的产业延伸和扩展、现代企业制度的普及和生产职能外包，旅游业的服务对象也扩大到了生产者，出现了许多会展旅游、奖励旅游、商务旅游、公务旅游、节事旅游、拓展培训旅游和旅游咨询、旅游规划与策划、旅游信息服务等新兴业态。旅游业是依附于第三产业的发展而发展的，同样有一个由低级向高级发展的过程。

2. 旅游业是第三产业的支柱

当代旅游业的飞速发展对世界产业结构的变化发挥着越来越大的作用，在优化产业的结构中具有一定的重要地位。产业结构是指不同产业及产业内不同企业之间的关系结构。现行的国际通用的宏观产业结构划分中的三次产业划分，一方面反映了经济发展不同阶段的主要特点及主导产业的变更，另一方面也反映了经济增长中产业结构变动的历史顺序。从经济发展的历史次序看，第一产业部门所属的各产业（农林、牧渔业）经济增长提供基础原料，是整个经济活动的原始基础，同时也是经济发展的起点；第二产业即加工制造业所属各产业的活动是第一产业活动的继续,构成经济深层次活动的主要内容,在一定条件下,它的发展成为整个经济发展水平的主要标志;第三产业是第一、第二产业以外的,以服务业为主的其他产业。第三产业的发展是经济活动深化的结果和标志,在国民经济中占主导地位。旅游业作为一项产业,也是第三产业中最具发展活力的行业之一。现在世界上有120多个国家和地区把旅游业列为21世纪的支柱产业。

（三）旅游业的发展对第三产业的影响

旅游业对第三产业增加值的直接贡献并不大,但旅游产业链较长,所涉及的行业非常广泛,包括了吃、住、行、游、购、娱六大要素,可分为旅游核心产业和旅游相关产业。旅游核心产业是指与旅游者直接发生联系,并为其提供交通运输、观光度假、住宿、餐饮、购物、康乐服务,以及为这些服务专门提供人力、智力和中介服务的企事业单位、行业和部门,主要包括旅行社、旅游饭店、旅游景区、旅游购物与旅游商品等。旅游相关产业则是指为旅游核心产业提供投入品或服务而间接与旅游活动发生关系的产业（例如交通、金融、商业等）。旅游产业具有高度的关联性和带动性,除包括支持生存和发展的基本行业外,还涉及许多相关行业。在旅游发达国家或地区,旅游业往往是第三产业乃至整个国民经济中具有先导性与带动性的产业,是区域经济产业结构调整的重要驱动力量。它的发展一方面有赖于国民经济各行各业的综合发展,另一方面也可以带动和促进国民经济许多行业的发展、改善国民经济结构。据测算,旅游收入每增加1元,第三产业产值就增加10.2元;旅游业每增加1个直接就业人员,社会间接就业人数可增加5个。

二　青海省旅游业与第三产业的协调发展

（一）青海省旅游业现状

旅游产业的国民经济地位以其总收入（含国内与国际旅游收入）占国内生产总值的比重来度量。1999年全世界的旅游产业平均值约为11.0%,全国为4.88%,青海为1.68%[2]。自2001年以来青海旅游业发展迅速,当年旅游业总收入占 GDP 的 4.4%，目前是 5.7%。2006 年旅游业总收入增幅达 38.7%，2007年旅游总收入调控目标是增长 30% 以上。如果保持这个速度，2010 年达到 100亿元以上，占 GDP 的比重达到 10% 以上[3]。旅游产业对青海省经济的繁荣做出了重大贡献。青海省九届人大三次会议上，旅游业被确定为全省三个优势产业之一，九届人大四次会议上再次提出把旅游业作为特色经济和新的经济增长点，加大扶持力度，使之成为第三产业的龙头。十届人大五次会议上又提出强化旅游业的引领作用，如今旅游业又被确立为青海省的高原特色产业和国民经济的支柱产业。

"十五"期间，全省累计接待国内外游客人次和实现旅游总收入分别是"九五"时期的 2.5 倍和 3.3 倍。2006 年接待国内外旅客人次、旅游总收入和外汇收入分别比上年增长 28%、38.7% 和 20.2%。全省旅游业直接从业人员约 2.8 万人，间接从业人员超过 14 万人。随着青海省旅游的不断发展，旅游企业的数量和质量都有了很大提高。仅就饭店业而言，目前，中国大陆有星级饭店 6029 家，而青海省目前共有星级饭店 96 家，国际旅行社 17 家，国内旅行社 138 家。

表 1　2006 年全国及青海旅行社数和职工人数

单位：人，家

地区	旅行社职工人数			旅行社数		
	总数	国际旅行社	国内旅行社	总数	国际旅行社	国内旅行社
全国	10532	1310	9222	192408	72801	119607
青海	155	17	138	1122	416	706

表 2　青海星级饭店数

类别	四星级	三星级	二星级	一星级	合计
户数（户）	5	31	54	6	96
客房数（间）	945	3647	3705	249	8546
床位数（张）	1764	7312	7472	519	17067
从业人数（人）	1533	4811	2919	218	9481

（二）青海省旅游业引领第三产业的强势发展

青海是一个人口少、面积辽阔，经济总量少、技术基础差的多民族的内陆省份，2006年全省国民经济生产总值641.05亿元，第一、第二和第三产业对GDP的贡献率分别为3.5%、62.7%、33.8%[4]，加快第三产业的发展，是调整青海经济结构、落实西部大开发、实现经济腾飞的重要战略任务。

旅游业是一个综合性强、关联度高的先导产业，是扩大知名度、提高开放度的形象产业，是经济后进地区脱贫致富奔小康的富民产业。旅游业的特殊功能可以直接带动第三产业的发展，推动第一、第二产业的优化革新，促进产业结构的调整，以提供服务为特性的第三产业如果没有大规模的人口流入，仅靠青海自身600万人口的消费，其第三产业是难以发展壮大的。

旅游业的发展，一方面依赖于整个社会经济文化环境的改善与进步，没有相关产业的发展，旅游业就没有大发展的经济依托和社会基础，它的综合效益也就难以发挥出来。另一方面，由于旅游者的需求是多方面、多层次的，有的主要是为了品味造物主的神奇之功，饱尝大自然的雍容多姿，在享受自然美中陶冶情操；有的主要是为了博览历史之物，了解民俗风情，在休闲中开拓自己的知识领域；有的是为了通过千里之行，搜觅珍奇，收购一些不仅有纪念意义，而且有保存价值的物什；还有的人主要是为了颐养天年，追求一种新鲜或舒适，在游山玩水中欢度人生；此外，也有借机探亲访友、启迪灵感、寻商机、切磋学术的，等等。旅游者的旅游活动主要表现为吃、住、行、游、购、娱等方面，所以作为一个综合性的文化产业和经济产业，旅游业对相关产业的关联带动作用非常突出，它能够强有力地影响和推动整个社会的经济文化事业，最直接、最明显地表现在第三产业上。

近年来，青海相继开辟了生态旅游、观光旅游、度假旅游、朝觐旅游、民族风情旅游、登山探险旅游、文化旅游、特殊项目旅游等一系列独具高原特色的旅游活动。除取得自身经济效益外，综合经济效益和社会效益也较明显。旅游业的兴起为经济发展带来了动力，也促进了文化和经贸的信息交流，推动了青海对外开放度的提高和对外开放局面的形成。因为开放度的五项指标之一，就是进出境人口占全省总人口之比。随着旅游业的大发展，对餐饮、娱乐、服务、交流、通讯、商业、信息等产业的快速发展产生了积极的拉动效应。

2006年7月1日青藏铁路通车，加快了旅游业发展，全省旅游人数、收入创历史新高。全年国内旅游人数810.34万人次，比上年增长28.0%；国内旅游总收入34.63亿元，比上年增长39.4%。接待入境游客4.22万人次，比上年增长20.0%。

其中，外国人2.77万人次，增长83.79%；香港、澳门和台湾同胞1.45万人次，下降27.5%。国际旅游外汇收入1325.14万美元，比上年增长20.2%。国际国内旅游总收入35.69亿元，增长38.7%。旅游业总收入相当于全省国民生产总值的5.57%，相当于第三产业的14.83%，旅游产业已成为青海经济的重要增长点，再经过5~10年的努力，旅游业可望成为青海第三产业的支柱产业和国民经济的第一大产业。

三 青海省旅游业与第三产业的发展前景

（一）青海省旅游业的发展趋势

20世纪90年代以来，全国旅游业发展迅猛，国内旅游市场走俏，国际旅游市场稳步扩大，外汇收入和接待人数逐年增加，旅游已成为国内消费的新热点。据调查：1998年国内旅游人数6.94亿人次，创旅游收入2390亿元，到1999年人数增至7.19亿人次，旅游收入达2831亿元。而西部各省区旅游业平均发展速度（年均增长率为16.5%）已超过全国平均水平（全国年均增长率为12.3%）[5]。有资料显示，未来到西部旅游的国内游客人数将持续快速增长，年增长率保持在15%左右，2005年西部接待国内游客人数达2.5亿多人次。预计到2010年进西藏接待旅游人数将达298万人次，旅游总收入25亿元。青海接待国内游客将达1000万人次，全省旅游总收入达到50亿元以上，使旅游业名副其实地成为第三产业的龙头[6]。国内乃至西部旅游市场的这种急剧扩张态势，将会带动青海省旅游业的极大发展。

我国加入WTO后，国家进一步开放旅游市场，为提高青海旅游业的知名度和产业发展，提供了更大的空间，也为引进和利用国际上新的旅游理念及信息，引进外资等创造了有利条件。同时，国家加大了对西部地区的财政支持，在2000年增发的1000亿元国债中首次安排8亿元作为旅游专项资金，其中有6亿元用于中西部地区。又如2005年10月，国家发展改革委下达了第二批红色旅游国债投资4.68亿元，其中有4.134亿元用于中西部地区。这些在一定程度上缓解了青海省旅游业资金投入不足的问题；目前，青海省已把旅游业确定为第三产业的龙头和新的经济增长点，并制定了相应的优惠政策，各地对旅游业的重视程度也空前提高。

(二)旅游业的发展加快第三产业的正规化、多元化进程

青海省旅游业的发展要求,树立"以人为本"[7]的观念,努力提高服务人员的素质。制定旅游业规范服务标准,加强服务质量规范管理,牢固树立服务质量第一的观念,引进国内外先进的管理模式和经验,提高青海省旅游企业和饭店的管理水平。通过组建旅游专业服务人员培训中心或与一些大中专院校联合,认真做好在职人员的业务培训工作,并加强旅行社和导游人员的管理,规范导游解说和团队运作。还可通过优厚的待遇积极引进高级的专业人才和管理人才,为青海旅游业的发展提供坚实的人才保障。青海省应借西部大开发的机遇,加大资金投入力度,用于加强交通、水电、通信、住宿等基础设施的建设,增强铁路和民航客运能力以加大与外界的联系,尤其是修建通往各景点的道路,降低旅游成本。同时,进行新的旅游项目的开发,积极开拓新的客源市场,在原有景观和项目的基础上,不断充实旅游内容,增加一些文化娱乐、购物、科学考察等高层次旅游内容,尤其是开发最适宜在青海开展的探险、体育、生态旅游等。

四 结论

青海旅游业的发展潜力巨大、发展前景看好。随着中国旅游战略开发向中西部的转移,国家中西部地区开发力度的加强,西部交通基础建设的加速,为旅游业的发展提供了历史性的机遇。因此,发展青海旅游产业应以打造旅游精品为重点,驱动第三产业快速发展,提供优质服务;积极引导商贸、餐饮、住宿、文化娱乐、交通运输等提升服务档次,为游客提供舒适、安全、周到、便捷的居住服务和文明的消费娱乐环境;让旅游业拉动第三产业的发展,使第三产业推动旅游业的壮大,两驾马车并驾齐驱。

参考文献

[1] 李天元:《旅游学概论》,南开大学出版社,2000。

［2］鲁顺元：《论西部大开发中的西部旅游业》，《青海社会科学》2000年第3期。

［3］宋秀岩．http：//www.sina.com.cn，2007-03-09，中国广播网。

［4］青海省统计局，国家统计局青海调查总队：《2006年青海省国民经济和社会发展统计公报》。

［5］《青海省旅游业发展与布局总体规划》（纲要本），青海人民出版社，2000。

［6］青海省发展改革委员会：《青海省社会发展"十一五"规划及2020年远景目标》，2006年10月20日。

［7］李合琳：《西部开发政策》，甘肃人民出版社，2001。

加快青海体育旅游业发展的几点思考

摘　要：随着人类生活方式和生活条件的改变，体育旅游将进一步受到消费者青睐。青海省独特的地理位置和气候等自然条件为发展体育旅游奠定了良好的基础。加快青海体育旅游业的发展，必须进一步解放思想，抓住机遇，逐步完善政策措施，从而使青海潜在的体育旅游资源得到开发并创造出良好经济效益。

关键词：青海；体育旅游

在充满竞争和挑战的21世纪，随着人类生活方式和生活条件的改变以及生活压力、工作压力的加大，人们更渴望在旅游度假中得到放松和调整，消除疲劳，缓解压力，增进身心健康。因此，集保健、疗养和观光为一体的体育旅游将进一步受到消费者青睐。青海省有着悠久的历史、独特的地理和气候等自然条件，保存着极其丰富的具有人文价值的体育旅游资源，其体育旅游资源蕴含量远远高于东部地区。早在1981年，就成立了青海省登山协会，这是青海省第一家可组织境内外登山、探险、山涧徒步等活动的团体。1993年青海成立了青海国际体育旅行社，是青海省四大旅行社之一，多年来，它为国内外游客提供高原观光、登山探险、山涧徒步、骑马旅游、观鸟、观花等体育旅游项目，取得了较好的成绩。尤其是西部大开发战略的实施和人们对休闲娱乐的强烈渴求，为青海体育旅游业的发展创造了机遇，使得青海的体育旅游资源开发不论在实践上，还是在理论上都成为一个新的热点。青海省的体育旅游业有望成为青海省新的经济增长点，如何使这一具有潜在经济价值的体育旅游资源发挥其经济效益，是值得探讨的。

一　发展青海体育旅游业的重要意义

体育旅游是人们为了改善身心状况，在体育理念的支配下暂时前往异地，参与以体育活动为典型活动形式的现代生活方式。就其社会本质而言，是一种社会经济活动和社会文化活动，同时也是体育产业化、商品化的重要内容，是以体育资源和一定的体育设施为条件，以旅游商品的形式，为旅游者在游览的过程中提供融健身、娱乐、休闲、交际等各种服务于一体的经营性项目群，它能使人与自然、社会和谐统一。发展青海体育旅游业有利于发挥青海的资源优势。发展体育旅游可以将青海高原很多犹抱琵琶半遮面的体育、文化、旅游、环保、民族风情等资源优势逐渐展现给世人。因为以前，很多青海人在外地都曾遭遇过这样的尴尬——说到青海，很多外地人不是与青岛、大海画等号，就是以异样的目光打量来自茫茫戈壁的我们；也曾有人将高海拔的青藏高原视为人类生命的禁地。体育旅游可以转变这些观念，例如连续17年成功举办的"环湖赛"，把青海海拔高、自然条件严酷的劣势，逐渐转化成了一种优势，尤其是高海拔和独特的青藏高原人文资源，既赋予了赛事本身以高难度的极限挑战，又使其具备了特殊的吸引力；同时，也让世人更进一步地了解了健康夏都的内涵。虽然青海经济发展相对滞后，但是，青海壮美、神秘的山山水水有它独特的世界第三极的地理优势，这些丰富的山水资源有利于发展登山、攀岩、徒步、自行车等运动，而这些运动现在都是最时尚的体育休闲项目，在全球都有着广阔的发展前景。

发展青海体育旅游业有利于带动地方经济发展。因为体育旅游能增加收入，改善投资环境，提供就业机会，促进对外经济合作与交流。例如以"足球工业"为主体的意大利，发展体育旅游的年产值在20世纪80年代末已达到180亿美元，跻身意大利国民经济"十大部门"的行列，目前已达500亿美元。英国通过发展体育旅游业所得到的年产值近90亿英镑，超过汽车制造业和烟草工业的产值。第23届洛杉矶奥运会举办期间，吸引了几十万旅游者，直接带动收入约32亿美元。1990年北京举办亚运会时，当年4~10月北京旅游外汇收入超过13亿美元。根据国际奥委会出版的《奥林匹克杂志》的材料显示，旅游业从1997年算起的4年中，单单因为举办奥运会给澳大利亚带来的旅游收入就达到了427亿美元。瑞士洛桑对欧洲几个发达国家进行了一次调查，发现体育带来的经济效益占一个国家国内生产总值的1%~2%。近年来，青海省成功举办的环青海湖公路自行车赛、中国青海国际黄河极限挑战赛、青海高原世界杯攀岩赛、玉珠峰登山节等一系列高原体育活动，有效地促进了青海旅游资源的推广。据统计，青海2002年的旅游收入不足10亿元，来青海旅游的有150万人次。而2007年青海省接待国内外游客达到1001.6万人次，接近全省人口的2倍，实现旅游总收入47.38亿元，分别比上年增长23%和32.8%。一次大型体育盛会能给主办地带来大规模的旅游者群体，带动一条集交通、住宿、餐饮、购物为一体的"旅游消费链"，产生巨大的经济效益。

发展青海体育旅游业有利于促进人的健康发展。现代化生产方式和城市生活在给人们带来财富和余暇时间的同时，也带来了对人性和生命发展的不利因素，现代人脑力劳动加剧，这对人们的身体机能和心理都产生了不良影响；由于运动不足而使人体机能退化，适应能力、抗病能力减弱；同时，工作压力加大和竞争加剧，使人感到枯燥、烦恼、郁闷和孤独。由于人们十分渴望从压力中放松，体育休闲旅游对此有一个平衡和补偿的功能，所以对生命有特殊意义，有利于人的健康发展。

二 青海省体育旅游业发展中存在的问题

目前，青海已逐步形成了以环青海湖民族体育旅游圈为主体，以环青海湖国际公路自行车赛、中国青海抢渡黄河极限挑战赛、青海高原世界杯攀岩赛等三大品牌赛事为中心，以重点打造青海四条体育产业链为龙头的发展格局。不难看出，体育旅游作为一种新生事物，不但为青海省体育事业的发展增添了新的内容，而且对青海省体育事业的发展起到助推作用，并成为青海省经济发展中新的经济增长点。但与发达地区相比，也暴露出一些不足，主要表现在以下几方面。

（一）缺乏统一规划，对体育旅游产业认识不足

首先，体育旅游是体育产业与旅游业相结合的产物，是体育性的旅游事业和

旅游性的体育事业，但两者结合不紧，缺乏活力。青海省在开发"环湖赛"、抢渡黄河极限挑战赛等一系列的高原体育活动以来，体育与旅游还没有完全紧密结合起来，在体育娱乐设施的建设、体育旅游活动的开发上，缺乏统一规划，使体育旅游缺乏应有的生命力。其次，一方面，旅游部门对体育旅游认识不清，以文化和自然观光构成主要的旅游内容，忽视了体育旅游产品的参与性、休闲性、趣味性。另一方面，人们对体育旅游缺乏了解，一些地方和单位对体育旅游的重要地位和作用认识不足，重视不够，投入较少；体育活动的普及程度不高，地区之间、城乡之间发展不平衡；体育旅游商品开发滞后，产业链条短。

（二）体育旅游的设施不完善

旅游设施是接待旅游者参观游览的物质设备条件。体育旅游设施包括旅游交通工具和交通设备、旅游宾馆、旅游饭店、供应旅游商品的商店、供旅游者运动和娱乐的设施以及为适应旅游者的不同需求和爱好而准备的各种设施，如滑雪旅游者需要的滑雪板、缆车、滑雪服装和急救设备；水上运动必须具备的划艇、赛船、风帆船、划水板、摩托艇、冲浪板、救生艇、急救车等设备，这些设施都是为接待旅游者所必备的。体育旅游设施是否齐全、实用，服务是否周到，标志着体育旅游市场开发的程度，是体育旅游市场的硬件条件标准；在这方面，青海省与发达地区相比还有差距。

（三）体育旅游的服务质量差

旅游服务是旅游部门利用一定的旅游设施或其他条件，对旅游者在整个旅行游览过程中提供的各种服务的总称，包括饮食、住宿、交通、导游、翻译、购买商品等方面的服务。优质旅游服务，应该既能使旅游者满意，又能提高社会效益和经济效益。目前，青海的服务离高质量体育旅游服务要求还有一些差距：如体育运动器材规格不齐全，难以满足各种运动项目的需求；交通工具尚不齐备、方便，还不能满足旅客对交通的需求；导游资料不够详细，宣传不能完全到位，很难使游客一目了然；食宿服务缺乏主动、周到、热情；各种体育用品、纪念品的供应短缺，无法满足旅游者的购买需求。

（四）体育旅游产品结构单一、形式老化、内容多年不变

面对游客自主意识的增强，青海省体育旅游产品供给目前还处于被动和力不从心的落后状态，长期以来，一直实行包价形式的体育旅游产品，不能适应不同年龄的需求。另外，体育旅游产品质量不高也是一个突出的问题，应引起有关部门的高度重视。

三　加快发展青海省体育旅游业的对策

（一）建立体育旅游业管理体系

体育旅游业是体育产业的一部分，体育产业是集生产、经营和服务于一体的新兴经济行业，其经营主体是具有法人地位的现代企业，它的运行方式必须按照经济规律进行市场化运作。发展体育旅游业不但涉及体育部门，也涉及旅游部门，合理地协调好这两方面，是迅速发展体育旅游的便捷之路。因此，一方面，省政府有关部门应该联合起来，加强对体育旅游业发展的宏观管理和指导，促进其快速、有序地发展。省体育局、旅游局、财政厅、工商管理局、税务局等相关部门应该联合出台有关支持体育旅游业发展的法规和政策，对体育旅游单位的基础建设、企业登记、税收等实施规范管理，形成良好的投资和经营环境。另一方面，在业务上，体育部门与旅游部门要紧密合作，体育部门组织的大型的国内外体育比赛可以与旅游部门联合，让旅游部门在赛事宣传、组织观众、住宿餐饮等方面发挥自身优势，同时在门票发售上给予优惠，使比赛成为体育、旅游双方合作的结合点。同样，旅游部门在组织体育旅游项目时，可以聘请体育部门的技术人员、教练员给予指导和合作，提高项目的体育技术含量，打造体育旅游的精品，让参与人员更加满意。以"环湖赛"这一赛事品牌为核心，加快发展青海省体育旅游业。每年一届的"环湖赛"不仅极大地促进了青海省体育旅游业和经济社会的发展，而且还能为青海创造发展机遇。"环湖赛"的举办，必须坚持开放与兼容的方针，力争使每年一届的"环湖赛"成为促进以西宁为中心的中国夏都旅游的盛会，成为社会、经济、文化全面发展的盛会。

（二）加大对体育旅游的宣传

体育旅游经营者和政府有关部门要利用各种宣传手段，加强人们体育健身的意识，让体育健身成为更多人的自觉行为。宣传体育旅游这种新兴的旅游形式，让人们更多地了解体育旅游，对各种体育赛事旅游做详细报道，增加体育旅游的吸引力。一方面，要利用每年一届的"环湖赛"，大力地、全方位地宣传青海的经济发展、历史文化、自然风光、社会活动、旅游服务，以提高青海旅游品牌形象，吸引境外体育旅游群体。另一方面，要发挥体育旅游网对体育旅游的宣传促销作用。创建体育旅游网站是宣传体育旅游并使体育旅游者查询相关信息的有效手段。目前，青海省的体育网和旅游网发布的内容基本上只涉及各自领域，体育旅游的消费者不能迅速、准确地在互联网上查询到体育旅游的相关信息。通过创建体育旅游网，使体育赛事与旅游更好地结合起来，不仅可以提供赛事的详细资料，而且还可以方便人们查询赛事地的餐馆、住宿、交通、附近的旅游景点等旅游的相关信息。

（三）加快体育旅游资源的基础建设

自每年一届的"环湖赛"举办以来，青海省的体育设施已经有了雄厚的基础，但是能够开展体育旅游活动的专业设施不多，因此需要大力建设适用于特色体育旅游的设施，如开展漂流、徒步旅行的营地、开展横渡黄河运动和健身训练的基地等，这些基本设施是项目开展的保证。建设工程可以吸引各方面的投资，实行国家、集体、个人齐动员，内资、外资一起上，统一规划，合理布局，使青海省的体育旅游设施尽快达到一个新水平。

（四）加快体育旅游产品的培育

一是进一步发展竞技体育训练及开发竞赛产品。按照现代产业发展的要求，综合开发青海多巴体育训练基地和李家峡水上训练基地，建立亚洲顶级高原训练中心。按照21世纪竞技体育发展的规律，倾力打造在青海已初具影响的中国国际黄河极限挑战赛、青海民间山地自行车赛以及自驾车赛等赛事。二是大力推广大众休闲体育活动。重点开发黄河沿线以及沙岛周边的体育产品，如开设黄河游泳、皮筏子漂流、滑沙、沙地摩托车赛等接近大自然、极具挑战性和刺激性的水上及沙上体育旅游项目。同时推出冬季冰雪健康旅游项目，开设以滑冰、攀冰、滑雪、冬季户外运动等为依托的多种冬季休闲旅游运动。三是积极开发体育康复保健疗养产品。以青海湖、贵德扎仓温泉、海北金银滩草原、循化孟达天池以及互助北山国家森林公园等旅游胜地为基地，形成体育康复保健一条龙的度假旅游服务。四是继续打造少数民族传统体育产品。民族传统体育是青藏高原的一朵奇葩，作为多民族聚居地的青海，却没有把遍布全省各地的民族体育文化整合成统一的旅游品牌。青海给许多外地游客的印象不清晰，不知道到青海旅游究竟能玩些什么，这正是青海旅游品牌概念模糊所致。因此，很有必要按未来社会的要求对高原民族传统体育旅游资源进行全面的整合、宣传、包装，进而把其推向旅游市场，提供观赏、参与服务，从而形成具有鲜明高原特色、民族特色的体育旅游品牌。如藏族、蒙古族的赛马、射箭，蒙古族的摔跤，土族的轮子秋，回族的歌舞等。需要注意的是，应将以往各自为政的青海体育旅游资源组合成一个整体品牌，推出数条独具高原特色的青海体育文化旅游线路，以此提高青海整个旅游区域在国内外的声望。

（五）大力培养青海省的体育旅游经营团队

体育旅游经营团队的任务在形式上有出行和接待两种基本模式：出行即组织旅游团队赴外地进行体育旅游；接待即接待外地的旅游团队到本地进行体育旅游。前者除了按一般的旅游订购机票、安排住宿、提供旅游车辆以外，更重要的是预订比赛的门票，或者安排徒步旅行、漂流等活动的路线和途中的宿营地，还需要在途中饮食、医疗救护等方面做好准备。体育旅游的接待除了安排游客住宿、饮食之外，还要提供参观大型比赛的门票，提供成熟的旅游线路，提供运动的场地和健身训练的基地等。完成上述任务，需要有专业的体育旅游经营团队，其中的人员应该既是精明的旅游组织者，同时又对体育运动有深入的了解和爱好，目前这种人才在我国还远远不能满足需要，这也是制约体育旅游快速发展的一个重要因素。可以从挖潜和开发两方面着手培养青海省的体育旅游经营人才，一方面努力提高现有人员的水平，使他们尽快成为体育旅游业的中坚力量；另一方面在青海省大专院校的旅游专业和体育专业中大力培养体育旅游人才，为青海省的体育旅游业输送高层次的后备人员。

（六）以循环经济理论为指导，发展体育旅游

首先，要尽可能利用高科技即以知识投入来替代物质投入。如利用互联网替代相应物质产品的投入，可利用计算机网络预订饭店，减少人力成本支出；可使用计算机网络或者旅游管理信息系统进行旅游景点预订；饭店可运用高新材料建设，以延长饭店的经营时间，使已投入的设备能得到更长久的利用。

其次，要充分认识旅游资源的经济价值，完善资源价格体系和成本核算制度，将旅游资源消耗核算和生态环境损失核算纳入旅游经济成本核算体系，并对旅游产品成本重新界定，以此减少旅游环境资源损害。

再次，要强化环保教育。倡导旅游者树立绿色消费的理念，倡导消费者选择未被污染或有助于公众健康的绿色产品；在消费过程中注重对垃圾的处置，不造成环境污染；引导消费者转变消费观念，崇尚自然，追求健康，在追求生活舒适的同时，注重环保，节约资源和能源，实现可持续消费。全面倡导体育旅游者在攀登高山、漂流时，自觉回收旅游活动产生的垃圾的新观念。

最后，科学地规划、开发和保护。体育旅游的发展要依托于原有的自然和人文旅游资源，新增的体育旅游项目只能增加原有旅游资源的吸引力，而不能破坏原有景区景点的形象。同时，在体育旅游产品开发、生产和销售中要注意遵循生态系统循环的原则，产品材料取自于天然。如在体育旅游商品生态店中专营各种天然体育食品，出售有助于恢复体力的体育运动饮料、纯棉体育服装、手工艺品以及有关生态环保的书籍和小型体育竞技设备，店内可赠送或出售当地的生态体育旅游体系介绍宣传册，宣传生态型体育旅游的特色和生态化服务体系；景区的体育旅游纪念品要减少过度包装和一次性用品的使用。

旅游是社会发展的重要表现，也是许多人生活的重要组成部分，体育旅游的发展与经济的发展、旅游的兴旺、体育价值的普遍认识息息相关，体育旅游是最新奇的旅游方式，也是最健康的休闲方式之一，它跨越年龄、性别、民族界线，既帮助人们锻炼身体，获得运动技能，又使得人们心情愉悦、生活充实，并且可

以调整自我、实现自我、超越自我，它已在许多国家和地区获得了成功发展的经验。可以预见，体育旅游在青海省有着广阔和光明的发展前景，必将掀起新的热潮，成为时尚和健康生活方式的首选。

参考文献

张小艳、于可红：《从旅游到体育旅游》，《浙江体育科学》2005年第6期。

《环湖赛让体育成为青海的创新产业》，《经济参考报》2007年7月20日。

郭廷权、马宗元：《青海高原体育旅游产业发展现状及对策》，《体育成人教育学刊》2007年第4期。

邓小兰：《循环经济理论与体育旅游》，《安阳师范学院学报》2007年第2期。

青海全域旅游发展研究

摘　要：旅游业作为满足人们"幸福感"需求的综合性产业之一，在青海省经济社会发展中发挥的作用和影响日益广泛。青海要加快建设旅游强省，就必须不忘初心，牢记使命，砥砺前行，紧紧围绕解决人民日益增长的旅游需求与不平衡不充分的旅游发展之间的矛盾为根本，加快推动全域旅游发展。

关键词：青海；全域旅游；幸福感

党的十九大再次强调了要加快发展现代服务业。旅游业在现代服务业中占据十分重要的地位。认真学习贯彻党的十九大精神，以习近平新时代中国特色社会主义思想为指引，尽快将旅游业融入经济社会发展的全局当中，又快又好地推动旅游供给侧的结构性改革，推进旅游向全景全业全时全民的全域旅游转变，努力打造西部独具特色的旅游目的地，无疑是提升"大美青海"品牌影响力的必然选择。

一　发展全域旅游的现实意义

全域旅游是将特定区域作为完整旅游目的地进行整体规划布局、综合统筹管理、一体化营销推广，促进旅游业全区域、全要素、全产业链发展，实现旅游业全域共建、全域共融、全域共享的旅游发展新理念。在国家层面，全域旅游是一种发展理念[1]，在地方政府则是发展地方经济的一种政策导向。通俗而言，就是游客对商业化的景点不再像以往那样钟情，更多的是渴望全方位地体验或融入目的地居民的日常生活，其本质在于旅游的"公共性"将更加凸显，旅游公司不再是唯一的旅游产品的供给方,政府将在旅游供给中扮演越来越重要的角色。目前已有五种较为成熟的发展模式,即:龙头景区带动型、城市全域辐射型、全域景区发展型、特色资源驱动型、产业深度融合型。[2]各区域全面践行全域旅游发展理念除因地制宜选择发展模式,更要在体制、产品、产业、服务、营销五方面力争创新,才能真正实现旅游景观全域优化、旅游服务全域配套。全域旅游的逐步推进和深入实施,一方面,是国家文化和旅游部对中央决策部署的贯彻落实;另一方面,作为文化旅游业的新理念新实践,在很大程度上推动了文化旅游业供给侧的改革,对于旅游业转型升级、迎接大众化旅游的新时代有着极大的现实意义。

(一)发展全域旅游是贯彻落实五大发展理念的客观要求

习近平总书记指出:"理念是行动的先导,发展理念是否对头,从根本上决定着发展成效乃至成败"。全域旅游与"创新、协调、绿色、开放、共享"五大理念高度契合。体现在:第一,全域旅游作为旅游转型升级的新方向,发展理念与模式的创新是根本核心,旨在进一步拓展各地区旅游业发展空间,寻找各地区旅游业发展的新增长点,推进旅游产业体系的创新,孵化旅游市场新主体,提升旅游消费新亮点,加速区域旅游品牌驱动战略的实施和创新。第二,从供给侧结构性改革的视角而言,全域旅游的深入实施将会更大限度地实现区域特色化、供需协调化、景点景区内外协调化、城乡协调化、产业要素配套协调化、规模质量协调化。第三,全域旅游的本质强调,在各地区的发展实践中,要将文化、生态和旅游有机统一起来,要注重资源开放和产品供应的有效衔接,坚持保护和发展并重,使各地的生态环境优势最大限度地转化成为发展旅游的绝对优势,实现绿水青山变成金山银山,从而避免陷入"破坏环境换取产值——花费巨大投入医治环境创伤"的恶性循环中。第四,旅游业的天然属性是开放,全域旅游更强调发展空间的开放,无疑有利于区域发展打破地域和行政分割,以及各种制约,实现全方位开放发展大格局。第五,发展全域旅游的本质就是释放旅游业综合功能、共享旅游发展红利,共建共享美好生活、基础设施、公共服务、美丽生态环境。从而促进城乡旅游互动和城乡一体,加快乡村基础设施投资,促进厕所革命、道路建设、农田改造,提升城乡人民群众的幸福感,形成统一高效、平等有序的城乡旅游大市场。

(二) 发展全域旅游是推进供给侧改革的重要抓手

目前，结构性问题是影响经济增长的突出问题之一。在有效供给不能适应需求总量和结构变化的情况下，加强供给侧结构性改革，实现由低水平供需平衡向高水平供需平衡跃升尤为关键。全域旅游的推进与发展，将会在很大程度上解决旅游供给侧不足的问题，满足人民日益增长的美好生活需求。同时还将有利于统筹出台乡村旅游的农村用地政策，统筹、盘活并高效配置旅游资源，更合理地按旅游人口需求创新公共服务设施设计和建设规划。

(三) 发展全域旅游是顺应旅游方式变革的时代要求

随着生活方式的变化，我国城乡居民的旅游方式也在悄然变化，大家对旅游目的地吸引物的渴求以及消费后的感受评价标准都有了很大的变化。2017年国内旅游市场为50亿人次，人均出游已达3.7次；出境旅游市场为1.29亿人次。新时代旅游已成为衡量现代生活水平的重要指标，成为人民幸福生活的刚性需求。而在出游方式上，自助游超过85%，自驾游超过60%，体验出境自驾游的趋势逐渐形成。高速铁路、高速公路、民用航空等现代交通，以及现代移动互联网等信息技术的迅猛发展，又加速了传统旅游六要素的变革，对新六要素的渴求更加强烈。[3]全域旅游的推进与发展要求各区域在新时代要尽快优化全域整体旅游环境、旅游的全过程、全设施、全服务和全要素。只有这样才能有效满足人民群众日益增长的美好生活需要，才能提升旅游者的获得感和幸福感，使旅游业发展成为人民群众更加满意的现代服务业。

(四) 发展全域旅游是实施乡村振兴战略的有效载体

党的十九大报告提出，实施乡村振兴战略，核心是要解决农业、农村、农民问题，而发展全域旅游恰好是实现乡村产业兴旺繁荣的重要途径。因为发展乡村旅游是推进全域旅游发展的重要组成部分，通过发展全乡村旅游，增加农民收入，为农村居民迈向生活富裕、富足打下了坚实基础。发展乡村旅游本身也是进一步提升农村居民生活水平、生活质量，有效地满足人民群众日益增长的美好生活的需求的重要途径之一。通过发展乡村旅游、观光农业、休闲农业，实现农民不离家也就业，逐渐成为城镇居民；以全域旅游的推进，实施美丽乡村建设，彻底改变农村的居住乃至生态环境；让城市文明和农村文明相得益彰、互通互融，使农民们在视野逐渐开阔的同时提升文明素养，实现从原来的传统生活方式向新世纪生活方式迈进。发展乡村旅游恰好是实现乡村产业兴旺繁荣的重要途径，只有产业的蓬勃发展才能带来农村经济的繁荣。全域旅游的高效发展，会很大程度的改变农村的水、厨、厕。厕所革命的有效性，绝不能仅限在旅游厕所方面，应该普及到所有的城乡厕所，只有将厕所革命在城乡间整体普及，才能彰显大旅游的本质和全域旅游的时代理念。

二　青海全域旅游发展存在的问题

全域旅游既是一种发展理念，又是发展地方经济的一种政策导向。2008年浙江绍兴率先倡导实施"全域旅游"发展战略，之后，江苏昆山、四川的大邑、甘孜，浙江的杭州、桐庐，山东的蓬莱、日照，湖南资兴纷纷实践并创新全域旅游的理念；2013年，宁夏回族自治区把全区作为一个旅游目的地打造，明确提出"发展全域旅游，创建全域旅游示范区（省）"。

2015年，青海省政府提出"全域景区化"的旅游发展新理念，2016年有序推进了全域旅游工作。目前西宁市大通县、海北藏族自治州祁连县、海东市乐都区、海北藏族自治州、海南藏族自治州贵德县纳入国家全域旅游示范区创建区（以下简称先行示范区）。2016年青海旅游消费对地区经济贡献率不断提高，发展全域旅游的优势基础不断夯实，各项旅游基础设施建设突飞猛进，大美青海品牌影响日渐深远，入境旅游市场开拓力度不断加大，诸多乡村旅游品牌快速提升。但从整体发展来看，作为新时期促进旅游业改革发展的重要突破口，全域旅游的发展呈现出以下几个主要问题。

（一）全域旅游的规划理念滞后

目前，青海省全域旅游发展规划仍未出台，几个先行示范区各自制定的实施方案和设计规划，造成规划之间不协调、资源配置重叠、特色不明显、前瞻性不突出等问题，主要表现在：景点旅游发展模式的规划设计思路明显，"旅游＋"的概念不强，对适配条件考虑的不够充分，规划方法并未立足全域旅游规划的再构建，如，体制机制的顶层设计、产品线路的整合提升、辐射全域的旅游公共服务体系；规划愿景中全景、全时、全业、全民理念不清晰，规划（方案）模型的设计从产业拉动力、产品吸引力、营销引爆力、机制公共服务支撑力通盘考虑不足。

（二）旅游产品高度同质化

目前，青海省虽然拥有世界级的旅游资源11处，但标志性旅游项目却匮乏。国家级资源52处，5A景区3个，还有多个景区向5A冲刺，如祁连阿咪东索景区、茶卡盐湖景区等。目前大多旅游产品仍以观光游、休闲度假游为主，即使在文化旅游、民俗旅游、乡村旅游、体育旅游、房车旅游等旅游新业态领域具有很大潜力，但现有项目的规模和知名度，离建设世界级生态旅游度假区的目标还相差甚远。尽管多地都以全域旅游理念为引领，但各州市县旅游业的发展都存在着"低""散""小"等问题，如资源同质化、产品类同化且单一、粗糙现象严重。自家单户搞旅游，以小农经济发展乡村旅游，规模相对较小，有特色、竞争力强的产品很难形成，无法满足日趋多层次、多样化的消费市场需求。由于旅游产品体系不丰富，创新力不足，形成了淡旺季的明显差异。调研发现，大多数民宿在十月就关门歇业了，第二年的五六月份才能正常营业，导致淡季时旅游设施闲置现象严重。

（三）旅游统筹协调力不足

近几年，随着旅游业对稳增长、调结构、促就业、惠民生起到了越来越重要的作用，许多省（市）纷纷成立旅游发展委员会，提升旅游部门的统筹协调功能，青海省是其中之一。但是各州市县旅游主管部门与相关涉及旅游工作的职能部门沟通不畅，协调难度大，导致效率低下，旅游"一业兴百业"的带动作用难以发挥。尤为典型的"青海湖"景区，多年来由于跨区域大、跨部门多、涉及面广、协调难度大，使得最著名的青海名片也难以形成强大的旅游产业链，很大程度上影响了全域旅游试点工作的顺利推进。

（四）旅游产业集群发展不足

首先，核心景区资源产业带动力不够。全省旅游发展不平衡、不充分，东热西冷、景热城冷，难以形成遍地开花"全域旅游"的大局面。很多州市县旅游产业转型升级发展缓慢，缺乏可持续发展的能力，阻碍了"大旅游"局面的形成。许多景区（如互助县、祁连县）并没有充分发挥县域核心景区产业带动功能，其影响力仅限于县城区，而且部分被带动的诸如农家乐、土族风情园、观光游艇（贵德等地）等产业仍然处于零散发展状态，产业集聚集群效应远远没有发挥。其次，旅游产业发展要素发育度低。仅传统的六要素：吃、住、行、游、购、娱而言，目前多数州市县特色品牌饮食街区空白，大型旅游酒店缺乏，如祁连景区的度假酒店以及贵德度假村规模有限，多数为单体酒店形式服务于特定景区，产业集群规模效益低下；旅游交通的特色化的空白，购物娱乐产业匮乏，多数民族风情商业街也处于初级开发状态，商户规划不尽合理且管理零散。从根本上制约了现代六要素：商、养、学、闲、情、奇的发展。

三 加快青海全域旅游发展的几点建议

旅游业作为满足人们"幸福感"需求的综合性产业之一，在青海省经济社会发展中发挥的作用和影响日益广泛。全域旅游是国家文旅部对中央决策部署的有效落地，既极大地加快了旅游业供给侧的改革步伐，又以新理念促进了旅游业转型升级的新实践，无疑促使旅游业以全新面貌，迎接新时代大众化旅游的到来。作为旅游资源大省的青海要加快建设旅游强省，就必须不忘初心，牢记使命，砥砺前行，紧紧围绕解决人民日益增长的旅游需要与不平衡不充分的旅游发展之间的矛盾为根本，加快推动全域旅游发展。

（一）让旅游成为高品质生活的新动能

作为人类快乐的主要源泉之一，旅游已成为满足新时代人民日益增长的美好生活需要的重要途径。旅游业是五大幸福产业之首，也是我省新兴战略支柱性产业之一，对于促进经济转型升级、带动大众就业创业、推动新青海建设、提升人民幸福指数等具有重要意义。紧扣我国社会主要矛盾转化在青海的具体体现，为了满足人民群众更广泛、更多样、更多层的美好生活需要，必须理性地认识青海省旅游业虽然发展迅速，但依然存在不平衡不充分，如城乡旅游发展不平衡与全域旅游发展要求不相适应；旅游产品结构不合理与广大游客日趋多元的旅游消费需求不相适应；以厕所为代表的旅游公共服务及交通等基础设施不完善不充分与旅游井喷式市场需求不相适应等。

解决这些矛盾必须充分发挥市场在配置旅游资源中的决定性作用，通过提升旅游资源、土地、劳动力、资本、技术、制度等要素质量，增加全域旅游产品新供给；以壮丽多姿的自然风光、古老而神秘的人文资源、绚丽多彩的民族风情为基因，依靠"质量""品质""服务"增强旅游流量；让高原独有的文脉项目助推商脉的拓展。

"读万卷书，行万里路"，在全面建成小康社会决胜阶段，国民精神消费需求将更为突出。大美青海以丰富多彩的旅游产品，满足人民知识获得、文化感知、休闲娱乐等个性化、多样化的旅游需求，今后，旅游将成为高品质生活的新动能。

（二）强化全域旅游顶层设计

1. 树立"大旅游"的发展理念，以确保实施过程中方向的准确性

国家旅游局局长李金早指出：全域旅游是把一个区域整体当作旅游景区，是空间全景化的系统旅游，是跳出传统旅游谋划现代旅游、跳出小旅游谋划大旅游，是旅游发展观念和模式彻底性的革命；所以青海省在试点推广的初期阶段就应该把全省作为一个大景区来谋划，按照"全域化布局、全产业联动、全时化体验、全方位开放、全链条服务"的思路，[4]尽快出台青海省全域旅游发展规划。在编制全域旅游发展总体规划的基础上，各州市县区应根据自身资源与旅游发展情况，制定乡村旅游、工业旅游、生态旅游、智慧旅游、旅游目的地品牌营销、旅游区规划和投融资规划等专项规划，形成"一总多专"全域旅游规划体系，从而将旅游发展作为重要内容纳入经济社会发展、城乡建设、土地利用、基础设施建设和生态环境保护等相关规划中。[5]

2. 以共享发展推动全域旅游建设

党的十九大报告中再次强调共建共享美好生活、共建共享基础设施、公共服务、美丽生态环境是全面建成小康社会的必然选择。而大力发展全域旅游将有利于旅游业综合功能的释放和旅游发展红利的共享，如城乡一体促进城乡旅游互动，不仅可以加快乡村基础设施的投资力度，促进厕所革命、道路建设、农田改造等，改善农民的生产生活方式，缩小城乡差距，还能以原生态回归自然、亲近自然的乡村旅游产品供给减小城市人的生活压力促进身心健康。为了实现上述美好愿景，青海省应在多规合一的机制下，设计制定全域旅游整体性战略，各州市县明确各自的发展目标、方向、定位、规模、要素、空间布局、环境、交通、配套规划以及战略步骤，规范化引导全域旅游发展，在实施"多规合一"中充分体现旅游主体功能区建设的要求。

（三）打造差异化和高端化产品，强化区域品牌营销

全域旅游是旅游转型升级的新方向，其本质也是区域特色旅游业发展理念和发展模式的创新，最终目的在于不断开拓区域旅游的发展空间，构建区域旅游新的增长极，新建旅游产业体系，积极引导新的旅游市场主体和消费热点，以区域特色旅游品牌为驱动，提升各省区乃至我国的旅游业竞争能力。

1. 以差异化思路发展乡村旅游开动旅游发展新引擎

建议各地方政府应该对乡村旅游资源进行摸底排查，进行优劣分类、主题策划、布局业态，凸显一村一主题、一村一特色，相邻村落之间错位发展；以原生态提升乡村旅游发展品质。相对于发达的城市，青海省的乡村保留着古老的传统、民风，古旧的民居、器物，生态、有机的农产品，让古朴的原生态产品成为游客体验乡愁、消费乡愁的情感家园，以特色差异化的乡村自然环境、田园风光、生产形态、民俗风情、乡村聚落等为主要吸引物，发展乡村旅游，满足当下游客康体养生、休闲修身的需求。

2. 加强区域品牌营销

"大美青海"文化旅游品牌为青海旅游注入了灵魂，但作为一个文化特色、资源禀赋、内部发展条件有较大差异的省份，打造区域品牌需要突出文化核心。一是聚焦重点项目。项目是品牌的硬实力，将区域民族文化转化成旅游产品是一

项系统复杂艰巨的文化工程，需要政府引导、准确定位，各职能部门同心协力、以文化创意提升项目品牌内涵。总体来看，目前全省除天境祁连、中国夏都西宁、高原明珠青海湖等几个资源依托型品牌，不少品牌还没有形成骨干项目。所以，突出主题文化，在每个品牌下确定几个重大文化旅游项目，挖掘各地独特的核心文化，分层级构建商、养、学、闲、奇、情品牌体系是关键。如乐都的农耕文化、贵德的休闲养生文化、海北的草原文化、祁连生态文化、大通的产业融合文化，围绕核心文化和当地关联资源，尽快研发具有本土特色的文创产品（如天境祁连），通过做实项目打造品牌硬实力。同时，要把具有代表性的项目建设与当地民族民俗文化氛围的营造相结合，通过建筑、民宿、民俗等传统文化元素的注入，形成以项目为核心，特色鲜明的品牌文化氛围。二是着力构建"形象营销＋产品营销＋渠道营销"三位一体的营销体系。激活"居民精神"，提升居民价值认同感，主动自发地参与到旅游营销宣传的过程中来。三是因地制宜开发设计凸显当地自然特色、文化内涵的旅游创新纪念品。各旅游功能区都应立足当地资源优势，形成区域特色，实现全域旅游各功能区的互补，切忌形成"大而全"的"独立王国"。

3. 加快空间结构优化

各先行示范区因地制宜，利用优势旅游资源、公共服务及综合交通实现旅游多元立体化旅游产品及空间格局。确定发展重点特色景区景点及旅游产品，通过景区集聚再扩散效应确定引客空间、迎客空间和留客空间，逐渐带动周边发展，最终形成州市县全域旅游发展格局。同时，精心设计相关线路，完善配套设施以适应城镇"自驾车时代＋风景绿道慢行时代"。全面实现去中心化、多极核、全网络、轴线联动、可循环的全域化空间优化重构。

（四）加强统筹协调，全力打造全域旅游区

1. 协调发展是全面建成小康社会，提升发展整体效能、推进事业全面进步的根本保障

十九大报告提出，要实施区域协调发展战略，在区域发展中补短板、强弱项，拓宽发展空间、增强发展后劲，实现全面协调可持续发展。全域旅游是推进区域协调发展、提升城乡发展质量的有效载体，有利于统筹实施供给侧结构性改革,推进区域景点景区内外协调,加快区域特色化发展与乡村旅游的提质增效。因此,青海首先要充分展示全域旅游的"全"。在推进全域旅游的过程中,各州县旅游分管领导和旅游主管部门统筹交通、农业、水利、文化等部门,树立"爱旅游、抓旅游"的大局意识,把"旅游+"的理念渗透到工作中,不互相推诿扯皮,以伙伴关系而并非配置关系多维度视角融合协调推进全域旅游各项工作。

2. 充分发挥"一张蓝图"的统领作用

各州市县和各产业都应该在"一张蓝图"下,根据全省的产业布局和规划,发挥区域资源优势,因地制宜、准确定位,各司其职。在项目建设中统筹重点项目和大众化旅游项目开发,统筹旅游交通、旅游集散等基础设施配套。同时要阶段性梳理总结各地区的创新发展模式,梳理行业典范组织经验交流。为保证推进全域旅游的良好运行,建议每季度召开全域旅游通气会,及时跟进督查、反馈交流。

(五)探索并发展"旅游+"产业链

1. 充分发挥优质旅游区的带动作用

从旅游核心产业、旅游相关产业、旅游支持产业三个方面进行拓展,首先,充分发挥已有的5A、4A级景区和具有明显带动作用旅游区的辐射功能,整合周边景区的旅游业发展要素,形成点线面的旅游产业发展格局。[6]其次,培育特色鲜明的产业集群。合理利用旅游资源,形成"旅游+工业""旅游+农业""旅游+文化"融合发展。带动餐饮业、住宿业、交通运输业、娱乐休闲等服务业经济增长,同时推动农业、畜牧、制造、建筑等多行业快速运转和发展。如"旅游+新型城镇化",推动发展特色旅游城镇;"旅游+新型工业化",发展工业旅游和旅游购物;"旅游+农业现代化",发展乡村旅游乡村购物;"旅游+信息化",发展大数据旅游和智慧旅游;"旅游+生态化",发展生态旅游。[7]旅游发展从"围景建区、设门收票"向"区景一体、产业一体"转变,产业链条全域化,旅游产业全域辐射带动,在全域旅游的推广初期就要构思好产业链条全域化,旅游产业全域辐射带动的格局。最后,逐步找准产业发展旅游关键点,开发产业旅游功能,从而推进全产业融入旅游要素,形成"旅游+"产业融合格局。值得注意的是要切记"旅游+"不等同于"旅游含",成熟的"旅游+"是呈网络状的生态圈关系。

2. 在全域旅游建设期，产业集群在不同阶段要有不同的发展思路

（1）在成长阶段重点是景区合作

首先，要实现景区之间的全面合作，采取景区联票、共同宣传、客源共享、统一游线等合作方案。以区域内主要景区为合作核心，向四方发散，最终实现全域景区的一体化发展。其次，是资源整合。重新梳理盘整、优化整合区域内优势旅游资源，如可否形成乐都农业生态观光区，祁连生态文化旅游区，大通青山绿水旅游区，贵德休闲体验旅游区四大核心区域和产业聚集组团。最后，是产业链完善。进一步完善度假休闲、旅游住宿、旅行社、旅游餐饮、旅游商品、旅游演艺等传统产业要素。积极发展具有民族历史文化、艺术创意等题材的主题酒店、会展酒店、度假酒店等。

（2）成熟阶段应突出景区主体模式。综合形成几大景区主体，以该景区为核心，带动服务景区的相关旅游产业形成景区主体集群发展态势。

（3）升级阶段要大力发展多产业融合与泛旅游产业集群。当整个县域的旅游产业已经达到成熟阶段并逐渐向更高阶段升级时，最重要的是要进一步实现县域内多产业的融合并最终达到泛旅游产业集群。如"旅游+文化"——祁连加快形成"赏清江山水，品多元文化"的旅游发展格局；"旅游+农业"——如乐都可利用已经形成规模的种植基地、蔬菜基地等，规划建设一批休闲农业示范点；"旅游+工业"——大通探索打造成为集工业、商贸、金融旅游为一体的时尚魅力新城，重点打造原重工业旅游展示区等。产业范畴的"全域"概念，既要在风景的基础上打造"旅游+"，还要通过"互联网+"让旅游产业从消费互联网时代进入产业互联网时代，实现资源再造、营销渠道、消费服务全产业链可持续的价值创新、产品至上、服务为王的共生经济。围绕产业链的核心，通过旅游牵动其他行业领域的协同发展，做足传统的"吃、住、行、游、购、娱"六位一体，探索发展新兴的"商、养、学、闲、情、奇"六位一体。

参考文献

[1] 胡卫华：《"全域旅游"的理论与实践——基于深圳大鹏新区的研究》，《特区实践与理

论》2016 年第 4 期。
［2］陆瑾:《全域旅游助力县域经济绿色崛起的对策研究——以安徽省宁国市为例》,《台州学院学报》2017 年第 4 期。
［3］王建:《全域旅游》,《新时期旅游业发展的崭新模式》,《大众日报》2016 年 3 月 14 日。
［4］孙世超:《全市全域旅游发展大会召开》,《威海日报》2016 年 9 月 28 日。
［5］邢丽涛:《做好全域旅游顶层设计》,《中国旅游报》2017 年 6 月 19 日。
［6］尚晓丽:《基于全域旅游产业集群背景下的旅游专业群建设思考》,《企业导报》2016 年第 13 期。
［7］张迪:《国际背景下的全域旅游规划发展模式探讨》,《低碳世界》2017 年第 16 期。

推动青海旅游产业高质量发展的几个着力点

摘　要：旅游产业关联度高、带动性强，对高颜值、欠发达的青海来说，作为特色产业、"朝阳产业"，推动其高质量发展对拉动内需、促进就业、扩大开放、增加农牧民收入、推动民族团结进步创建活动、构建和谐民族关系具有现实价值与长远意义。

关键词：青海；旅游产业；高质量

中共青海省委十三届四次全委会依据青海未来经济社会发展实际，提出了实施"一优两高"的战略目标，这是顺应时代发展而做出的重大明智抉择。文化是国家和民族的灵魂，是人民群众的精神家园。而旅游业作为人类活动的一大特征，体现了民众的精神需求和生产生活水平的提高。特别是高质量旅游业的发展，更是新时代人民群众对美好生活向往的具体表现。青海绚丽多彩的民族风情以及古老而神秘的人文资源，使旅游业不但成为新时代推动产业升级的新引擎，而且是服务业持续发展的特色产业，同时也是产业扶贫的新支撑和吸纳就业的新渠道，在全省经济社会发展中的地位与作用日渐凸显。无疑是实现青海旅游强省、绿色崛起的明智选择。

众所周知，旅游业不仅是关联度高、带动性强的特色产业与"朝阳产业"，且对欠发达的青海来说，推动其高质量发展对拉动内需、促进就业、扩大开放、增加农牧民收入、推动民族团结进步创建活动、构建和谐民族关系具有现实价值与长远意义，更是一项洁净环保的"兴地富民"和"绿色环保"工程。

一 理性认识青海旅游业发展中的不平衡不充分问题

中国特色社会主义经济发展进入了新时代，其主要矛盾是人民日益增长的美好生活需要和经济发展不平衡不充分之间的矛盾。青海因历史、地理及多民族、多宗教、多元文化包容共处的特殊性，在推动旅游业高质量发展中的不平衡不充分问题有别于全国其他地区。

在当今全球经济不确定因素增加、单边贸易主义抬头、区域经济发展不平衡不充分等趋势下，传统旅游业，特别是青海的生态旅游业体现出前所未有强劲势头，成为国内外游客向往的旅游胜地。这是因为青海近年来依托独具特色的自然风光、名胜古迹、民俗风情、清凉气候等旅游资源使其后发优势有了体现，诸如三江之源、黄河沿岸、祁连山地、察尔汗盐湖、孟达天池、门源等地的旅游富民产业，正在成为当地的支柱产业。

所以说，推动青海旅游业高质量发展在吸纳就业带动创业，推动新青海建设，提升民众的幸福感、获得感、安全感方面的作用愈发重要；紧扣我国社会主要矛盾转化在青海的具体体现，为满足人民群众更广泛、更多样、更多层的美好生活需要发挥了重要作用。必须理性认识我省旅游业高速发展，规模和体量大跨步前进过程中的诸多问题尤为重要，这是因为，发展的不平衡不充分导致旅游业颜值高、质量低现象。

（一）城乡旅游要素供给失衡难以适应全域旅游发展要求

作为蓬勃发展的旅游大省，青海大多数的旅游要素供给往往聚集在较为成熟的城市或传统景区，如西宁市、门源县、祁连县、贵德县、青海湖、茶卡等地。透视当下的游客思维及其需求，游客更青睐那些远离城市的郊区、乡村等，因为良好的生态环境、原始质朴的旅游资源、远离喧嚣城市的静谧是更多的都市人休闲、度假的最佳选择。

众所周知，在青海几乎80%以上的旅游资源都集中在乡村牧区，但其旅游要素的供给却很乏力。一方面，政府在全省乡村旅游业发展中的主导作用发挥尚不充分，科学而统一的规划尚未形成，法规体系仍然不够完备；很多区域并没有把乡村旅游资源的开发真正融入区域旅游整体系统的开发建设当中,致使乡村旅游基础设施建设落后、景区管理粗放、安全保障跟不上等问题较为突出,难以满足游客吃住行与娱乐需求。另一方面,多数乡村旅游项目开发的主体要么是村集体,要么是私营业主,主体间的利益协调机制不健全,对本地的资源条件、市场供求、外部竞争与合作以及和周边旅游资源未能实现有效整合,与推动高质量发展理念缺乏"衔接",同质化现象严重,而且管理滞后,产业组织化程度低,且产业链条短、经营管理粗放,无法满足城市居民日益变化的旅游需求。总之,青海城乡旅游发展的不平衡难以适应全域旅游的本质要求。

因此,打破以往城市旅游、传统景区旅游一枝独秀的格局,就要以习近平总书记对青海提出的"四个扎扎实实"为统领,以青海省委十三次党代会确立的"四个转变"和十三届四次全委会确立的"一优两高"为目标,登高望远、以新青海精神为动力,在实施生态文明建设,紧紧抓住三江源国家公园建设、祁连山国家公园体制试点与可可西里申报成为世界自然遗产的机遇,推动高质量旅游发展对经济社会的联动作用,使其日趋增强,从而具备建设高原旅游胜地的内在潜力与外部环境,使其成为提升青海新形象的重要载体和最具活力的优势产业与支柱产业。

(二)传统旅游产品难以满足新时代游客多元化的消费需求

党的十九大报告指出:"建设生态文明是中华民族永续发展的千年大计。必须树立和践行绿水青山就是金山银山的理念"。青海就是依托其独特的蓝天白云、冰川雪山、森林草原、江河湖泊和积淀深厚的历史、色彩浓郁的宗教、众多的名胜古迹、传承久远的文明吸引着国内外各方人士,使游客成倍增长,旅游收入逐年创新高。

2013~2017年青海旅游相关数据

项目 年份	国内游客规模 (万人次)	增长率 (%)	国内旅游收入 (亿元)	增长率 (%)	入境游客 (万人次)	增长率 (%)	旅游外汇收入 (万美元)	增长率 (%)
2013	1775.78	12.6	157.34	28.8	4.65	-1.5	1941.73	-20.1
2014	2000.43	12.6	200.31	27.3	5.15	10.7	2574.35	32.6
2015	2308.84	15.4	245.55	22.5	6.56	27.4	3876.30	50.6

续表

项目 年份	国内游客规模（万人次）	增长率（%）	国内旅游收入（亿元）	增长率（%）	入境游客（万人次）	增长率（%）	旅游外汇收入（万美元）	增长率（%）
2016	2869.91	24.3	307.24	25.1	7.01	6.8	4415.67	13.9
2017	3477.08	21.2	378.94	23.3	7.02	0.2	3829.04	-13.3

虽然青海旅游业已步入规模化发展阶段，但就整体而言仍然存着文化内涵挖掘不足、产品同质化严重、产品创新升级匮乏、发展方式粗放等问题。例如生态花海景区、乡村农家乐的同质化都十分凸显；虽然根据青海藏区丰富的旅游资源，使其体现出四大旅游板块：一是以省会西宁为主线，辐射周边贵德、互助、循化、大通、湟中、门源以及青海湖和坎布拉等地的旅游区；二是以三江源和祁连山两个国家公园为核心的原始生态科考、探险等旅游区；三是以西部戈壁大漠为主的格尔木胡杨林观赏、神奇地貌旅游区；四是以祁连山国家公园体制试点及生态修复为主的北线草地、古道、原始林区环保、观光、科考、探险等为一体的生态旅游区。

目前，青海有青海湖、塔尔寺两处5A级景区；有祁连风光（即将晋升为5A级）、青海省博物馆、格尔木昆仑文化旅游区、互助土族故土园旅游区、循化撒拉族绿色家园、门源百里油菜花海景区等20处4A级景区；有西宁市人民公园、西宁市东关清真大寺、西宁市南山旅游风景区、北山土楼观旅游景区、大通国家森林公园察汗河景区、贵德黄河奇石苑、龙羊峡旅游景区等69处3A级景区；有玉树称多赛巴寺旅游景区、同德石藏文化旅游景区、乐都瞿昙寺旅游景区、石沟寺景区、黄河第一湾景区等19处2A级景区。[①]

但旅游产品主要靠自然资源的基本属性——观光并未发生变化，旅游产品中传统的六要素，即：吃、住、行、游、购、娱未能淋漓尽致地体现出来，诸如旅游产品娱乐性、享受性缺乏，既不能满足新时代游客多元化的旅游消费需求，还制约了目的地全域旅游的发展，致使青海旅游业的文娱收入水平远远低于全国其他省市；而体现商、养、学、闲、情、奇新六要素的商务、藏医药健康、研学、

---

① 青海省统计局《青海统计年鉴2017》，中国统计出版社，2017，第435~437页。

休闲度假、情感旅游产品更是匮乏，使其占比较高的传统观光旅游业的发展处于尴尬的境地。进入新时代，无论是消费能力高的城市居民，还是消费相对较弱的农村居民，都更加强调行程中的休闲行为和度假感受。加之80后、90后等新生代群体逐渐成为新的旅游消费主体，其旅游观念、出游方式已悄然变化，互动、体验、参与是当今旅游产品需求的核心层，更多的游客强调对目的地文化体验的关注，要求对旅游目的地有深层面的了解；而青海以"眼球经济"为主导的传统观光旅游产品，很难满足这些主流消费群体的需求。

不难发现，新时代游客对旅游品质的要求越来越高，碎片化、个性化、多元化的旅游消费理念也会随着时代的发展而成为推动旅游业高质量发展的主流。"品质、便利、善意，主客共享的生活空间""美好生活是优质旅游新动力"等理论观点正在为越来越多的人所接受。

据马蜂窝相关数据资料显示，近年来海内外游客对青海的关注度一路飙升，在自由行市场上，青海的综合热度位居全国第二，游客满意度位居西北五省区之首。可令人不解的是，处于快速升温的青海旅游市场并未凸显旅游产业优势。无论是国内接待游客的规模还是全域旅游的发展质量，在全国还是西北五省区的范围内比较，成绩都不是理想的状态，旅游业发育度较高的夏都西宁，2018年第一季度游客满意度综合指数只有73.95，居样本城市群第49位。究其原因是青海旅游业发展仍以资源驱动型为主，模式单一，发展内涵过于骨感，精品景区、精品线路、优秀旅游城市和乡村等点线面的发展不足，产业融合程度低。产业链条偏短，"旅游+"和"+旅游"在深度和广度上发展不充分。

旅游已成为大众化、常态化的生活方式，旅游需求多元化、个性化、自驾散客化出游市场需求急剧扩大，而青海中高端产品供给不足，已不能适应游客需求多元化、旅游市场散客化、旅游产品升级型的消费市场。简而言之，日益严重的旅游有效供给总体不足和结构性短缺的现象会使青海原生态的自然风光与多民族风情领略与新时代旅游业发展的趋势不相匹配，这个问题应引起高度重视。

（三）滞后的旅游公共服务难以支撑井喷式旅游市场需求

青海省委书记王建军在2018年全省旅游产业发展大会上指出，青海旅游产业发展的方向定位是省内大众游、省外高端游。由此推断，无疑今后人们出游的频率会越来越高。顺应旅游过程追求独特感受，多样化、特色化、休闲化、个性化、品质化的旅游消费方式，需要多样化、高端化、个性化、集约化的旅游公共服务相辅相成。然而，与旅游发达地区相比，旅游公共服务体系不健全是青海旅游业高质量发展的主要短板。例如每年的七八月份是青海旅游高峰期，核心旅游目的地薄弱的旅游服务根本无法满足井喷式的游客需求，在暴露出接待能力和服务质量不平衡、不充分的同时，还影响了大美青海的美誉度，其问题突出表现在：

一是旅游交通网络不完善。由于区位和发展不平衡等原因，在交通方面，除海东、海北、西宁以外旅游交通可达性不高，海西、青南地区许多自然景区的道路尚未融入区域旅游交通网络。乡村里直达的公共交通服务不足，连接景区之间的交通车道不够宽敞，致使逢周末、节假日、旅游旺季路途拥堵时常发生。旅游专线等公共交通不完善，旅游集散接驳和末端交通衔接瓶颈突出，与"进得来、出得去"的旅游基本需求相比还有差距。此外，很多景区卫生、排水设施建设等配套设施也不完善。

二是旅游业配套设施严重不足。据统计，截止到2017年底，青海全省共有3家5A级景区、24家4A级景区，在西北五省区中既是景区指数最低的省份之一，也是全国奢华和高端酒店数量最少的省份之一；旅行社总数为308家，是全国旅行社数量最少的5个省份之一。全省旅游类上市公司只有1家，旺季一房难求后掀起的井喷式民宿热中卫生和安全问题日渐暴露，亟待解决。

三是"厕所革命"依旧任重而道远。尽管从2015年到2017年投入资金1.05亿元与全国同步启动了旅游"厕所革命"三年行动，3年来，全省共新建改造旅游厕所1017座；到2020年新改建旅游厕所将达579座。其中，A级旅游景区400座，在一定程度上缓解厕所"标准低、数量少、卫生差、管理缺"等问题，多措并举补齐影响群众生活品质的"如厕"短板；但厕所的建造与使用有效率之间的矛盾，名胜景区厕所结构失调导致的不文明如厕问题，乡村卫生难以根治等问题依然存在。

四是公共服务明显滞后。旅游综合管理水平跟不上大众旅游时代和品质化的消费需求，标准化、信息化、规模化发展滞后于高质量旅游业发展的整体需要，与各州、县，各省区互联互通、优势互补等方面，智慧旅游建设等有待提升。

综上所述，由于旅游产品单一、同质化严重，旅游公共服务体系质量低下、效率不高，巨大的潜在旅游需求得不到有效释放，致使大量旅游及相关需求流失，究其根本原因是高质量旅游业发展的供需失衡。

二 推动青海旅游产业高质量发展的对策建议

解决如前所述的相关问题就必须充分发挥市场在配置旅游资源中的决定性作用，通过提升旅游资源、土地、劳动力、资本、技术、制度等要素质量增加全域旅游产品新供给，以壮丽多姿的自然风光、古老而神秘的人文资源、绚丽多彩的民族风情为基因，依靠"质量""品质""服务"增强旅游流量，让青海高原独有的自然风光、民俗风情、文脉资源助推大美青海旅游业的高质量持续发展。

（一）提升旅游要素的供给质量是核心

在新时代，要推动青海旅游业高质量发展，就必须顺应经济社会发展新常态与民众旅游新变化，使其成为满足群众日益增长的消费需求与提升幸福指数的根本所在。把旅游业培育为最具影响力的幸福产业，建设现代旅游强国，是中国特色社会主义新时代赋予我国旅游业发展的重要使命。[①] 其中，提升旅游要素的供给质量，是推动旅游业供给侧结构性改革的不二选择。因为旅游要素质量是旅游产业发展质量提升的核心，包括产业规模和产业效率两个方面。旅游业发展所依托的旅游资源、土地、劳动力、资本、技术、制度等要素禀赋及其规模、质量和比例在不同时期是不同的。尤其在转变经济发展方式，优化产业结构，以大数据、云计算、物联网为代表的信息技术变革影响激增的背景下，青海旅游业应该从源头上充分重视生产要素的合理配置，要在强化生产要素有效供给的同时，防止其投入的盲目性和重复性，避免资源浪费和产能过剩现象发生。未来5~10年，要紧抓"一带一路"建设和新一轮西部大开发建设的黄金机遇，要紧紧依托青海的旅游资源优势，在特色、规模、效益等方面多措并举，在管理、

---

① 黄国达、毛蒋兴：《旅游业供给侧结构性改革背景下黄姚旅游小镇规划探究》，《规划师》2018年第4期。

基础设施建设、服务中提高质量，突出精品，持续利用。在增加旅游产业要素增长的同时，应注意提高劳动资本产出率，利用信息技术提高工作效率，对资本进行合理的规划利用，使有限的要素创造尽可能大的价值，不断提高旅游产业效率。①

（二）优化旅游服务质量和产业结构是关键

产业结构包括行业结构和市场结构。针对目前青海旅游行业高质量发展中存在的不平衡不充分这一状况，应根据不同时期的消费特征，首先要优化服务质量与产业结构，在延长其产业链的同时，取长补短，以精品服务与精品景区吸引游客没来想来、来了还想来，特别是要加大对农家乐、牧家乐的扶持和监管，以此促进各类酒店的管理能力、服务水平与新时期新消费相适应。出台相关优惠政策，与乡村振兴结合起来、与精准扶贫结合起来、与产业发展结合起来，逐步完善特色商业休闲街区。依托各地的非物质文化遗产，精心设计颇具地方民族特色的旅游娱乐项目，形成公路、铁路、航空三维立体交通网络，根据需要不断地优化和完善各项旅游交通服务设施；对省内大众游，省外高端游的目标市场进行精准细分及完成其差异化的策略实施。

（三）创新宣传，精准营销是手段

创新宣传树形象。一是集合多种传播途径，构建因地制宜的旅游宣传推广体系，以差异化的定位且精准且有效提高宣传与营销措施，扬长避短，充分体现青海地域辽阔、历史悠久、民族风情浓郁的特点，使大美青海美得出去、美得持久，让"绿色青海"嵌入中外游客心中。二是通过"互联网+"，针对目标客源地线上线下同步营销、图文声影交错宣传。三是依托各地丰富的旅游资源，塑造旅游品牌，打造精品旅游景区，以游客思维为引领创新产品内涵，以原生态和优质服务给游客高端的旅游体验与高品位的精神享受，使中外游客对大美青海流连忘返。

强化营销获共赢。一是强化营销的精准性和有效性，精准细分各类目标市场

---

① 史灵歌、彭永娟：《旅游产业发展质量评价模型及实证研究——以河南省旅游业为例》，《北京第二外国语学院学报》2014年第5期。

以及客源结构，针对不同季节、不同区域、不同景区旅游状况，从管理、服务、应急、住行等方面制定一套行之有效的相关措施使其效益最大化。二是紧紧围绕"大美青海"品牌，将青海的蓝天白云、雪山草地、江河湖泊、民俗风情、历史文化等充分展示给来青海的游客，使他们在感受旅游带来的惬意时，当地民众从中获益。三是充分利用"六月六花儿会""那达慕大会"、环青海湖国际公路自行车赛、黄河国际极限挑战赛等重大节庆活动达到共赢。要整合各地资源，上下联动，突出主题，整体打造，增强有效宣介，精准体现营销效果①。并在此基础上，以大旅游的思路与周边省区联手打造精品旅游路线，以分享模式实现共赢。

（四）完善旅游公共服务体系是基础

众所周知，旅游景区的公共服务直接事关知名度的推广和收益情况，尤其基础设施建设更是衡量区域旅游是否持续的重要标志，其中的政府服务尤为重要。

持续开展"厕所革命"。一是创新开展"厕所革命"、新三年行动。青海的自然风光虽然无与伦比，民族风情丰富多彩，但景区"脏乱差"一直有损整体形象。所以，开展"厕所革命"是为了提升景区服务质量和卫生治理的有效措施。二是加大贫困乡村牧区的旅游厕所建设力度，为保证厕所的正常持续使用，可以在有旅游资源的建档立卡贫困村重点实施"厕所革命"，使其"脏乱差"被根除。

力争使公共服务体系达到最佳成效。加速旅游交通全方位大发展格局。未来5~10年，要形成以西宁为中心的两小时旅游交通精品路线，以格尔木为中心的西部交通旅游辐射带，与交通厅等部门共同推动全省旅游交通道路相关规划及实施，借"乡村振兴战略"之机，推动农牧区旅游交通升级。尽可能在重点旅游市州如西宁市、海北藏族自治州等建立"一站式"的多功能综合集散中心，加快游客聚集区域旅游咨询中心的建设工作。加快旅游公共服务数字化平台建设。呼吁各州、县与联通公司合作，把旅游数据、应急指挥统一纳入智慧旅游服务平台，遏制旅游服务不平衡、不充分现象发生。

---

① 郑宜平：《转型升级 提质增效 推动全区旅游业高质量发展》，《实践》（思想理论版）2018 年第 7 期。

（五）强化监管，建立文明理性的发展环境是保障

旅游产业的高质量发展依赖于良好的内外部环境。那么，制度、服务等方面的监管就显得特别突出和重要。所以，建立文明理性的生态环境、投资环境、生产环境、生活环境和社会环境是推动旅游大发展必不可少的诸多因素。引导旅游者自觉遵守环保规定，文明旅游，通过多方联动，优化旅游产业的发展环境①。

加强旅游行业监管。一是健全旅游市场常态化监管机制，使其成为常态化。政府在此过程中要"唱主角"，主动作为，成为企业、集体、个人、投资者的"连心桥"，由间歇性执法向常态化监管转变，从根本上扼制旅游中不良现象的发生。二是各相关职能部门要联手打击旅游行业违法违规行为，充分发挥舆论的监督作用，通过揭短亮丑曝光有效净化行业风气。构建"互联网+"旅游市场监管体系，强化旅游投诉受理快速反应机制，优化调节方式，在最短的时间内给予游客最大的满意度。三是加强对旅游行业的管理，使旅行社、宾馆、景区等形成合力，特别要注重加强协会党的建设，规范行业行为。

优化旅游服务环境。一是保障旅游秩序安全。将旅游安全责任落实到位，在旅游淡季开展安全生产隐患排查和旅游事故处置演练活动，安全应急预案要不断地更新完善，旅游安全警示的发布要快速准确，对旅游安全事故的防范要常态化值守。二是持之以恒加强文明旅游管理。依靠法律手段促进信用体系的建设，企业文化建设和行业文明创建工作齐肩并行，文明旅游主题宣传活动不间断。三是提升服务质量。进一步完善旅游服务质量标准化建设，优化宾馆饭店、景区景点、旅行社等管理服务水平，以优质、均衡、充分的服务环境使到青海的广大游客与当地的老百姓共同拥有更好的体验感、更实的安全感、更多的获得感，实现主客共享。

（六）与乡村振兴战略相融合，大力推进旅游扶贫是重点

国家正在实施的乡村振兴战略是中国农村千百年来从未有过的伟大创举，所以推动旅游业大发展就要抓住这千载难逢的机遇，在旅游扶贫工作中，既要实现

---

① 史灵歌、彭永娟：《旅游产业发展质量评价模型及实证研究——以河南省旅游业为例》，《北京第二外国语学院学报》2014年第5期。

农牧区的大变化，又要使脱贫攻坚落到实处，彻底改变落后的生产方式和生活观念。延长乡村旅游产业链，以田园综合体、农牧业公园、观光农牧业、农（牧）家乐等建设为抓手，带动农牧产品加工、销售和农牧区商贸、餐饮服务等行业发展，实现农牧民从旅游从业者转化为利益共同体。成立专门的乡村旅游管理机构和行业组织，制定相关标准及细则，引导乡村旅游业态向规范化、品质化发展。

（七）推进"旅游+"，促进旅游业与各行业融合是有效路径

加快旅游与文化产业的深度融合。一是加强文化资源的经典再造，要把青海优秀的多元文化给游客充分展示出来，转化为经济效益、社会效益和文化效益。二是彰显不同区域的旅游业文化内涵，以差异化产品提升区域旅游景区的文化品位。

促进旅游与体育产业的完美融合。一是借助各地各类节庆活动，助推民族体育与时尚、竞技体育有机结合，催生新兴体育旅游项目，体现青海旅游特色。二是以游客的满意度，高原体育旅游产品的扩大再生产为目标，使体育旅游产业的优化升级，构筑"大美青海、生态户外"体育旅游品牌发展新优势与新动能，同时要注重国民精神的消费需求，以丰富多彩的旅游产品，满足民众的获得感、幸福感和安全感，充分体现文化感知、休闲娱乐等个性化、多样化的青海旅游大发展。

参考文献

王宁：《国外乡村旅游发展模式的比较研究》，《世界农业》2015年第8期。

胡卫华：《"全域旅游"的理论与实践——基于深圳大鹏新区的研究》，《特区实践与理论》2016年第4期。

余学新：《经济研究导刊》，《旅游业转型升级增效对策分析》2013年第13期。

中共青海省委 青海省人民政府关于加快全域旅游发展的实施意见《青海日报》2018年7月3日。

戴斌：《全域旅游在美丽风景里，也在美好生活中——在青海旅游产业大会上的讲话》，2018年6月8日。

旅游业迎来新发展机遇 旅游业供给侧改革是核心抓手，www.xjxnw.gov.cn，2018年1月26日。

夏杰长：《高质量发展是实现现代旅游强国的唯一选择》，中国社会科学网，2018年3月22日。

区域篇

对加强青藏两省区旅游协作的几点思考

摘　要：区域旅游协作是发展"大旅游"的客观要求，青海与西藏相邻，区域旅游协作有明显的地缘优势，两省应在互惠互利的基础上进行旅游协作，将会极大地促进青海、西藏两省区经济社会的全面发展，维护民族地区的稳定和繁荣。

关键词：青海；西藏；旅游协作；旅游空间；"大旅游"

青藏高原位于中国西南部的青海省和西藏自治区境内，总面积250万平方公里，约占全国土地总面积的25％，平均海拔4500米左右，是中国面积最大、世界上海拔最高的高原，有"世界屋脊"之称。世界最高峰珠穆朗玛峰位于高原南缘，被称为"世界第三极"。高原、高山、冰川、森林、草地、湖泊、温泉、地热等资源构成了青藏高原独特的自然景观；壮观的寺庙和古建筑群以及浓厚的宗教氛围加上藏族的民风民俗，构成了独放异彩的人文旅游资源，青藏高原许多鲜为人知的神秘传说对国内外游客构成了强大的吸引力。21世纪最具吸引力的旅游产品是文化旅游和各种形式的探险旅游，这无疑是青藏高原旅游业发展不可多得的优势和难得的契机。因此，打造青藏高原旅游品牌，发展独具特色的青藏高原旅游业，不仅可以丰富和完善我国旅游产品的内容，增强我国旅游业的发展后劲，而且对于青海、西藏两省（区）经济社会的全面发展，维护民族地区的稳定和繁荣都具有非常重要的意义。

一　青藏两省区旅游协作的有利条件

（一）旅游业发展已初具规模

青藏地区以其古朴原始的自然风光、神秘而古老的宗教文化和丰富多彩的民俗风情著称于世。近年来，旅游业在两省区经济发展中的作用日益凸显。青海省政府将旅游业定位为特色支柱产业，制定了一系列促进旅游业发展的政策，使旅游业走上了快速发展的道路。据统计，"十五"期间全省接待国内外游客2342万人次，累计实现旅游总收入达87亿元人民币，年均增长16%。与"九五"比较，游客人数和旅游总人数分别增长1.5倍和2.2倍。西藏自治区也把旅游业作为重要的支柱产业来发展，有关资料显示，2005年全区接待国内外游客总计达150万人次以上，实现旅游总收入超过18亿元。目前青藏铁路已开通，预计进藏的旅游人数将达到每年200万人次，届时每位国内游客每天的开销将达到430元，海外游客为80美元。

（二）区位优势

青藏高原是众多江河的发源地，具有发展区域旅游业的地缘优势。日趋完善的交通体系大大加强了两省区间的联系，青藏铁路的开通为促进两省区的旅游协作创造了必要条件。

（三）旅游资源优势

青藏高原复杂而严酷的地理环境使不少地区人迹罕至，原生性极强，给人以纯真粗犷的震撼；野生动植物资源丰富，其中鸟类百余种，鱼类资源素有"高原鱼库"的美誉；古老而神秘的宗教文化独具魅力，各种寺庙不仅仅是宗教活动的场所，也是历史文化的浓缩点，是这块土地上对外界最主要的"吸引"点；由于高原环境的相对闭塞，使这里的民风民俗保持了相对的完整性和原始性，浓郁的民族特色是高原上重要的人文旅游资源。

二 青藏区域旅游主题的定位与空间开发模式

（一）旅游主题的定位

旅游主题的定位是创造性思维的结晶，这种创造性思维建立在客观条件与美学原理相结合的基础上，包括旅游地的自然地理环境、历史文化传统、社会心理积淀、经济发展水平等。对旅游资源整合与创新的过程，就是在一定的地域内，从多样的旅游对象中依据市场导向和外部时空组合，划分具有针对性、独特性的旅游形象和内容的过程。根据这一思路，青藏高原旅游主题可拟定为观赏"世界屋脊"独特而雄浑的自然风光，探询古老而神秘的宗教和文化古迹，挑战极限的探险旅游等。

（二）旅游空间开发模式

统筹区域旅游发展需要对旅游资源和市场进行合理的配置与组合。旅游空间绝不是旅游业发展的被动形态，而是旅游联系的重要内容和方式，对旅游发展的速度、质量、规模和效益等方面都有积极的影响。在市场经济条件下，统筹区域旅游合作与发展的空间体系是基于旅游资源、旅游空间联系、市场细分以及区域社会经济活力等条件下的空间自组织过程。就区域旅游发展演化过程来看，目前区域协作空间开发有三种模式，即据点式、点轴式和网络式。据点式强调集中投资，突出重点，能够很快收到经济效益，特别适合于区域开发和产业发展的早期阶段。点轴式强调以点带面，其中的"点"是各级旅游业的中心地，对区域旅游发展具有带动作用；"轴"是在一定方向上连接若干不同级别的中心地而形成的相对密集的资源和产业带。网络式则以交通网络为基础，全面开发，适宜于开发的高级阶段。青藏地区地域辽阔，旅游业发展很不平衡，不能单纯地依靠据点式或点轴式，要将二者结合起来，即依托旅游中心城市（西宁、格尔木、拉萨）或王牌景区景点（塔尔寺、青海湖、万丈盐桥、布达拉宫）的优先发展，使其成为旅游经济的增长极或游客集散地，带动周边地区旅游业的兴起及发展；依托著名旅游区景点组织旅游线路，构造旅游产业带，进而带动相关地区旅游业的发展。为此，确定旅游中心、次级旅游中心和旅游腹地通道，开发旅游热线，打造旅游品牌是青藏区域旅游协作规划的当务之急。

三 青藏区域旅游开发的管理运营模式——政府主导和企业化、集团化运作相结合

旅游业是特殊的竞争性行业，旅游产品的供给主体是由市场运作机制所决定

的。但旅游业又是一个新兴产业，市场机制在产业发展的初期尚难以带动产业自身迅速形成规模经济。因此，政府在拉动产业起步和健全市场体系方面起着关键作用。在旅游业已经初具规模的今天，青藏高原旅游业的发展面临着两大挑战。一方面，旅游业的"大行业、大市场"的性质，要求它面向全社会，甚至面向海外开放，所以由国有企业"单打一"、以地方保护维持行业垄断的局面已不适应当今形势的发展要求；另一方面，就国有企业而言，也要求实行政企分离，建立健全现代企业制度，在责、权、利相制衡的基础上独立自主地管理企业。国内外经济发展的经验和教训证明，凡是产业，都应该是赢利的；凡是赢利的，就应该由企业主导，而不是政府主导。但是，和其他产业一样，旅游业处在幼稚时期，需要政府的保护和扶持，实施政府主导很有必要。但当其规模达到一定程度、形成较成熟的产业时，就应该逐渐按照市场规律运行，由企业自主经营。由此可见，政府主导与企业化、集团化运作相结合，是目前青藏高原旅游开发的最好模式。即宏观协调由政府出面，基础设施建设由各地政府引导，中观操作由集团承担，微观运营由企业自主，使政府主导与企业化、集团化运作有机地结合起来。

四 政策建议

（一）解放思想，转变观念

青藏两省区应以"大旅游"为指导思想，树立"谁投资，谁收益""你投资，你挣钱，我发展"的观念，以共同打造青藏高原旅游品牌为宗旨，以市场需求和世界旅游业发展趋势为导向，优势互补、资源共享、科学规划、规范管理、团结协作、共同发展，在更广阔的范围展开合作。例如，共同营造青藏高原旅游区的大环境，加强旅游基础设施建设，形成完善的区域旅游服务体系；针对青藏高原的特殊情况匹配相应的导游、服务设施和救援设施；与周边省区和国家联合开发跨省区、跨国旅游线路，以吸引更多的外国游客。

（二）加强区域联动，加大招商引资的力度

招商引资作为发展旅游业的一个重点，必须走创新之路。其一，政府、企业

联动，加快总量扩张。如搭建新的招商引资平台，紧紧围绕旅游资源的开发，以两省区的优势景点为载体建立完善的项目，加大宣传和推介力度，突出政府招商主题，重点搞好基础设施招商、景点景区开发招商，把景区建设和文化建设放在重要位置；加大政府招商力度，坚持"走出去、请进来"，积极组织和参加各类招商活动，加快建立政府招商的考核机制、两省区之间的招商协调机制；突出以商招商，规范对外来投资企业和民营企业的协调服务，通过创造良好的投资环境，"开门迎商，以商迎商"；注重招商引资基础性工作的创新，如景区基础设施建设投资可以公共物品的私人供给方式吸引社会资金进入。其二，制定科学合理的区域旅游协作政策，通过政府联合投资，加大旅游基础设施建设力度，进一步加强旅游促销。其三，充分利用资本市场，拓宽融资渠道。如组建区域旅游集团公司（尝试旅游连锁经营），符合条件的可通过上市发行股票、发行青藏旅游建设债券或采用BOT等方式融资，为"吃、住、行、游、购、娱乐"等配套服务体系建设注入必需的资金。

（三）走旅游产业化发展之路

区域旅游协作的目的绝不是对旅游线路的简单拼接，而应该是通过对各区域旅游产业链的有机整合，打造和推行区域之间的无障碍旅游和无缝隙服务。要积极推进协作区域内旅游交通体系化、旅游服务一体化、旅游信息联动化，形成高效的产业协同发展机制，实现旅游产业经营的大型旅游企业集团化、中型旅游企业连锁化、小型旅游企业专业化。

（四）加大政策扶持

青藏地区各级政府应为旅游业发展制定切实可行的土地、税收等优惠政策，提供良好的行政服务。如建立行政审批中心，实行一条龙服务，推行主动服务、超前服务、个性化服务和专业化服务，为区域旅游业发展创造良好的外部环境。

（五）强化合作

加强与科研院所的交流合作，走"产、学、研"相结合之路，全面提高两省区旅游业的核心竞争力。一方面,政府牵头,充分利用各高校和相关科研机构的智力资源,发挥智囊团的作用,进行旅游资源开发研究,为政府决策提供科学依据;另一方面,重视区域间的资源互补,借鉴发达省区及国际旅游业发展的先进经验,逐步形成自己的发展优势。

参考文献

薛莹:《对区域旅游合作研究中几个基本问题的认识》,《桂林高等专科学校学报》2004年第12期。

张惠霞、冯鸿周:《山西与陕西区域旅游合作研究》,《山西财经大学学报》2002年第6期。

张琛:《长江三角洲区域旅游合作初探》,《资源开发与市场》2003年第19期。

薛莹:《20世纪80年代以来我国区域旅游合作研究综述》,《人文地理》2003年第2期。

刘俊:《区域旅游目的地空间系统初探》,《桂林高等专科学校学报》2003年第2期。

李树民、康立峰、高煜:《西部旅游业实现跨越式发展的障碍分析及对策建议》,《西安交通大学学报》(社科版)2002年第9期。

尹贻梅、邢相勤、刘志高:《旅游空间合作研究进展》,《旅游管理》2003年第2期。

马晓:《区域旅游合作与发展简论》,《光明日报》2005年4月5日。

发展生态旅游 打造旅游名省

摘　要：生态旅游作为实现旅游业可持续发展的首要必然选择，已成为21世纪国际旅游的主流。目前是我国旅游业中增长最快的一部分。青海省生态地位特殊，要实现旅游名省的目标，必须将循环经济理念引入旅游生态化过程，在创新创优中构建生态旅游这一熠熠生辉的"名片"。

关键词：生态旅游；旅游名省；青海

生态旅游是针对旅游业对环境的影响而产生和倡导的一种全新的旅游模式。有关人士预测，在不久的将来，以走向保护区、亲近大自然为主题的"生态旅游热"将在全球兴起。生态旅游作为实现旅游业可持续发展的首要的、必然的选择，在世界范围内得到普遍重视和迅速发展，已成为21世纪国际旅游的主流。据有关资料介绍，目前生态旅游在我国旅游业中成为增长最快的一部分，年增长率达30%以上。从我省（青海省）来看，要实现旅游名省的目标，必须将循环经济理念引入旅游生态化过程，坚持"景点建设、宣传促销、接待服务、产品开发"相结合的原则，以三江源文化为卖点、以自然生态为基点、以康体养生为亮点、以休闲度假为重点，在创新创优中构建生态旅游这一熠熠生辉的"名片"，这是青海打造旅游名省的重要工程之一。

高起点规划，精心设计，加大开发力度，打造生态旅游精品景区。一是进一步整合生态旅游资源，精心打造生态旅游板块，以青海湖、鸟岛、塔尔寺、原子城等优势资源为基础，发挥资源的垄断性作用，突出一个"特"字，挖掘其深刻的文化内涵，赋予其生命和活力，把悠久的历史、灿烂的文化、美丽而动听的神话、藏传佛教和独特的民俗风情等融于自然景观中，以资源为依托，以文化为主线，依据产品的关联度，增加产品组合的深度和宽度，增加生态旅游产品的内涵。二是成立由旅游、规划、林业、环保等部门组成的生态旅游资源开发协调小组，加强对生态旅游的理论研究，同时聘请生态旅游方面有关的专家学者和规划设计人员，编制具有指导意义的高起点、高标准、高水平的生态旅游发展规划，以指导和协调生态旅游资源开发工作。三是通过政府投入、经营权转让、招商引资等多种方式、多个渠道筹集开发建设资金，吸收各种经济成分参与，解决开发建设资金不足的问题。四是努力吸收国内外发展生态旅游的先进经验，立足于青海优势，开发独具特点和突出文化内涵的项目，例如，原始森林旅游、草原牧区旅游、动植物观赏游、古迹文化考察游、民俗风情游等专项生态旅游，也可在郁金香花节、国庆节等节假日期间，与宣传青海紧密结合，搞高原风光、大湖大河、文化传说、古城古道与特产、小吃等文化内涵深刻的系列生态旅游，建立起新的生态旅游市场体系，使之与省外的市场相适应，推动青海生态旅游的可持续发展。

开展多种生态旅游形式，丰富生态旅游活动内容。过去人们对生态旅游的认识主要是停留在游览观光方面，而对参与互动没有太多的要求。因此，应利用各种生态旅游资源，让游客进行多种形式的参与活动，如探险、休憩、摄影、作画、野炊、野营、体育等。根据我省目前的实际情况，可以开展"一日游"或"二日游"，让旅游者充分体验生态旅游和野外活动的乐趣。同时，在重点旅游区与州县之间开辟周末或节假日生态旅游专线，让游客真正能进得来、出得去、游得开，为广大旅游者出游提供更加便利的条件。

加大宣传力度，改进营销方式，打造著名生态旅游品牌，形成旅游热点。借助"三江源"、"青藏铁路"和"中国夏都"的城市品牌，同时结合青海湖、塔尔寺等著名景区（点）的观光游和休闲度假游，通过多个渠道、多种媒体，包装宣传我省的生态旅游业，在全国乃至世界范围内打造著名的生态旅游品牌，并加强与各地旅游机构和旅行社的合作，形成生态旅游热点。网络营销是适应21世纪信息技术迅猛发展和旅游消费行为变化出现的新方式与发展趋势，我省应积极顺应历史发展的新潮流，在认真研究旅游消费者的需求、兴趣、爱好和人口分布的特点，对旅游消费者进行市场细分的基础上，根据自身的状况大力开展网络营销，并把网络营销与传统营销整合起来，通过网络营销引领和改造传统营销方式，使现有的营销体系更加完善，最大限度地提高旅游营销的效果。

  建立健全生态旅游的保障机制，走可持续发展之路。市场经济本身并不与旅游业的可持续发展相兼容，在发挥市场机制的积极作用下需要某些特定的辅助手段，如政府干预和公众参与等，来弥补市场失灵的缺陷，以保证旅游业可持续发展的真正实现。为此，必须借鉴循环经济理论，制定相关政策，完善保障体系，建立有效的全民监督、评估体制等，努力促使生态旅游走可持续发展之路。一是通过资源价值化完善资源价格体系和成本核算制度，将旅游资源消耗核算和生态环境损失核算纳入旅游经济成本核算体系，以减少旅游对环境资源的损害。二是充分利用科技手段，科学界定旅游环境质量、容量或承载力状况的发展趋势，控制旅游人数，避免环境污染，防止盲目开发，谋求持续的投资效益，保证资源及环境的高效利用和有效保护。三是要尽量保持旅游地的原始性和真实性，保护其自然资源的生物多样性、生态系统的平衡性和人文资源的完整性，降低开发性破坏；在废弃物产生和处理过程中实行减量化、资源化等标准，体现循环经济的3R原则，尽可能减少对不可再生资源的占用和消耗对景区环境可能造成的负面影响。四是对旅游者和旅游地居民开展生物多样性、环境保护等方面的教育，并制定一系列措施，提高旅游者从自身做起保护旅游资源环境的自觉性，减少来自旅游者的环境污染，提高他们自觉保护资源环境的意识。五是建立和完善生态旅游的法律法规体系，加大执法力度，依法管理和保护旅游资源与环境，使生态旅游快速、高效、健康、持续地发展。

大力开发旅游资源　建设高原旅游名省

青海历史悠久、文化灿烂、山川壮美、民族众多，独特的旅游资源充满新奇感、神秘感、粗犷感和原始感，大多保留了未经雕饰的原始风貌。因此，以旅游资源的比较优势为依托，充分利用旅游资源具有可持续、循环发展的特征，大力开发旅游资源，建设旅游名省是加快青海经济发展和产业结构调整的必由之路。

高起点编制旅游发展规划。在规划指导思想上，应突出生态旅游的理念，牢固树立以人为本的资源环境保护观，增进环境优化与人文关怀的互动，做到人与自然的和谐。在具体规划项目上，应提倡以自然景观为主，就地取材，依景就势，体现自然之美；在旅游产品的规划设计和改造创新上，应抓住青海省旅游资源中特殊的自然属性，找准旅游资源中不同的文化特性，包装渲染其稀奇独特的品质，使旅游产品既美丽多姿又富有神韵，既统一品牌，又具有不同的气质；在规划的艺术形式和手法上，应认真学习和借鉴先进地区的建造艺术，规划整合旅游资源，精心打造精品旅游板块，突出以青海湖、鸟岛、塔尔寺、江河源、昆仑山、宝隆滩、可可西里、原子城、柴达木万丈盐桥、巴隆国际狩猎场等优势资源，发挥资源的垄断性作用，突出一个"特"字，挖掘其深刻的文化内涵，依据产品的关联度，增加产品组合的深度和宽度，提升旅游产品的文化内涵。

创新机制，提高旅游资源配置和运作水平。实行旅游资源"国家所有、政府监管、企业经营"三权分立，严格按照国家有关法律法规要求，确保国家对旅游资源的所有权。在有效保护和合理利用有机结合的原则下，按照各类景区的性质，区别不同情况确定不同的模式，对坎布拉、盐湖城资源等级较高、各方面条件较为成熟的旅游资源，在现有管理体制和运行机制上进行改革、创新，实现管理权和经营权分开。对尚需大量基础配套设施投入的三江源、环青海湖等旅游资源，应按照一个中心（保护旅游资源）和两个基本点（旅游资源的特色和永续利用）的原则，大胆对外开放、招商引资，通过经营权转让，引进资金、技术和管理，提高景区开发、保护、管理水平。在经营权转让中，坚持采用公正、科学的方法和程序对旅游资源开发经营者进行遴选，使信誉好、实力强、理念新的企业取得经营权，确保开发档次，并以契约形式明晰责权，防止出现新的政企不分现象。同时，对经营者的投资与经营行为予以有效的监控和帮助，确保资源的合理利用。

依托旅游资源优势，形成强势品牌。目前，青海具有开发前景的旅游资源很多，像中外闻名的"中华水塔"三江源、"候鸟天堂"青海湖、"高原珍稀动物王国"可可西里、"碧水丹山"坎布拉等景观景点，大多是全球绝无仅有的"精品""极品"，如何把这些资源优势转换为产业优势和经济优势是当务之急。具体讲，可以借助环湖赛和中国夏都的品牌，同时结合青海湖、塔尔寺等著名景区（点）的观光游和休闲度假游，通过多个渠道、多种媒体，包装宣传我省的旅游业，在全国乃至世界范围内打造著名的旅游品牌，并加强与各地旅游机构和旅行社的合作，形成旅游热点：一是建设"中国夏都"精品旅游区；二是建设青藏铁路世界屋脊旅游带生态游览和宗教文化精品旅游区；三是建设"三江源"生态精品旅游区。

坚持高层次招商，进一步加快旅游基础设施建设。积极探索旅游投、融资的有效方式，调动各类投资主体的积极性，不断拓宽投、融资渠道，按照"谁投资、谁受益"的原则，建立"多渠道筹资、多方式合作、多元化经营"的旅游投入体制，吸引中外投资者和民间资金参与旅游开发。把旅游产业发展与交通基础设施建设、城镇建设、生态环境保护紧密结合起来，整体推进。继续加快公路主干线与景区的连接道路和景区游览道路的建设，开通更多的旅游专列和通往各大城市的航班包机，切实改善青海旅游的通达条件。同时应加大旅游景区，尤其是重点景区的旅游配套设施建设力度，让重点景区能留住游客，实现旅从速、游从缓，推进旅游产品向立体化发展。

防止盲目开发，谋求持续的投资效益。应充分利用科技手段，科学界定旅游环境质量、容量或承载力状况的发展趋势，控制旅游人数，避免环境污染，防止盲目开发，谋求持续的投资效益，保证资源及环境的高效利用和有效保护。Butler 指出:"旅游产品的吸引力不是无限的永恒的,而有可能是有限的甚至是不可更新的,对它们应该进行仔细的保护,旅游区的开发应控制在一定的容量限制范围内,这样它们潜在竞争力才能在较长的时间内得以保持。"因此,必须以生态经济学和生态美学原则为指导进行限游模式开发,在同一生态旅游地内根据环境定期调整旅游线路,使旅游区内的资源得以"休养生息",最大限度地延长资源的衰退周期。

建设高素质的旅游人才队伍。旅游产品作为一种精神必需品,其经营管理需要高素质的专业管理人才和服务人才,他们对于提高旅游服务质量、提升旅游地形象、打造旅游品牌有着重要作用。应利用旅游院校、培训班、专题讲座、学术会议等各种形式,及请进人才、派出学习等办法培养一大批旅游方面的专业人才,加强对旅游相关理论和规划方面的研究,为我省实现旅游可持续发展提供人才保障。

黄河上游经济区旅游协作构想

摘　要：以兰州、西宁、银川三个城市为核心的黄河上游经济区域，是我国黄河上游地区多民族经济发展的核心地带，该区域旅游协作有明显的地缘优势，在互惠互利的基础上进行旅游协作，不仅有利于青海、甘肃、宁夏三省区经济社会的全面发展，而且对维护民族地区的稳定和繁荣具有深远的影响。

关键词：黄河上游经济区；旅游协作

　　黄河上游经济区，又称为"兰西银经济区""西兰银经济区"，是指以兰州、西宁、银川三个城市为核心，沿黄河上游布局的广大经济区域。三省区处于黄土高原与青藏高原交汇的黄河谷地，东接中原腹地、西北出亚欧大陆、西南可联青藏高原，是我国黄河上游地区多民族经济发展的核心地带，也是我国内陆腹地的战略要地与开发重点，而且还是沟通我国与中亚、南亚以及欧洲等国的桥梁和纽带。黄河上游是中华文明的发祥地之一，历史文化底蕴丰厚，平原、高原、峡谷、森林、草原、湖泊、温泉、地热等资源构成了该区域独特的自然景观。壮观的寺庙和古建筑群以及浓厚的宗教氛围加上少数民族的民风民俗，构成了独特异彩的人文旅游资源；21世纪最具吸引力的旅游产品是文化旅游和各种形式的探险旅游，这无疑给黄河上游三省区旅游业的发展带来了难得的契机。因此，打造区域旅游品牌，发展独具特色的黄河上游旅游业，不仅可以丰富和完善我国旅游产品的内容，增强我国旅游业的发展后劲，而且对于青海、甘肃、宁夏三省区经济社会的全面发展，维护民族地区的稳定和繁荣都具有非常重要的意义。

一 黄河上游经济区旅游协作的有利条件

（一）旅游业发展已初具规模

黄河上游三省区以其古朴原始的自然风光、神秘而古老的宗教文化和丰富多彩的民俗风情著称于世。近年来，旅游业在三省区经济发展中的作用日益凸显。青海省政府将旅游业定位为特色支柱产业，制定了一系列促进旅游业发展的政策，使旅游业走上了快速发展的道路。据统计，"十一五"期间，全省累计接待国内外游客 5054 万人次，是"十五"期间的 2.2 倍；累计实现旅游总收入 262 亿元人民币，是"十五"期间的 2.9 倍。甘肃省和宁夏回族自治区也把旅游业作为重要的支柱产业来发展。据资料显示，2010 年，甘肃全省接待国内外游客超过 4200 万人次，旅游总收入超过 230 亿元人民币，且重要的旅游经济数据都以年均两位数的速度增长；宁夏回族自治区接待国内旅游者从 2005 年的 492 万人次，增长到 2010 年的 1018 万人次，增长了 1.3 倍；国内旅游收入从 17.6 亿元，增长到了 67.3 亿元；入境旅游者从 8162 人次，增长到了 17990 人次；旅游外汇收入从 230 万美元，增长到了 600 万美元；旅游总收入从 17.7 亿元，增长到了 67.8 亿元增长了 2.8 倍；旅游总收入占全区 GDP 的比重从 2005 年的 2.96% 增长到 2010 年的 4.12%。

（二）区位优势

甘青宁三省区地域相邻，社会、经济、文化联系紧密，特别是三省区的省会城市兰州、西宁、银川以三角之势居于 109 国道沿线，并以 109 国道为纽带与首都北京和圣城拉萨相连，以 312 国道为主通道连接了经济发达的环渤海湾地区和广袤的西北大地，是三省区的核心经济区域，又是国家公路主枢纽所在地，更是西部地区连接中亚的商贸枢纽，由于历史文化与地理环境的相似性，使兰州、西宁与银川等地区形成了相近的生活方式、宗教信仰和稳定的地缘和亲缘关系，密切的经济社会联系。日趋完善的交通体系大大加强了三省区间的各种联系，使其具备了发展区域旅游业的地缘优势。

(三) 旅游资源优势

黄河上游沿岸旅游带资源丰富,类型多样,其中自然旅游资源分地文景观(山岳、峡谷、岩洞、冰川、古化石、雅丹地貌、风沙地貌、丹霞地貌、沉积与构造、自然变动遗迹)、水体(江河、湖泊、温泉)、生物(野生动植物、草原、自然保护区、自然风景类旅游公园)三类;人文旅游资源分历史古迹(石窟、古代建筑、古钟、古墓、碑类、古文化遗址),红色旅游资源,博物馆、文化馆等现代建筑,民族、民俗旅游等,资源十分丰富。

二 黄河上游经济区旅游主题的定位及其空间发展格局

(一) 旅游主题的定位

旅游主题的定位是创造性思维的结晶,这种创造性思维建立在客观条件与美学原理相结合的基础上,包括旅游地的自然地理环境、历史文化传统、社会心理积淀、经济发展水平等。对旅游资源整合与创新的过程,就是在一定的地域内,从多样的旅游对象中依据市场导向和外部时空组合,划分具有针对性、独特性的旅游形象和内容的过程。根据这一思路,黄河上游沿岸的旅游形象定位应立足于全国,面向国际旅游市场,从旅游者对黄河上游沿岸旅游带的认知和旅游需求来考虑。抓住人文脉络、突出旅游资源特色、把握环境背景以及当今旅游市场的新趋势,充分考虑黄河上游沿岸三省区的旅游卖点:甘肃以丝绸之路作重点宣传;青海根据地脉、文脉确定主脉为"万山之宗、江河之源、昆仑文化、藏情原本、土撒故里",其旅游形象宣传口号为突出青藏高原湖光山色原始风貌以及民族宗教文化特色旅游;宁夏则重点强调边塞风光,糅合三省区的旅游形象特点,把黄河上游沿岸旅游带定位为"激情与休闲避暑的胜地,多姿多彩的黄河风情"。

(二) 旅游空间发展格局

黄河上游地区丰富的人文旅游资源和自然旅游资源,为该区域旅游空间的优化组合提供了良好的基础。依据"点—轴系统"理论,立足丝路文化、黄河文化、高原文化、宗教文化、民族文化、草原文化等，以大市场、大旅游、大产业的思路为引领。充分利用丝绸之路、河西走廊、入藏旅游黄金通道，依托中心城市（西宁、兰州、银川、天水）构建城市旅游圈，以天水、夏河、合作、平凉；海东、同仁、共和、玛多；同心、固原、中卫、石嘴山等城市为结点，逐步构建银川—兰州、天水—兰州—武威、兰州—西宁等三条一级旅游轴线，最终形成一带（黄河上游沿岸旅游带）、一站（兰州—欧亚大陆桥国际性旅游中转站）、三轴线、四圈的旅游空间格局。

三 黄河上游经济区旅游开发的管理运营模式——政府主导和企业化、集团化运作相结合

黄河上游经济区资源丰富，但产业结构不尽合理，第三产业发展较为滞后。就目前而言，作为新兴产业的旅游业，尚处于发展的初期阶段，发展动力尚有不足，市场机制的作用很难最大化，从而严重制约了旅游业的发展速度与发展规模，因而产业的经济效益和社会效益均不明显。因此，为了实现黄河上游区域旅游资源的深度开发，高效利用，必须发挥政府的主导作用，拉动旅游产业的发展速度，健全旅游市场体系，使该区域旅游业的发展尽快适应"大市场、大旅游、大产业"的要求；当其发展的规模和时机适宜时，便可以使市场的作用最大限度地发挥，即：企业化运营成为主导。总之，政府在政策、法规以及规划等方面依旧发挥主导作用，在项目设计、产业布局方面则由旅游集团公司承担，具体的旅游产品运营则由企业负责，形成政府主导与企业化、集团化运作有机地结合起来的模式。

四 对策建议

（一）解放思想，转变观念

黄河上游三省区应以"大旅游"为指导思想，树立"谁投资、谁收益""你投资、你挣钱、我发展"的观念，以共同打造青藏高原旅游品牌为宗旨，以市场

需求和世界旅游业发展趋势为导向，优势互补、资源共享、科学规划、规范管理、团结协作、共同发展，在更广阔的范围展开合作。例如，共同营造黄河上游旅游区的大环境，加强旅游基础设施建设，形成完善的区域旅游服务体系；有针对性的建立与黄河上游沿岸的特殊情况相匹配的导游、服务设施和救援设施；与周边省区和国家联合开发跨省区、跨国旅游线路，以吸引更多的国内、国外游客。

（二）加强区域联动，加大招商引资的力度

招商引资作为发展旅游业的一个重点，必须走创新之路。其一，政府、企业联动，加快总量扩张。如搭建新的招商引资平台，紧紧围绕旅游资源的开发，以三省区的优势景点为载体建立完善的项目库，加大宣传和推介力度，突出政府招商主题，重点搞好基础设施招商、景点景区开发招商，把景区建设和文化建设放在重要位置；加大政府招商力度，坚持"走出去、请进来"，积极组织和参加各类招商活动，加快建立政府招商的考核机制、三省区之间的招商协调机制；突出以商招商，规范对外来投资企业和民营企业的协调服务，通过创造良好的投资环境，"开门迎商，以商迎商"；注重招商引资基础性工作的创新，如景区基础设施建设投资可以公共物品的私人供给方式吸引社会资金进入。其二，制定科学合理的区域旅游协作政策，通过政府联合投资，加大旅游基础设施建设力度，进一步加强旅游促销。其三，充分利用资本市场，拓宽融资渠道。如组建区域旅游集团公司（尝试旅游连锁经营），符合条件的可通过上市发行股票、发行黄河上游旅游建设债券或采用 BOT 等方式融资，为"吃、住、行、游、购、娱乐"等配套服务体系建设注入必需的资金。

（三）走旅游产业化发展之路

区域旅游协作的目的绝不是对旅游线路的简单拼接，而应该是通过对各区域旅游产业链的有机整合，推行和打造区域之间的无障碍旅游和无缝隙服务。首先，三省区旅游产业化协作重点领域可放在合作推动旅游业与第一、第二、第三产业融合发展上，积极发展旅游新业态，不断扩大旅游产业的内涵与外延。推动旅游业与第一产业融合，重点合作发展休闲观光和乡村旅游；推动旅游业与第二产业融合，重点合作发展沿岸工业明珠旅游带；推动旅游业对第三产业的带动作

用。其次,要积极推进协作区域内旅游交通体系化、旅游服务一体化、旅游信息联动化,形成高效的产业协同发展机制,实现旅游产业经营的大型旅游企业集团化、中型旅游企业连锁化、小型旅游企业专业化。最后,也可借鉴发达地区的经验,尝试建立突出以消费为基础,以旅游业为品牌,以服务业为主体,以产业融合、要素集聚为特征的旅游产业园区。

(四)构建区域性、法制化以及多元主体构成的跨区协调机构

政府是区域旅游合作关系的组织者,区域旅游合作政策的制定者,区域旅游利益的协调者,在解决行政区域分割所导致的区域障碍、市场障碍、交通障碍、制度障碍等四大壁垒方面作用至关重要。三省区各级政府应以利益为核心,创立制度化的区域性协调机构,形成一体化的组织保障,实现由"行政区行政"向"区域行政"转变。旅游主管部门可发挥各自优势,将产业化合作纳入各自的工作目标和规划,共同或分别编制旅游产业化合作投资项目库,在市场准入、项目审批、金融贷款、税收优惠等方面予以支持,为区域旅游业发展创造良好的外部环境。

(五)加强旅游人才培育的合作

完善旅游人才资源管理体系,包括资格认证体系、技能鉴定体系、继续教育体系。改革用人机制,建立旅游人力资源信息库。成立由旅游学者、旅游管理者、旅游经营者、旅游爱好者等不同领域的优秀人才组成的旅游专家咨询委员会,对旅游发展中的重大问题进行咨询和论证。加强旅游人才培育,努力使旅游管理人才从经验型向知识型转变,从单一型向复合型转变,从行政型向专家型转变。加强旅游人才交流合作,定期举办旅游发展论坛,努力扩大管理经验和经营理念的交流。同时,还应加强区域旅游合作中的政策研究,确定重大研究课题,明确具体研究项目,积极争取国家和地区对旅游业的政策性支持,为旅游企业发展创造良好的外部条件,推动区域内旅游业健康、可持续发展。

(六)形成旅游产品营销合力

在区域内各成员单位之间建立旅游信息互动平台,整合区域之间的各类旅

信息，通过信息交互联动，体现区域旅游资源的多样性和互补性，达到吸引旅游者的目的。本着"一线贯通、周边辐射、腹地延伸"的思路，对区域内旅游产品进行定位、组合、包装，形成主题旅游产品和线路，统一编印区域内的旅游手册，区域内导游图等宣传资料，主办协作带旅游网站，轮流举办节会活动，共同营销，改善区域旅游产品结构，提升区域旅游整体形象。

参考文献

马桂芳：《对加强青藏两省区旅游协作的几点思考》，《攀登》2006年第6期。

聂华林、杨敬宇：《兰州—西宁—银川经济区建设战略构想》，《西安财经学院学报》2010年第5期。

薛莹：《对区域旅游合作研究中几个基本问题的认识》，《桂林高等专科学校学报》2004年第12期。

马晓东：《区域旅游合作与发展简论》，《光明日报》2005年4月5日。

《黄河上游旅游优化设计研究》，中国旅游网，http：//www.china.travel/。

加快发展乡村旅游　助推青海乡村振兴

摘　要：旅游是提高人民生活水平的重要产业，乡村旅游作为乡村振兴的产业基础，既是统筹城乡发展的有效途径，也是推进青海全域旅游发展的重要支撑，更是促进乡村文明复兴的有效途径。因地制宜，加快推进乡村经济和乡村文化共同发展，是青海省实施乡村振兴战略的必然选择。

关键词：乡村旅游；乡村振兴；青海

习近平曾提出："旅游业的兴起，是经济发展、社会进步和人民生活质量提高的重要标志。"2017 年 9 月，习近平总书记在致联合国世界旅游组织第 22 届全体大会的贺词中再次表示，旅游是提高人民生活水平的重要产业。毋庸置疑，乡村旅游的发展在乡村振兴战略的实施中将肩负艰巨的历史使命，并发挥重要作用。

一　大力发展乡村旅游，是青海乡村振兴的重要突破口

习近平总书记对于旅游扶贫和乡村旅游发展非常重视，多次进行调研；2013 年在河北阜平考察扶贫开发工作时指出："阜平有 300 多万亩山场，森林覆盖率、植被覆盖率比较高，适合发展林果业、种植业、畜牧业；有晋察冀边区革命纪念馆和天生桥瀑布群这样的景区，离北京、天津这样的大城市都不算远，又北靠五台山、南临西柏坡，发展旅游业大有潜力。"2015 年在陕西梁家河、浙江舟山、贵州遵义、吉林延边等调研时，习近平总书记又多次对美丽乡村、乡村旅游和扶贫开发做出重要指示，指出"美丽中国要靠美丽乡村打基础，发展生态旅游经

济、建设美丽乡村印证了绿水青山就是金山银山的道理","要把扶贫开发与富在农家、学在农家、乐在农家、美在农家的美丽乡村建设结合起来"。2017年10月19日上午,习近平总书记在参加党的十九大贵州省代表团讨论时指出:"既要鼓励发展乡村农家乐,也要对乡村旅游做分析和预测,提前制定措施,确保乡村旅游可持续发展。"

众所周知,青海几乎80%以上的旅游资源都集中在乡村牧区。伴随着大众旅游休闲消费成为新趋势,乡村旅游以其参与主体比较多、受益面广、发展潜力大且带动性比较强等特征成为乡村振兴的重要突破口。

(一)乡村旅游是乡村振兴的重要经济基础

乡村旅游让农民寻找到了更多发展的商机,夯实了乡村振兴的经济基础。发展乡村旅游无疑是推动乡村产业繁荣兴旺、推进扶贫攻坚的重要途径。发展乡村旅游本身也是进一步提升农村居民生活水平、生活质量,更好地满足人民群众日益增长的美好生活的需求的一种重要路子。如海东市民和回族土族自治县西沟乡南垣村,以"生态+文化"思路为引导,建设牡丹休闲园,通过发展乡村旅游业,搭上了乡村旅游的快车,带动村里105名贫困人口实现就业;着手在邻村复兴村启动文化旅游项目,打响"刀山会"文化招牌。

(二)大力发展乡村旅游有利于促进乡村文明复兴

乡村振兴的核心在于乡村文明的复兴,而乡村旅游恰好可以通过对传统乡村文化的保护传承,助推乡村文明的复兴。如挖掘濒临消失的民间技艺,以活化的形式将其转化成为典型的乡村地方特色旅游产品,既提高了农牧民对本土乡村文化的自信,又有很好的经济效益,还在保护传承中让传统文化得以复兴。

(三)加快发展乡村旅游是统筹城乡发展的有效途径

乡村旅游是连接农牧民和市民、农牧区和城市的纽带,是第一、第二和第三产业融合发展的桥梁。以农牧业为依托,以农牧区为空间,以农牧民为主体,以城市居民为客源,有效衔接城市现代消费需求,可最大限度地促进城乡间资源、市场、环境互动互补，加速城乡经济文化融合和三次产业联动发展，加快城乡一体化进程；同时还有利于带动农牧民不出家门勤劳致富，持续拥有获得感、幸福感、安全感。如互助县西山乡干旱浅山地区最北端村庄——牙合村，结合原生态乡村体验和绿色农家餐饮项目以及"互联网＋"项目——"现实版的开心农场"，直接对接城市需求和现代消费，不仅实现了土地增收，还加速了城乡经济文化的融合。

（四）加快发展乡村旅游是推进全域旅游的重要支撑

随着全域旅游示范区的建立及示范推动，我省的旅游发展结束了景区景点旅游模式，逐渐向全域化景区发展模式转变。乡村旅游作为全域旅游的重要组成部分，是推动旅游新时代、新模式、新理念发展的有益补充。当前，随着大众旅游时代的到来，来青的游客中自助游和自驾游颇多，传统的景区景点旅游模式已远远不能适应当代旅游业的发展和新时代个性化较强游客的需求。在我省，农牧区地域辽阔，壮丽多姿的自然资源、古老神秘的传统文化以及绚丽多彩的民俗风情构成了各地丰富异彩的旅游特色产品，合理有序发挥比较优势，将使游客在享受文化大餐后增加停留时间，形成"旅从速游从缓"，将会推进全省全域旅游业的健康快速发展和"3＋1＋1"模式的形成。

二　青海乡村旅游发展中存在的突出问题

整体而言，我国乡村旅游的发展已经历了三个阶段，正在向第四个阶段——乡村生活深度体验时代迈进。而青海省乡村旅游大多处于第二阶段——乡村休闲时代，一部分处于第三阶段——乡村度假时代，还有一些仍处于第一阶段——乡村观光时代。整体水平和档次比较低，主要表现在以下几方面。

（一）乡村旅游规划滞后，基础设施亟待完善

目前，政府在全省乡村旅游业发展中的主导作用发挥尚不充分，科学而统一的规划尚未形成，法规体系仍然不够完备。很多区域并没有把乡村旅游资源的开发纳入区域旅游大系统的开发建设当中，导致乡村旅游景区的基础设施、安全设

施等布局并不是十分完善,很难满足广大游客对乡村旅游的基本需求,诸如很多景区内停车难、安保设施匮乏,交通指示牌不清晰甚至没有,供水供电、厨厕改造、垃圾污水处理、网络通信等设施建设滞后,难以满足现代旅游的需要,从而导致了游客"进不来、住不下、留不住"的现象存在。有些地区基础设施条件简陋,在食宿、医疗、安全、消防和应急等方面严重不足,卫生服务条件不合格,无法满足游客的基本需求。

(二) 旅游项目重复建设较为普遍

在乡村旅游如火如荼发展的过程中,多数乡村旅游项目开发的主体要么是村集体,要么是私营业主,主体间的利益协调机制不健全,对本地的资源条件、市场供求、外部竞争与合作以及和周边资源的协调等因素未能做出科学的判断,盲目投资开发造成了同质化产品遍地开花和项目重复建设,甚至出现了资源开发档次低、形式单一、毫无特色的现象,导致区域产业结构不尽合理,如近年来西宁周边"花海"式乡村休闲观光项目蜂拥而上。

(三) 乡村旅游供给产品单一

乡村旅游的发展很难凸显"新农民、新农村、新农业"的创意。多数乡村旅游仍然处于"吃农家、住农家"的基础接待服务阶段。由于对本土传统文化的挖掘不充分,深层次的开发、设计、创新欠缺,使得地域文化的传承虚无缥缈,乡村旅游产品开发粗放、结构单一、服务形式单一、同质化现象严重,乡村旅游产业的链条作用难以发挥,更谈不上满足城市居民日益增长的对旅游产品多层次、高品位需求。尤为突出的是一家一户、各自为战、分散经营现象比较普遍,很多地方乡村旅游发展停留在为游客做几个农家菜、摆几张麻将桌的农家乐初级阶段,"农家乐"仅仅将"乐"放在吃上,体现农村生产、生活方式等方面的内容尚未纳入,对民间、民俗文化和自身发展特征挖掘不深入,文化休闲项目缺少,参与性项目开发不够,娱乐活动内容趋同。一般来说,就是"中午热闹、晚上冷清;春夏忙碌、秋冬清闲"。难以满足多元化的旅游消费需要。

（四）管理服务亟待提升

乡村旅游服务的提供者大多是当地农民，由于没有经过严格培训，缺乏专业知识，且观念相对落后，致使管理团队的经营能力不足，缺乏统筹安排，服务水平偏低，管理缺乏规范，服务"短腿现象"日渐凸显，产业组织化程度低、经营管理粗放。

三 加快发展青海省乡村旅游的路径选择

步入新时代后，作为最贴近民生的产业，旅游业表现出以下特征：小众旅游向大众旅游转变；景点旅游向全域旅游转变；观光旅游向休闲旅游转变；物质满足向精神追求转变；边缘产业向支柱产业转变；接受跟从国际规则向积极主动旅游外交转变；旅游大国向旅游强国转变。要以乡村旅游助推乡村振兴战略，就必须从省情实际出发，科学规划，合理布局，多措并举。

（一）科学规划，实现乡村旅游系统资源有效整合

乡村旅游要发展，规划编制要先行。在乡村旅游开发中，要依托资源、抓住市场，突出特色、差异竞争，不断开发新业态，创意新产品，编制当地乡村旅游发展专项规划。要通过系统科学规划，将乡村旅游资源、农村人力资源、资本与物力资源等各种生产要素优化配置，以实现乡村旅游发展目标及各项效益。地处黄土高原和青藏高原结合部、农业文化和畜牧业文化交汇地带的青海，集田园风光和独特自然条件下的草原文化于一体，具有发展乡村旅游的丰富资源，具备加快发展这一产业的基础条件[1]，因此，要将"生态优先、和谐发展、可持续发展"的理念融会贯穿于乡村旅游的规划之中。坚持开发与保护并重，从源头防止任意违反规划、破坏旅游资源环境的行为。首先，乡村旅游规划必须凸显乡村本地的特色和本地村民的参与，尽可能利用已有规划的村及村民家庭设施，在此基础上完善配套设施建设，保持乡村文化的原汁原味，体现民族传统和文化；其次强化功能分区，

---

[1] 许春英：《青海省乡村旅游SWOT分析》，《经济师》2010年第10期。

丰富旅游内容。根据民族和地区特色,按照"一村一品""一家一艺"的原则,规划发展农(牧)业观光型(田园风光、草原风光)、民族民俗探秘型(民间艺术、民间歌舞、民族传统展示)、休闲体验型(体验农家生活、种植、养殖、吃农家饭)等产品①。

(二)政府主导,市场运作,创新发展乡村旅游外部环境、投融资体制和运行机制

目前,青海省农牧业发展还不够高,农牧业经济实力也不强,乡村旅游的发展很大程度上还依赖于政府,而且我省的乡村旅游处于市场培育期,仍是微利经营,需要政府的扶持。因此,我们要创新工作机制,才能支持乡村旅游发展。一要完善乡村旅游的基础配套设施,重点解决交通主干道、重点景区与乡村旅游点的连接道路,构建安全、优质、便捷、顺畅的旅游交通服务体系。二要加强农村环境综合整治。开展美丽家园清洁行动,加大周边环境的综合整治和垃圾污水处理,着力形成整洁、卫生、美观的村容村貌。三要加强旅游厕所、停车场、标志标识、信息网络等配套设施建设。既要与乡村自然文化生态景观相协调,又要满足城市居民到农村旅游的基本需求,基本解决吃、住、行等配套要求。四要充分发挥政府引导、市场配置资源作用,坚持政府、开发商、村(牧)民三方共建、多元投入建设机制。公共基础设施以政府投入为主、开发商投入为辅、村(牧)民投入为补充;景区项目和服务设施建设,以开发商投入为主,以村级组织和村(牧)民投入为辅;民居改造、土地山林整理、旅游纪念品生产销售以村(牧)民和村级组织投入为主,以政府、开发商投入为辅。

(三)因地制宜,发展农(牧)业主题公园,构思田园综合体

农(牧)业主题公园作为传统农业生态观光园的升级发展形态,在平衡生态效益、经济效益与社会效益过程中有着非常重要的作用,如优化农牧区旅游观光外貌,形成多元化、复合型的生态经济系统。

对农(牧)业主题公园的规划,要围绕抓住农(牧)业主题,立足于"农"

---

① 《外省发展乡村旅游的经验及我省乡村旅游的现状与对策》,http://www.qhnews.co。

与"旅"的最佳结合点,突出"人地共生"的理念,根据生态经济学理论,应用景观设计造园的原理和技法,着力塑造"形散神不散"的农(牧)业景区,赋予农业更深层次的生态、经济与社会内涵。公园建设要以现代农(牧)业和生态农(牧)业为基底,充分挖掘传统乡土民俗文化与异域风情,融入时下流行的艺术元素,策划具有生态性、文化性、示范性与体验性的主题产品。以农(牧)业生产为产业支撑,以农(牧)耕文化为底蕴与平台,创新传统主题公园的产品形态与运营模式,为主题公园设计开辟新的发展途径,同时,极大提升农产品附加值和农业文化的产品层次。鉴于农业主题公园是一个具备多种功能的生态农业示范园、观光农业旅游园、有机农业绿色园以及科普教育和农业科技示范园。目前,建议在西宁市城北区大堡子镇做尝试。让游客既可以观看现代农业生产,欣赏田园风光、纵情青山绿水,还可以了解农业知识,体验农家生活,感受乡土文化,品尝乡村美食。最终使农业的田园景观园林化,农业的生产场所休闲化,农业产品个性化。

在此基础上,构思和助推田园综合体模式发展。众所周知,乡村旅游在我国已经经历了三十多年的发展过程,并衍生出了许多开发方式和发展模式、思维,而田园综合体则是顺应新常态发展需求而提出的新型旅游发展及乡村建设的可持续性发展模式,它倡导乡土经济逻辑,即"农业集群+休闲产业集群"的利益最大化。

(四)多元发展,拓宽和深化乡村旅游的市场领域

积极引导乡村旅游经营者,围绕消费需求,延伸产业链条,逐步形成上下游既分工又协作,以及农牧业、工业、商贸、旅游等有效对接的乡村旅游产业体系。在模式创新方面,引导农牧民群众通过成立行业协会、合作社、股份制公司,或吸引社会资本形成"公司+农户""公司+合作社"等途径,进行乡村旅游的生产经营、组织管理、品牌打造和形象推广,提升乡村旅游的组织化水平。鼓励支持农(牧)民开办家庭旅馆,提供特色餐饮服务,参与设计、开发销售具有民族、地方特色的服饰、手工艺品、特色食品、旅游纪念品等旅游商品。通过产业链的延伸,提高传统农业和手工业的附加值。要按照转变旅游增长方式的要求,不断提高乡村旅游产品的质量和档次。

除上述之外，还应通过法规引导和管理乡村旅游；充分利用"互联网＋"，依托各类节庆进一步扩大乡村旅游的影响力和宣传面；创新教育培训机制，为乡村旅游的持续快速健康发展提供有力的人才支撑。

参考文献

马新：《乡村旅游：让乡愁乡情乡趣重回乡土》，《青海日报》2016年5月19日。

王德刚：《旅游是乡村振兴的产业基础》，《中国产业规划网》2017年11月20日。

王露：《中外乡村旅游内涵及发展模式比较》，《中国名城》2017年第2期。

《青海省人民政府办公厅关于加快发展休闲农牧业与乡村旅游的意见》，《青海政报》2016年6月8日。

崔善：《小议我国乡村旅游发展》，《现代经济信息》2011年第1期。

生态篇

加快发展青海生态旅游业的思考

摘　要：生态旅游是针对传统旅游业对环境的影响而产生和倡导的一种全新的旅游方式，因其贯穿了以人为本的思想，是科学发展观在旅游产业中的具体体现。加快发展青海生态旅游业不仅有利于优化自然生态环境和旅游产品结构，而且对于提高青海知名度、强化旅游"富民"功能、加快推进生态立省战略具有重要的现实意义。

关键词：青海；生态旅游；旅游精品

一　生态旅游及其特征

"生态旅游"一词是国际自然保护联盟墨西哥专家谢贝洛斯·拉斯喀瑞1983年首次使用，并于1986年的墨西哥环境研讨会上得到正式承认。按照生态旅游学会1992年对生态旅游所做的定义，该术语主要包括三层意思：一是生态旅游是一种特殊的旅游形式，是有特殊目的的旅游活动；二是生态旅游的对象不局限于区域的景观、景物（如山、水、生物资源等），也包括区域的人类遗产、人文景观等（如自然保护区、森林公园、风景名胜区等）；三是生态旅游是在传统的大众旅游和自然旅游的基础上发展起来的，更加重视与自然景观的协调一致和有机联系。可以说生态旅游是人类先进的生态文明所追求的精神享受的旅游。与传统旅游相比，生态旅游有如下特征。

（1）生态旅游的目的地是一些保护完整的自然和文化生态系统，参与者能够获得与众不同的经历，这种经历具有原始性、独特性的特点；

（2）生态旅游强调旅游规模的小型化，限定在承受能力范围之内，有利于游人的观光质量，又不会对旅游环境造成大的破坏；

（3）生态旅游鼓励"互动式"参与，需要旅游者广泛接触大自然，融入当地的自然生态环境中，既充分欣赏、享受生态旅游区的自然生态环境，又积极充当人文及生态环境的保护者；

（4）生态旅游是一种负责任的旅游，这些责任包括对旅游资源的保护责任，以及对旅游可持续发展的责任；

（5）生态旅游是一种高品位旅游，旅游者一般具有较高文化素质，通过观赏自然人文景观，从中获取自然、人文知识；

（6）生态旅游中的旅游者和旅游经营者都强调突出自然本色，参观游览活动以自然生态本色为中心，所需要的旅游设施简单，基础设施的投资费用很低，仅相当于传统旅游的1/4左右。

二 青海发展生态旅游业的优势与问题

青海作为以地文景观为特色的山地景观旅游资源集合区和以历史文化为脉络的文化旅游资源集合区，发展生态旅游业潜力巨大。近年来，青海省以推进生态环境建设为先导，注重经济发展与生态保护相结合，着力构建绿色经济生态系统，有力地促进了全省生态、经济、环境和社会的协调发展，为大力发展生态旅游业奠定了良好基础。

（一）着力培育了一批旅游精品

1. 打造观光旅游精品

形成了以自然生态与人文精神完美结合的经典巨作——环青海湖风光和体育旅游圈；以清凉、健康、生态、人文、旅游为丰富内涵的环西宁"中国夏都"旅游圈；以青藏铁路为纽带，以大旅游的思路开发了青藏高原独特的历史文化、雄浑的山河湖泊、丰富的高原生态、浓郁的民族风情、神秘的宗教文化等旅游精品——青藏铁路世界屋脊旅游带；以贵德为核心，以"清清黄河"为主线，加快开发了黄河沿岸的自然风光、撒拉族风情、温泉疗养、宗教文化等旅游产品，形成了黄河文化旅游带；同时，开发连接龙羊峡、拉西瓦、尼那、李家峡、公伯峡等梯级电站的黄河上游水电明珠工业旅游带。积极培育以玉树、班玛林区、年保玉什则湖、阿尼玛卿山等景区为重点，深入挖掘高原奇特的自然景观和特色文化，积极推进了玉树嘛呢文化景观和"三江源"世界自然文化遗产申报工作，重点开发观光、生态、科考、猎奇、探险、登山等旅游产品的"三江源"生态旅游区。

2. **打造生态休闲度假旅游精品**

充分利用独特的高原风光、优良的植被、水和空气，突出生态特色和少数民族民居的优雅舒适风格，建立了以青海湖、贵德、金银滩、互助、循化、海西等为重点的一批生态旅游休闲度假区，实现了由过去传统的"点"向片区发展转变，由单一的观光旅游向会议、度假、休闲游相结合转变。

3. **打造城市旅游精品**

按照自然风光、历史文化、现代文化三者和谐统一、相得益彰的要求，精心组织城市建设，实施了格尔木、西宁等城市总体风貌改造、绿色通道和节点建设工程，配套城市服务功能，增点留客，使之成为旅游经济发展新的增长点。

4. **打造运动休闲旅游精品**

以项目为载体，积极推进观光型旅游向度假型、运动型、体验型旅游转变，高起点策划、高质量推出了环青海湖国际公路自行车赛、中国青海抢渡黄河极限挑战赛、青海高原世界杯攀岩赛等旅游项目，增加了参与性、娱乐性旅游项目，丰富了旅游精品内容。

（二）基础设施建设有所强化

近五年来，青海省投入巨资，累计完成全社会固定资产投资 1877.5 亿元。公路通车里程达 5.3 万公里，高速公路从无到有，发展到 215 公里，"两横三纵"以三条路为主骨架的公路网基本建成。青藏铁路全线通车，兰青铁路复线电气化工程即将竣工，柴木铁路、西格段复线及电气化工程和玉树三江源机场开工建设，西宁和格尔木机场改造工程完成。公伯峡、尼那、拉西瓦、积石峡等大中型水电站，大通华电火电、格尔木燃气电站和官亭至兰州 750 千伏、乌兰至格尔木 330 千伏输变电工程，农村电网改造和玉树州电源电网建设等重点电力工程相继建成或开工建设，基本实现大电网覆盖下的户户通电。建成黑泉水库和盘道水库，开工建设"引大济湟"调水总干渠、湟水北干渠扶贫灌溉一期工程等一批重点水利工程。固定电话突破 100 万户、移动通信用户突破 200 万户，实现了乡镇和行政村全部通电话。城镇化水平稳步提高，一批道路、防洪、供排水、垃圾污水处理、煤改气等城镇设施建成使用，旅游基础设施不断完善，综合接待能力进一步增强。

（三）旅游管理体制创新积极推进

成立了青海省旅游产业发展领导小组，强化对全省旅游业发展的综合决策和监督管理，实行统一管理、统一规划、统一建设、统一执法、统一营销，在景区制定并严格执行了旅游经营资格准入、环境保护等方面的制度。同时，按照旅游资源国家所有、政府管理、企业经营的思路，于 2007 年对老爷山风景区实施了旅游开发权转让；并着手制定州县乡镇的旅游发展规划，精心对项目进行策划、包装，吸引社会资本参与开发，着力探索旅游开发"国有民营"的新路子。

（四）旅游业与农业实现了合理"嫁接"

坚持旅游业与农业的合理"嫁接"，以发展农家生态休闲旅游、无公害农产品、旅游商品等为重点，实施了海东农业生态示范观光带，不断规范临近旅游景区的农家生态休闲度假旅游接待点。开发了以冬虫夏草、大黄茶为主的中药材，以沙棘、高原猕猴桃为代表的优质水果，以郁金香等优质花卉苗木等为特色的旅游商品。同时，积极引导和扶持西宁生物园区的投资建设。但是，从目前的发展态势来看，作为新的旅游发展理念和模式，青海省的生态旅游也亟待解决以下问题。

1. 对发展生态旅游业的认识问题

"旅游业是无烟工业"的观念还比较流行，因而在发展过程中，一些地方重视对旅游资源的开发，而忽视旅游本身对环境的影响和对资源的破坏。当旅游者把旅游资源当作取之不尽、用之不竭的财富去消费时，其认识上的差距和行为上的不当，就会造成旅游资源一定程度上的损坏和污染，加剧甚至激化旅游与资源、环境的矛盾。

2. **系统的生态旅游专业规划问题**

高起点、高水平的规划，是生态旅游业可持续发展的前提和打造旅游精品的基础。然而，在开发中，许多地方重视旅游本身及相关产业的布局规划，而忽视生态建设规划。在景观设计上，没有充分体现人性化和生态化设计理念，以致许多建筑物与自然环境的气氛不协调。

3. **科学的管理机制问题**

目前，许多景区所有权、规划权、开发权、经营权集于一体，其对资源保护与开发仅仅依靠财政的投入和经营收入，无法对资源实施最有效的保护和长远的开发，旅游经营管理主体缺乏活力与生机，出现了有的资源因无序开发而耗费巨资进行整治，有的资源则长期闲置等诸多问题。

4. **基础设施建设资金问题**

发展生态旅游必须要有相应的基础设施投入作保证，但由于资金短缺，导致旅游景点景观基础设施建设较薄弱，特别是交通、排污等设施较为落后，旅游开发与生态环境保护的矛盾比较突出。

5. **生态旅游专业人才问题**

真正意义上的生态旅游对产品设计有专业化的要求，涉及旅游学、生态学、环境学和经济学等多学科知识，技术较为复杂。但目前既懂生态学和旅游学知识，同时又能正确把握生态旅游内涵的专业人才和经营管理人才严重缺乏。

三 加快青海生态旅游业发展的基本思路及建议

（一）高点定位，精心编制生态旅游发展规划

坚持规划先行，并重视规划的科学性和可行性，在指导思想上牢固树立以人为本的资源环境保护观，视人为自然生态的有机成分，充分体现天人合一的生态理念；在具体规划上，要增进环境优化与人文关怀的互动，做到人与自然的和谐。加强对全省旅游资源价值、市场潜力以及旅游开发将会造成的环境影响等方面进行调查和评估，并在对各旅游区的地质资源、生物资源和涉及环境质量的各类资源进行认真调查的基础上，按照适度、有序、分层次开发的原则，按照生态

旅游的规划模式，制定符合生态旅游目标的全省生态旅游发展规划以及土地利用规划、景观规划、水资源和能源规划、环境保护规划等各种专项规划，实现总体规划与专项规划的衔接统一。在具体项目上，要从生态角度严格控制各景区服务设施的规模、数量、色彩、用料、造型和风格，提倡以自然景观为主，就地取材，依景就势，体现自然之美。对于景区内人工景物，包括一些功能服务设施的规划，要纵览全局，取舍得当。对一些生活设施，除了必要的休息座椅、小桥、公厕之外，则尽量减少人工构筑物，最大限度地降低人为因素对自然环境的干扰和破坏。在旅游产品的规划设计和改造创新上，要抓住青海省旅游资源中特殊的自然属性，找准旅游资源中不同的文化特性，包装渲染其稀奇独特的品质，使旅游产品既美丽多姿又富有神韵，既统一品牌又具有不同的气质。在艺术形式和手法上要认真学习和借鉴先进地区旅游规划建设上的生态理念、环保意识及建造艺术，以规划整合生态旅游资源，精心打造生态旅游板块；以青海湖、鸟岛、塔尔寺、江河源、昆仑山、宝隆滩、可可西里、原子城、柴达木万丈盐桥、巴隆国际狩猎场等优势资源为基础，发挥资源的垄断性作用，突出一个"特"字，挖掘其深刻的文化内涵；以资源为依托，以文化为主线，依据产品的关联度，增加产品组合的深度和宽度，增加生态旅游产品的内涵。

（二）创新机制，提高旅游资源配置和运作水平

实行旅游资源"国家所有、政府监管、企业经营"三权分离，严格按照国家有关法律法规要求，确保国家对旅游资源的所有权。在有效保护和合理利用有机结合的原则下，按照各类景区的性质，区别不同情况确定不同的模式，对坎布拉、盐湖城资源等级较高、各方面条件较为成熟的旅游资源，在现有管理体制和运行机制上进行改革、创新，实现管理权和经营权分开。对尚需大量基础配套设施投入的三江源、环青海湖等旅游资源，则按照保护旅游资源及其特色和永续利用的原则，大胆对外开放、招商引资，通过经营权转让，引进资金、技术和管理，提高景区开发、保护、管理水平。在经营权转让中，坚持采用公正、科学的方法和程序对旅游资源开发经营者进行遴选，使信誉好、实力强、理念新的企业取得经营权，确保开发档次，并以契约形式明晰责权，防止出现新的政企不分现象。同时，加强对经营者的投资与经营行为的有效监控和帮助，确保资源的合理利用。

(三) 依托优良生态旅游资源，形成强势品牌

具体讲，可以借助环青海湖国际公路自行车赛和中国夏都的品牌，同时结合青海湖、塔尔寺等著名景区（点）的观光游和休闲度假游，通过多个渠道、多种媒体，包装宣传青海省的生态旅游业，在全国乃至世界范围内打造著名的生态旅游品牌，并加强与各地旅游机构和旅行社的合作，形成生态旅游热点。一是建设"中国夏都"精品旅游区。有效利用景区与城区融为一体的优势，不断完善基础设施，增强服务功能，丰富旅游产品，将其建成中国避暑胜地、文化遗产与文物古迹的珍藏之地、郁金香和藏毯艺术的展示之地，打造西宁市旅游后花园的重要载体。综合开发并展示昆仑文化、柳湾文化、卡约文化。加快黄河上游河道整治与利用，建设水上休闲娱乐运动项目，建成集水文化体验、休闲娱乐、餐饮、购物、住宿于一体的文化旅游区。二是建设青藏铁路世界屋脊旅游带生态游览和宗教文化精品旅游区。整合沿途旅游资源，统一规划，统一建设，全力打造以体验沿途宗教文化和生态文化为主，集观光、休闲、度假、旅游、探险为一体的精品旅游区。三是建设"三江源"生态精品旅游区。积极培育以玉树、班玛林区、年保玉什则湖、阿尼玛卿山等景区为重点，深入挖掘高原奇特的自然景观和特色文化，重点开发观光、生态、科考、猎奇、探险、登山等旅游产品的三江源生态旅游区。

(四) 增加投入，加快旅游基础设施建设

积极探索市场化的旅游投入机制，在发挥好政府投资先导作用的同时，按照"谁投资、谁受益"的原则，建立"多渠道筹资、多方式合作、多元化经营"的旅游投入体制，吸引中外投资者和民间资金参与生态旅游开发，加强交通、环保、卫生等基础设施建设。一是实施旅游畅通工程。加快三江源机场建设步伐，缩短到三江源的空间距离；建成兰青铁路复线、西格铁路复线；争取建成格敦铁路、西宁机场二期扩建、花土沟机场，形成完善、稳定、便捷的立体交通体系、能源支撑体系和信息化网络体系；进一步改善城市中心区交通状况。二是完善旅游基础设施建设。根据构建中国西部高原生态旅游屏障和度假名省的要求，加大会展、文化、娱乐、体育、健身、游乐场、步行街等服务设施建设力度，提升区

域内交通、通信、宾馆、饭店、公园等设施档次。进一步加快通信网络的规划和建设工作，实现所有旅游景区的有线、移动通信无缝隙覆盖。三是进一步优化旅游环境。继续实施城镇风貌改造工程，形成具有当地民族风格的城镇建筑特色。大力实施城镇绿化、净化、美化、亮化工程，打造城镇亮点。同时，加强对城区、景区及沿线周边镇、村的整治、改造与建设，承担为景区提供"吃、住、行、游、购、娱"等配套服务，减轻景区内资源承载的压力，逐步构建"景内游、景外住"的旅游发展空间布局。充分利用青海省生态环境优势和环青海湖国际公路自行车赛、中国青海国际黄河极限挑战赛等优势品牌，坚持用大旅游理念发展观光农业和农家乐，着力打造"一乡一色、一村一品"农家乐精品，促进农业与旅游互动、城市与乡村互动，形成生态旅游新格局。

（五）营造环境，实现生态旅游可持续发展

1. 加强生态教育

把生态教育和生态道德教育纳入国民教育计划，在小学、中学教育中增设生态保护和建设教育内容，同时，以标语宣传、媒体宣传、专题讲座等形式，加强全社会生态环境教育，以明确人在自然中的位置，处理好人和自然的关系，重视并加强自然资源的持续利用。与此同时，还应加强对游客行为的引导和约束。

2. 加强环境综合整治

坚持不懈地抓好旅游景区环境综合整治工作，着力解决涉旅安全、市场秩序、卫生防疫、"三废"排放等突出问题。搞好城市和景区垃圾、污水的无公害化处理，在景区景点、宾馆饭店和城镇居民中大力推广清洁能源，严格控制烟尘和噪声排放，保护好青海省优质空气和水源。同时，加强对《环境保护法》《森林法》《文物保护法》《野生动植物保护法》等与旅游密切相关的环境保护法律和法规的宣传和实施。对生态保护区的开发，要根据环境法律，规定哪些部分可以开发，哪些部分严禁开发以及开发的规模、开放的季节和可接待的人数等等。对违法侵害自然资源者，加大执法力度，使其承担相应的民事和刑事责任。同时，进一步建立健全关于促进生态旅游发展和生态环境保护的规章制度，完善生态环境质量监测报告制度、舆论监督等制度，保护并优化环青海旅游生态环境。

3. 防止盲目开发，谋求持续的投资效益

一方面，在开发初期就应通过技术手段使景区设施建设符合环保要求；另一方面，要充分利用科技手段，科学界定旅游环境质量、容量或承载力状况的发展趋势，控制旅游人数，避免环境污染，防止盲目开发，谋求持续的投资效益，保证资源及环境的高效利用和有效保护。要以生态经济学和生态美学原则为指导进行限游模式开发。限游模式的规模要根据环境承载力来确定。由于承载力随着季节而变化，而且还与其他因素有关，如旅游者行为模式、设施的设计与管理、环境的动态特点、目的地社区的态度变化等。所以每开发一个旅游景区，必须认真研究分析其独特的环境特点，并进行环境影响预测评价以最终决定其承载力的恰当类型和水平，然后以环境保护为基础进行规划，加强可持续管理，使旅游者对环境的负面影响减少在环境承载力范围之内。同时，在同一生态旅游地内根据环境需要定期调整旅游线路，使旅游区内的资源得以"休养生息"的机会，延长资源的衰退周期。

4. 建设高素质的生态旅游人才队伍

生态旅游是一种新兴的特殊旅游方式，需要高素质的专业管理人才和服务人才，他们对于提升生态旅游服务质量、提升旅游地形象、打造生态旅游品牌有着重要作用。应利用旅游院校、培训班、专题讲座、学术会议等各种形式及请进人才、派出学习等办法培养一大批生态旅游方面的专业人才，加强对生态旅游理论和规划方面的研究，为青海省实现旅游可持续发展提供人才保障。与此同时，还应尽快建立专业化生态旅游旅行社。旅行社是联系旅游者与旅游产品的纽带。由于生态旅游的特殊性，为生态旅游者提供服务的导游人员必须具备广博的专业知识和较强的实践能力，同时，旅游服务机构必须具备丰富的生态旅游经营组合经验，以及相关的硬件设施，这都对传统旅行社大而全的业务功能提出了挑战。在生态旅游个性需求日益明显的时代，组建专门从事生态旅游的旅行社进行营销与管理势在必行。

（六）加快发展产业生态旅游，促进生态旅游产业化

发展生态旅游必须贯彻落实科学发展观，实施可持续发展战略，发展生态产业，繁荣循环经济，并与创建生态省密切结合起来。青海省旅游产业发展的现实

要求是生态旅游必须逐步大众化，必须与生态工业、生态农业等生态产业密切结合，科学地拓展其内涵，以便于实现产业化。在发展生态旅游产业的过程中，要特别强调贯彻落实科学发展观，其关键是人的全面发展，目标是实现自然、社会和经济的协调发展。结合当前我国生态旅游发展态势，青海省大力发展产业生态旅游是实现生态旅游产业化的必由之路。因为对于旅游目的地地区而言，它实现了生态产业、生态科技和生态文明建设成果的旅游价值，获得了社会经济效益，促进了旅游地的可持续发展；对于客源地区来说，有利于学习先进地区的生态产业、生态技术和生态管理模式，加强区际文化技术交流与合作，促进客源地生态技术的推广与普及、生态产业乃至整个区域的可持续发展。具体而言，可通过以下对策发展产业生态旅游：加大宣传力度，推进产业生态旅游发展，进而促进生态产业和循环经济的发展；开展产业生态旅游的系统化科学理论研究，为产业生态旅游的发展提供科技支撑；建设产业生态旅游认证制，实施试点示范工程；健全利益协调机制，实现生态旅游综合效益最大化。

参考文献

卢云亭等：《生态旅游学》，旅游教育出版社，2001。

刘家明、杨新军：《生态旅游地可持续发展规划初探》，《自然资源学报》1998年第14期。

韦原莲、刘薇：《生态旅游对自然保护区的影响及游客管理对策分析》，《林业资源管理》2003年第4期。

黄继华：《我国生态旅游景区管理研究进展》，《桂林旅游高等专科学校学报》2007年第2期。

张朝枝：《生态旅游的绿色营销特点及策略》，《社会科学家》2000年第4期。

张朝枝：《生态旅游绿色营销的产品策略分析》，《桂林旅游高等专科学校学报》2000年第4期。

张跃西：《生态旅游理论创新与中国生态旅游示范区标准问题探讨》，《生态经济》2007年第11期。

青海生态旅游发展研究

摘　要：生态旅游作为一种能使旅游资源可持续利用的旅游，是人类先进的生态文明所追求的精神享受的旅游。青海是我国生态旅游资源的富集区，深入研究青海省生态旅游发展中的优势、劣势、机遇和挑战，并梳理相关发展思路不仅有利于优化青海自然生态环境和旅游产品结构，而且有利于加快推进生态立省战略的实施。

关键词：青海；生态旅游；生态立省

生态旅游是针对传统旅游业对环境的影响而产生和倡导的一种全新的旅游方式，因其贯穿了以人为本的思想，是科学发展观在旅游产业中的具体体现，现在世界范围内得到普遍重视和迅速发展，已成为21世纪国际旅游的主流。据有关资料介绍，目前生态旅游在我国旅游业中成为增长最快的一部分，年增长率达30%以上。青海是我国生态旅游资源的富集区，加快发展青海生态旅游业不仅有利于优化自然生态环境和旅游产品结构，而且对于提高青海知名度，强化旅游"富民"功能，加快推进生态立省战略具有重要的现实意义。

一　生态旅游的特性分析

生态旅游是一种有别于传统旅游而蓬勃兴起的旅游类型，是当今社会和旅游界广泛关注的旅游活动。

(一) 生态旅游的内涵及特征

1. 含义

生态旅游的产生有着其深刻的历史背景和迫切的现实需要。从旅游者方面来看，随着工业化进程的加快，城市环境日益恶化，人们为摆脱拥挤喧嚣的城市，追求优美的自然环境，一改从前单纯观光旅游的习惯，向往一种新的旅游方式，生态旅游也随之产生；从旅游供给方面来看，由于人们长期受旅游是"无烟工业""非资源耗竭性产业"等错误观念的影响，对旅游资源进行掠夺性开发和过度利用，导致部分旅游资源退化，可利用的旅游资源日益减少，在可持续发展思潮的影响下，人们终于认识到旅游资源可持续利用的重要性，于是生态旅游作为一种能使旅游资源可持续利用的旅游形式被提出。由此可见，生态旅游是到大自然中去的、将自然环境教育和解释寓于其中的、得到生态上可持续管理的旅游。

生态旅游一词最早由美国学者贺兹特于1965年提出，即提倡对当地文化与环境最小冲击下，追求最大经济效益与游客最大满足的旅游活动，他认为"负责任""替选旅游"应包括以下几方面：第一，对环境影响最小；第二，对当地文化最大的尊重；第三，让当地居民得到最大实惠；第四，让旅游活动参与者得到最大限度的满意。国际自然保护联盟（IUCN）特别顾问、墨西哥专家谢贝洛斯·拉斯喀瑞（H·Ceballos Lascurain）于1983年在文献中首次使用。1986年在墨西哥环境研讨会上，生态旅游这一术语得到正式承认，很快在世界旅游发展中引起广泛的关注。目前人们对生态旅游的内涵尚无统一的界定。墨西哥专家对生态旅游的解释是：生态旅游作为常规旅游的一种形式，游客在欣赏游览古今文化的同时，置身于相对古朴、原始的自然区域，尽情考究和享受旖旎的风光和野生动植物。1992年生态旅游学会（Ecotourism Society）对生态旅游所做的定义较有代表性，即有目的地了解自然区域的文化与自然知识，注意不破坏生态系统的和谐，同时为自然资源的保护和当地居民的福利创造经济条件。这一定义主要包括下列三层意思：①生态旅游是一种特殊的旅游形式，是一种有特殊目的的旅游活动；②生态旅游的对象不仅局限于得天独厚的区域的景观、景物（如山、水、生物资源等），也包括社会文化环境独特区域的人类遗产、人文景观等（如自然保护区、森林公园、风景名胜区等）；③生态旅游是在传统的大众旅游和自然旅游的基础上发展起来的，与之相比，生态旅游更加重视与自然景观的协调一致和有机的生态联系，可以说生态旅游是人类先进的生态文明所追求的精神享受的旅游。

2. 生态旅游的特征

（1）享受大自然

从市场需求方面看，生态旅游是人们为了逃避拥挤的城市，寻找清新的环境而产生的，因此，生态旅游的首要特点应该是回归大自然，享受大自然。

（2）提高公众的自然保护意识

生态旅游是在可持续发展观和回归大自然的指导思想下产生的，是一种欣赏、探索和认识自然的高层次旅游活动，它倡导人与自然和谐统一，注重在旅游活动中人与自然的情感交流，使人们在山林、旷野、滨海领略大自然的野趣，体验环境变化，真正地认识到大自然是生命的源泉和人类发展的基础，学会珍重自然，热爱自然，增强保护自然的意识和责任感。

（3）实现资源环境的可持续性

从旅游供给方面来看，生态旅游是为了使旅游资源得到可持续利用而产生的一种旅游活动。这里所指的资源既包括可供观赏的自然景观，也包括在旅游基础设施和旅游活动中所消耗的能源和材料。因此，生态旅游强调把旅游带给资源与环境的负面影响控制在资源环境可承受的限度，旅游设施要与自然景观协调，达到并维持自然资源与环境的可持续性。同时倡导在能量消耗和转化过程中采用"消耗最小"的原则，一方面要适度消费，各项基础设施要注重简单实用。另一方面，提倡应用先进的科学技术，充分地利用再生资源，例如水能、太阳能、风能、潮汐能等，提倡水资源的重复使用。旅游的资源环境是与当地的社会文化密切联系在一起的，在实现资源环境可持续性的同时不可回避地要实现社会文化的可持续性。

（4）争取尽可能大的经济效益

旅游业是以经济效益为重要目标的，同样，高成本的生态旅游为了获得生态环境保护资金以保证资源的可持续利用，也不排斥经济效益，它提倡在把对资源环境的负面影响减小的同时，争取尽可能大的经济效益。因此，在保护生态环境的前提下，应该鼓励提高经济效益。

(5) 使当地社区受益

旅游资源能否得到可持续利用，当地居民起着重要的作用，他们也应当是生态旅游的重要参与者。能否使他们从中获得利益，关系到在那里开展的旅游能否得到他们的支持而持续地发展下去，特别是在贫穷与环境问题交织在一起的地区，促进当地社会经济发展，提高当地人民的生活水平和改善当地的环境，应该是开展生态旅游的重要目标。

(6) 施加可持续管理

从旅游供给方来看，开展生态旅游是为了实现旅游资源的可持续利用，然而，生态旅游者更多的却是强调享受自然和认识自然，在目前国民素质有待提高的情况下，旅游者不可能承担起对旅游资源进行管理的责任，因此，对游客进行引导，施加可持续管理是生态旅游能够真正实现旅游资源的可持续发展的关键，也是生态旅游与大众旅游的本质区别。

（二）生态旅游与其他旅游的区别

生态旅游是一种特殊旅游形式，是在自然旅游的基础上发展起来的。生态旅游和其他形式的旅游有着重要的区别，认识这些区别是非常重要的。

1. 生态旅游与大众旅游

生态旅游从其本质上说是针对大众旅游提出的。在旅游吸引物的资源基础、旅游者的需求和旅游方式等方面，生态旅游与大众旅游都有巨大的差别。大众旅游的主要特点是旅游者人数众多，旅游线路为大家所熟悉，产品标准化程度高，旅游经营者往往采取薄利多销的方式。而生态旅游则完全相反，其突出的特点是以特殊设计的产品来满足对生态环境有特殊兴趣的旅游者的需求，几乎是全新的产品，经营者以"质量"取胜，而不是靠人数的扩大来增加旅游收入。

2. 生态旅游与自然旅游

生态旅游是在自然旅游的基础上发展而来的，其共同点在于大自然属于这两种旅游形式的资源基础，但是，后者主要强调的是利用自然资源来吸引旅游者，而前者更强调在享受自然的同时要对自然保护做出贡献。例如，狩猎旅游可以是一种自然旅游，但它不符合生态旅游的标准，而观鸟旅游则是一种生态旅游，其前提是鸟类的生存环境不被破坏和干扰。

3. 生态旅游与可持续旅游

生态旅游是一种旅游形式,所以也称之为特种兴趣旅游,而可持续旅游是从可持续发展的概念引申出来的旅游业发展的原则,适用于所有能够在长期发展过程中与自然、社会、文化环境保持和谐发展的旅游形式。生态旅游可以作为实现可持续旅游的一种工具,但可持续旅游决不仅限于生态旅游,当然,做不到可持续发展的旅游也不能称为生态旅游。

表1 生态旅游与其他旅游的区别

类 别	生态旅游	大众旅游	自然旅游	可持续旅游
旅游者	对生态环境有特殊兴趣的需求	人数众多,对旅游胜地、名胜古迹有偏好	喜爱、向往自然风光,对自然保护做贡献	重视自然、社会、环境的和谐发展
旅游经营者	推出、设计以质量和特色取胜的产品	采取薄利多销的方式	推出以自然原始风光为基础的旅游产品	以可持续理论为指导,设计和推出的旅游产品
旅游产品	有待开发全新产品	产品标准化程度高	产品比较成熟	

二 青海省发展生态旅游的战略意义

生态旅游作为一种全新的旅游方式,充分体现了以人为本的思想,是科学发展观在旅游产业中的具体体现。青海是我国生态旅游资源的富集区,加快发展青海生态旅游业不仅有利于优化自然生态环境和旅游产品结构,而且对于提高青海知名度,强化旅游"富民"功能,加快推进生态立省战略具有重要的现实意义。

(一) 有利于转变经济增长方式,优化产业结构

青海是一个资源大省、经济小省。目前,无论是发展速度还是经济总量在全国、西部都处于相对落后的状态,经济结构、质量和效益指标都不太理想,尤其是第三产业发展明显滞后。因此,抓住西部大开发这一机遇,认清省情,发挥比

较优势，实现大规模、高水平的发展，必须要以科学发展观为指导，通过转变增长方式，优化经济结构来实现青海经济的跨越式发展。而在此关键时刻，青海省委省政府提出的"以生态立省，努力打造高原旅游名省战略"对推进经济结构调整，带动相关产业特别是第三产业发展的综合作用，具有十分重要的现实意义。青海省不仅具有自然资源优势，也具有生态资源优势，因此，以资源的比较优势为依托，充分利用旅游资源具有可持续、循环发展的特征，加快生态旅游业的发展，不仅可以发挥旅游经济"兴一业而旺百业"的带动作用，以旅游业的大发展，带动服务业规模扩大和产业提升，而且还会有效拉动内需，促进保增长、保稳定、保民生目标任务的实现，促进全省经济发展方式的转变。

（二）有利于发挥自然资源优势，提升旅游竞争力

青海省位于青藏高原腹地，地处世界第三极，其历史悠久、文化灿烂、山川壮美、民族众多，是一个资源大省，不仅文化资源厚重，而且自然资源丰富，其地理位置和比较优势更加明显。从全球经济发展的大趋势来看，旅游业是一个朝阳产业。据世界旅游组织统计，早在20世纪90年代，全球旅游总收入已超过石油和军火工业而成为全球最大的经济产业。预计到2020年，全球将接待16亿国际旅游者，国际旅游消费将达20000亿美元，国际旅游人数和消费平均增长率分别为4.35%和6.7%，远高于世界经济年均3%的增长率。从我国旅游产业竞争的总体格局来看，为到2020年实现旅游强国之梦，目前已有24个省区市把旅游定为支柱、先导或重要产业。从青海旅游产业发展的增长方式来看，近几年所取得的快速发展，主要得益于"两圈两带和一区"的大力开发与成功营销。2009年上半年全省接待国内外游客366.48万人次，同比增长22.6%，实现旅游总收入17.97亿元，增长23.6%。这些数字，与全国发达省份相比还有很大差距，但潜力较大。那么，青海旅游业如何利用转变增长方式，优化经济结构的难得机遇，充分发挥自然资源优势，应对多层次市场需求，使青海旅游业从观光型向观光、休闲、度假型转变，推动国际国内旅游并举，形成区域内市场竞争格局，是摆在我们面前的一个重要课题。因此，面对国内外旅游市场更加严峻的挑战，我们要在新一轮的竞争中巩固老市场，开拓新市场，继续保持较快的发展态势，必须发挥生态旅游资源优势，站在发展的高度，深度挖掘

旅游文化内涵，不断延伸旅游产业链，走内涵发展、规模发展、效益发展、生态发展的路子，打造国内生态旅游品牌，全面提升我省旅游的整体形象和市场竞争力。

（三）有利于构建和谐社会，实现可持续发展

2007年8月，青海省委、省政府在全省第二次旅游发展大会上明确了，以科学发展观为统领，推进高原旅游名省建设，推动旅游产业成为青海省国民经济支柱产业，为建设富裕文明和谐新青海提供有力支撑的目标任务。青海要顺利实现旅游强省这个目标任务，使青海从旅游资源大省向旅游经济强省跨越式发展，必须要有完整的、强大的产业体系做支撑。在积极推进旅游业改革开放，全面提高旅游业服务水平，在巩固提升原有旅游精品的同时，进一步加快生态旅游发展，形成生态旅游与人文旅游交相辉映、共同发展的大格局。强卫书记指出："在新形势下，把旅游业培育成青海省的支柱产业和重要经济增长，是一项事关建设富裕文明和谐新青海全局的战略任务"。因此，这就要求：一方面，全省上下必须以大局为重，创新体制机制；搞好统筹规划，对外统一品牌；整合资源，突出重点，打造精品景区和精品线路；加大投入，搞好政策扶持，构建和谐景区。另一方面要切实加强生态保护。以对国家、对人民、对子孙后代高度负责的精神，正确处理旅游开发与生态保护的关系，加大生态资源保护力度，确保我省生态系统的完整性、生物多样性和地质构造独特性。全面推进资源保护型旅游开发方式、资源节约型旅游经营方式、环境友好型消费方式，建设绿色旅游产业体系。

（四）有利于促进当地社会经济发展

生态旅游对旅游地的经济影响体现为三个方面：直接、间接和交叉影响。直接影响反映在单个旅游者会由于生态旅游环境和行为支出增加，而间接影响体现为提高其他的旅游消费行为，交叉影响是生态旅游带来的诸如"口碑效应"等潜在影响。生态旅游具有的可持续发展观能够不断地促进区域的经济活动，通过经济利益的再分配过程可以使社会分工达到合理化，扩大社会就业机会。学者宋瑞指出，生态旅游要为当地社区做出现实贡献，生态旅游产品经营者必须采取以

下措施中至少五项：雇用当地导游；雇用当地人作为辅助工作人员；购买可持续的当地产品；购买当地劳务；销售适宜的、当地制造的纪念品和手工艺品；向当地社区基础设施建设、活动提供现金和食物捐助；按照折扣价向当地居民提供产品[1]。

如前所述，青海的旅游资源大多处于原始待开发状态，旅游资源能否得到可持续利用，对当地居民起着重要的作用，他们也应当是生态旅游的重要参与者。能否使他们从中获得利益，关系到在那里开展的旅游能否得到他们的支持而持续地发展下去。特别是青海是贫穷与环境问题交织在一起的地区，而旅游业是以经济效益为重要目标的，高成本的生态旅游为了获得生态环境保护资金以保证资源的可持续利用，也不排斥经济效益，它提倡在把对资源环境的负面影响减小的同时，争取尽可能大的经济效益。因此，发展生态旅游有利于在保护生态环境的前提下，促进当地社会经济发展，提高当地人民的生活水平和改善当地的环境。仅以察汗河国家森林公园为例：通过实地调查，显示在该旅游区的开发建设中雇用当地劳务不仅增加了农牧民的收入，带动了当地建筑业的发展，而且解决了当地的基础设施建设；在旅游旺季雇用当地农牧民作为辅助工作人员，为游客进入景区提供骑马及照相服务，在每年的6、7、8三个月有30多匹马，平均通过每匹马每天收入150元，极大地提高了农牧民的收入；每年的杜鹃花节不仅发展了当地的会展经济、带动了周边农家乐的发展，还使得当地的刺绣、中药材及虫草得以销售，拓宽了农牧民增收致富的路子。由此可见，生态旅游的发展有利于促进当地社会经济发展。

三 青海省生态旅游发展的SWTO分析

（一）优势分析（Strength）

青海作为以地文景观为特色的山地景观旅游资源集合区和以历史文化为脉络的文化旅游资源集合区，发展生态旅游业潜力巨大。近年来，青海省以推进生态环境建设为先导，以建设祖国西部生态屏障为目标，注重经济发展与生态保护相结合，着力构建绿色经济生态系统，有力地促进了全省生态、经济、环境和社会的协调发展，为大力发展生态旅游业奠定了良好基础。

1. 已经着力培育了一批旅游精品

（1）打造观光旅游精品

形成了以自然生态与人文精神完美结合的经典巨作——环青海湖风光和体育旅游圈；以清凉、健康、生态、人文、旅游为丰富内涵的环西宁"中国夏都"旅游圈；以青藏铁路为纽带，以大旅游的思路开发了青藏高原独特的历史文化、雄浑的山河湖泊、丰富的高原生态、浓郁的民族风情、神秘的宗教文化等旅游精品——青藏铁路世界屋脊旅游带；以贵德为核心，以"清清黄河"为主线，加快开发了黄河沿岸的自然风光、撒拉族风情、温泉疗养、宗教文化等旅游产品，形成了黄河文化旅游带；同时，开发连接龙羊峡、拉西瓦、尼那、李家峡、公伯峡等梯级电站的黄河上游水电明珠工业旅游带。积极培育以玉树、班玛林区、年保玉什则湖、阿尼玛卿山等为重点的景区，深入挖掘高原奇特的自然景观和特色文化，积极推进了玉树嘛呢文化景观和"三江源"世界自然文化遗产申报工作，重点开发观光、生态、科考、猎奇、探险、登山等旅游产品的三江源生态旅游区。

（2）打造生态休闲度假旅游精品

充分利用独特的高原风光、优良的植被、水和空气，突出生态特色和少数民族民居的优雅舒适风格，建立了以青海湖、贵德、金银滩、互助、循化、海西等为重点的一批生态旅游休闲度假区，实现了由传统的"点"发展向现代的"片区"发展转变，由单一的观光旅游向会议、度假、休闲游相结合转变。

（3）打造城市旅游精品

按照自然风光、历史文化、现代文化三者和谐统一、相得益彰的要求，精心组织城市建设，实施了格尔木、西宁等城市总体风貌改造、绿色通道和节点建设工程，配套城市服务功能，增点留客，使之成为旅游经济发展新的增长点。

（4）打造运动休闲旅游精品

以项目为载体，积极推进观光型旅游向度假型、运动型、体验型旅游转变，高起点策划、高质量推出了环青海湖民族体育旅游圈，环青海湖国际公路自行车赛、中国青海抢渡黄河极限挑战赛、青海高原世界杯攀岩赛等旅游项目，增加了参与性、娱乐性旅游项目，丰富了旅游精品内容。

2. 基础设施建设有所强化

结合生态立省战略，扩张拉动全省经济发展，近五年来，青海省投入巨资，累计完成全社会固定资产投资 1877.5 亿元。公路通车里程达 5.3 万公里，增加 1.2 倍，高速公路从无到有，发展到 215 公里，"两横三纵三条路"为主骨架的公路网基本建成。青藏铁路全线通车，兰青铁路复线电气化工程即将竣工，柴木铁路、西格段复线及电气化工程和玉树三江源机场开工建设，西宁和格尔木机场改造工程完成。公伯峡、尼那、拉西瓦、积石峡等大中型水电站，大通华电火电站，格尔木燃气电站和官亭至兰州 750 千伏、乌兰至格尔木 330 千伏输变电工程，农村电网改造和玉树州电源电网建设等重点电力工程相继建成或开工建设，五年社会用电量增长 1.4 倍，基本实现大电网覆盖下的户户通电。建成黑泉水库和盘道水库，开工建设"引大济湟"调水总干渠、湟水北干渠扶贫灌溉一期工程等一批重点水利工程。固定电话突破 100 万户、移动通信用户突破 200 万户，实现了乡镇和行政村全部通电话。城镇化水平稳步提高，一批道路、防洪、供排水、垃圾污水处理、煤改气等城镇设施建成使用，旅游基础设施不断完善，综合接待能力进一步增强。

3. 旅游管理体制创新积极推进

成立了青海省旅游产业发展领导小组，强化对全省旅游业发展的综合决策和监督管理，实行统一管理、统一规划、统一建设、统一执法、统一营销，在景区制定并严格执行了旅游经营资格准入、环境保护等方面的制度。同时，按照旅游资源国家所有、政府管理、企业经营的三权分离思路，于 2007 年对老爷山风景区实施了旅游开发权转让。并着手制定州县乡镇的旅游发展规划，精心对项目进行策划、包装，吸引社会资本参与开发，着力探索旅游开发"国有民营"的新路子。

4. 旅游业与农业实现了合理"嫁接"

坚持旅游业与农业的合理"嫁接"，以发展农家生态休闲旅游、无公害农产品、旅游商品等为重点，实施了海东农业生态示范观光带，不断规范临近旅游景区的农家生态休闲度假旅游接待点，重点发展乳业、牛羊肉和马铃薯、蚕豆、沙棘、枸杞等产业；开发了以冬虫夏草、大黄茶为主的中药材，以沙棘、高原猕猴桃为代表的优质水果，以郁金香等优质花卉苗木等为特色的旅游商品；同时，积极引导和扶持西宁生物园区的投资建设。

如位于黄南州的尖扎县以开发生态旅游为契机,整合当地旅游资源,有效地开展了以坎布拉景区为重点的乡村生态旅游,使旅游业成为新亮点和农民增收的新渠道。在调查中发现,较为典型的是尖扎县北部直岗拉卡村,现有145户663人,其中藏族占总人口的98%。由于地势平坦,交通便利,气候条件相对优越,农田水利设施基本完备,主要从事小麦、油菜等作物种植,适宜发展核桃、软果、蔬菜、花卉等特色农业。自2004年以后,该村以发展"藏家乐"为载体,采取自主经营、合作联营等方式,大力发展乡村生态旅游业,相继推出了住宿、餐饮、娱乐、休闲、赏花品果等项目。不到5年时间,该村已逐步成为具有独特区位优势的观光农业村和乡村生态旅游接待村。2004年到2008年累计接待省内外游客3万人次,实现旅游总收入48万元。农民人均纯收入由2004年的1676元增加到2008年的2613元,增幅达56%。以核桃、软果、蔬菜、花卉等为主的特色农业收入和以"藏家乐"为主的特色乡村生态旅游业收入已占到总收入的50%以上。参与"藏家乐"旅游接待服务的群众从最初的2～3户已发展到32户,并成立了"藏家乐"协会和管委会,经营日趋规范化。直岗拉卡村已有32户农民除了农耕以外,积极把自家小院进行改造,从事旅游接待服务,依托"藏家乐"增加收入,每户平均年收入达到8000元左右,最高的家庭收入达到了3万多元。2009年又有20多户群众计划从事"藏家乐"。目前,村里已建立了比较完善的"藏家乐"管理机制,从事旅游服务要经过村管委会对房屋、院落、卫生等状况的评估审批,由此使乡村生态旅游更加规范,更能有效保护生态环境,积极发展生态旅游业,为当地群众增加收入,扩大就业机会,发展农村。

(二) 劣势分析(Weakness)

从目前的发展态势来看,作为新的旅游发展理念和模式,相比较而言青海省的生态旅游呈现以下劣势。

1. 对发展生态旅游业的认识问题

"旅游业是无烟工业"的观念还比较流行,因而在发展过程中,一些地方重视对旅游资源的开发,而忽视旅游本身对环境的影响和资源的破坏。当旅游者把旅游资源当作取之不尽、用之不竭的财富去消费时，其认识上的差距和行为上的不当，就会造成旅游资源一定程度上的损坏和污染，加剧甚至激化旅游与资源、环境的矛盾。

2. 系统的生态旅游专业规划问题

高起点、高水平的规划，是生态旅游业可持续发展的前提和打造旅游精品的基础。然而，在开发中，许多地方重视旅游本身及相关产业的布局规划，而忽视生态建设规划。在景观设计上，没有充分体现人性化和生态化设计理念，以致许多建筑物与自然环境的气氛不协调。

3. 科学的管理机制问题

目前，许多景区所有权、规划权、开发权、经营权集于一体，其对资源保护与开发仅仅依靠财政的投入和经营收入，无法对资源实施最有效的保护和长远的开发，旅游经营管理主体缺乏活力与生机，出现了有的资源因无序开发而耗费巨资进行整治，有的资源则长期闲置等诸多问题。

4. 基础设施建设资金问题

发展生态旅游必须要有相应的基础设施投入作保证，但由于资金短缺，旅游景点景观基础设施建设较薄弱，特别是交通、排污等设施较为落后，旅游开发与生态环境保护的矛盾比较突出。

5. 生态旅游专业人才问题

真正意义上的生态旅游对产品设计有专业化的要求，涉及旅游学、生态学、环境学和经济学等多学科知识，技术较为复杂。但目前在青海省，既懂生态学和旅游学专业知识，同时又能正确把握生态旅游内涵的专业人才和经营管理人才严重缺乏。

（三）机遇分析（Opportunity）

1. 国际国内生态旅游的发展

生态旅游被看作是传统大众旅游的替代品，是实现旅游业可持续发展的首要的、必然的选择，因而在世界范围内得到普遍重视和迅速发展，并将成为21世纪国际旅游的主流。我国的生态旅游发展势头非常迅猛，已形成生态旅游的热潮，特别是青海由于拥有许多独具特色的生态旅游资源而成为我国生态旅游的热点地区之一。

2. 开展生态旅游的政策

随着国家西部大开发,以及青海生态立省、旅游强省战略的实施,青海省委、省政府确定了"将青海建成中国西部生态屏障的目标",以及"五大生态圈"的建设和"三大体系"的构建,从国家到省、州、县都出台了发展生态旅游的相关政策,这就为青海生态旅游发展创造了很好的政策环境。

3. 生态旅游的成功经验

至今无论是国际还是国内都有许多生态旅游的成功范例,如国际上非洲肯尼亚热带雨林生态旅游、美国国家黄石公园生态旅游、瑞士自然和文化生态旅游、尼泊尔山地生态旅游,国内湖南张家界风景名胜区生态旅游、四川九寨沟生态旅游、云南西双版纳热带雨林生态旅游等,这些成功的生态旅游经验都是青海发展生态旅游可以借鉴的。

4. 丰富的智力和技术资源

近年来,我国各研究机构和高等院校都开展了大量的生态旅游研究工作,积累了丰富的生态旅游发展经验,形成了一些适用于生态旅游的理论和技术,为合理利用我国的生态旅游资源做出了重要贡献。这些智力和技术资源都是青海发展生态旅游可以利用的。

(四)威胁分析(Threat)

1. 区域竞争日益加剧对青海生态旅游的发展构成一定的威胁

青海省的区位既对生态旅游发展有促进作用,也使其面临一定挑战,如西部的四川、云南等地就对其造成了一定的屏蔽。四川、云南都是我国旅游业发达地区,优良的服务水平和完善的管理体制对青海构成强烈的竞争,同时青海吸引游客的主要是观光型、文化型产品,尽管近年来在产品多样性方面发生了一定的变化,但是与四川、云南等以自然资源和生物多样性闻名的地区相比,青海省并不是典型的生态旅游目的地地区。所以景区面积、景观条件、知名度和开发程度等大都劣于周边发达地区,受邻近地区替代性竞争较大。如何在产品创新上做文章,组合旅游资源,突出生态特色,形成竞争力成为青海生态旅游发展的重大挑战。

2. 旅游需求的差异化对其生态旅游的发展提出更高的要求

旅游者在经历了一轮旅游热潮后，对于"扫荡型"和"掠影型"等传统旅游方式已有所厌倦，更加寻求具有参与性、教育性和实质性意义的旅游，对旅游目的地的选择日益多元化，这就对旅游产品的多样化提出了要求。生态旅游是一种旅游可持续发展的模式，重视对旅游对象和生态环境的珍惜、保护，强调旅游者与景观的协调一致和有机联系，旅游者多样化的需求，对生态旅游产品设计和旅游环境容量预测提出了更大的挑战。

3. 外来文化的冲击

随着旅游活动的开展，外来文化与传统文化之间碰撞激烈，并进而改变旅游区人民传统的价值观、社会观、道德观、宗教观和政治观。外来文化的冲击，必然会使民族传统文化发生渐变，失去其原有的传统文化特质，从而降低生态旅游资源的价值和魅力。

四　国内外发展生态旅游业的主要做法与启示

（一）国外发展生态旅游业的主要做法

二十几年来，不论是发达国家还是发展中国家，生态旅游都有了长足的发展。各国根据本国的资源特色和实际情况开展了各种形式的生态旅游活动，如美国的国家公园游，英国、德国等欧洲国家的乡村可持续旅游，肯尼亚的野生动物生态游，哥斯达黎加的热带雨林之旅等。目前，从全球来看，美国、欧洲、日本、非洲的肯尼亚、中美洲的哥斯达黎加、亚太地区的印度尼西亚和泰国等都是生态旅游发展得较好的国家或地区。

1. 美国

美国是最早设立国家公园的国家。1990年，美国尤斯梅蒂国家公园建立100周年之际，发表了名为《爱，勿至于死地》的宣言，被媒体称为"揭开了生态旅游取代大众游园式旅游的新纪元"。1991年美国成立了国际生态旅游协会（TES），1994年制定了生态旅游发展规划，从制度化、规范化、科学化的角度对生态旅游加以规定。从目前来看，无论是旅游接待还是客源产出方面，美国都是世界上生态旅游最发达的国家。在发展生态旅游的过程中，美国呈现出自己独有的特色。

首先，公园的管理权与经营权分离。国家公园管理局及各公园的管理层都是非营利性质的机构，它们只负责管理公园的日常行政事务，不从事具体的经营。它们的经费来源主要有两部分——国会拨款和自谋收入，政府拨款是国家公园资金的主要来源。公园内的各种营利性经营活动如住宿、餐饮和娱乐等的兴办与经营由各服务企业承担，但必须向国家公园管理局申请注册并核发特别许可证，并通过特许商业经营处批准，而且必须严格按公园的规划进行建设，否则即会被取消特许经营权，它们在经营上不受公园管理机构制约，独立经营，在财务上实行独立核算[2]。

其次，对环境实行严格的科学监测。美国国家公园于1991年就专门拟定了有关生态旅游的管理方法，重点包括以下几项内容。

第一，设立入口管制站，暗示经营管理的权威，并为游客提供相关资讯；

第二，将游客中心视为环境教育的第一站，并提供完整的生态旅游资讯，以纠正游客的不当行为；

第三，有效执行区内相关法律；

第四，避免植物、动物资源被携带出园区，以确保资源的永续性；

第五，以各种解说教育方式，为游客提供丰富的生态之旅，且不会造成对环境的破坏，例如提供导游同行步道之旅、晚间节目、展示等环境教育。

最后，以严格的立法保障生态旅游对环境的保护。在国家公园进行生态旅游，要受到许多法律，如国家环境政策法案、空气清洁法案、国家环境政策法案、国家历史保护法案、原始区域法案等的制约。除此之外，美国还有针对国家公园整体的立法、各国家公园及重要自然与历史性旅游资源保护与开发的专门立法，立法的详细程度已到了可操作层次，从而使国家公园的生态旅游有了物质基础和法律保证。

2. 日本

日本是世界上生态旅游发展比较成熟的国家。纵观日本生态旅游的发展，大体的思路有以下几方面。

首先，通过严格立法和有效执法保护生态环境。日本的生态旅游活动也是以各级自然公园为主要场所,它的自然公园分为三种:国立公园、国字公园、都道府自然公园,共有 28 处,面积约占国土面积的 5.44%。为了保护良好的生态环境并促进公园的有效利用,日本先后颁布了《国家公园法》和《自然公园法》,2002 年又对《自然公园法》进行了部分修正,规定在公园内指定一些区域为限制利用区,进入这些地方,须经环境部部长或都道府政府有关负责人批准;在公园内从事经营活动的单位,必须签订风景保护协议等。

其次,宏观管理和微观经营相结合。自然公园的国家管理机关是环境部。其中,国立公园由环境部指定,国家管理;国家公园由环境部指定,有关的都道府(地方政府)管理。旅游业者可以多样化经营,但必须与管理机构签订风景保护协议,如积极采取措施严格保护生态环境等[3]。

最后,倡导社区参与,帮助当地居民在经营中受益。在日本,自然公园会定期举办一些讨论会等激发居民的参与意识;社区有权参与生态旅游项目开发的讨论与决策,并对资源的开发利用实行全程监督;在经济上真正让社区居民受益。如通过发展村民家庭旅馆、观光农业、农村休假旅游等增加乡村居民经济收入,并在诸如《第四次全国综合开发计划》《市民农园促进法》《农村休暇法》《促进农、山、渔村地区发展逗留型旅游活动的相关基础建设之法律》中进一步明确地给予了保证[4]。

3. 泰国

泰国是亚洲最早开展生态旅游活动的国家之一。20 世纪 90 年代中期以后,泰国开始推行"有责任心的、讲究生态和社会效益"的生态旅游。大体的措施有以下几方面。

首先,政府通过立法及相关政策措施规范生态旅游的发展。在泰国开展生态旅游的过程中,政府起了重要的作用。1992 年,泰国政府制定了可持续发展的旅游业政策,1995~1996 年,泰国旅游观光局(TAT)着手制定生态旅游政策与规划,在制定《1997—2003 年促进旅游业发展的政策》中着重强调要促进生态旅游的发展。泰国国家环境委员会下属科技与环境部门以此为指导,制定了环境质量标准、环境质量管理规划、环境保护地区、环境影响评估等指标,并设立了控制污染委员会直接管理、监测、控制污染地区。

其次,以点带面,建立生态旅游示范地区。从 20 世纪 90 年代中期开始,泰国开始有针对性地在一些旅游景点,如南部洛坤府著名景点考峦山,实行名为"有责任心的、讲究生态和社会效益的旅游"的"生态旅游村"项目试点,取得了良好的成效。

最后,采用经济手段对旅游景点加以控制。如热门景点采取限制游客人数、增收使用税、采取不同价格体系和建立商业准入许可证等方式,目的是使游客量不超过景点的承受能力,将旅游对环境的负面影响减少到最小。[5]

(二) 国内发展生态旅游业的主要做法

1. 喀纳斯

首先,因地制宜,提升形象。喀纳斯依托良好的生态环境,变环境优势为经济优势。自1999年起,相继实施了天然林保护工程以及保护区一、二、三期工程,累计投入资金2700余万元,建立了森林资源、野生动物、湿地、水资源、冰川等生态环境因素的动态监测网络;此外,还实施了喀纳斯下湖口经营设施的拆迁切换,将下湖口区的旅游接待功能切换到距离湖区28公里处的贾登峪,喀纳斯的整体形象得到了极大改观。

其次,科学实施生态规划,加快旅游建设步伐。

一是高起点、高水平规划。几年来,先后委托国家林业科学院、上海同济大学等专业单位,编制了喀纳斯旅游发展策划、规划。2005年,国家旅游局和自治区党委、政府组织以中山大学旅游发展与规划研究中心为主的专家组对喀纳斯的规划进行修编和提升,编制完成了《大喀纳斯旅游区总体规划》,把喀纳斯景区规划提升到了"世界领先、国内一流"的水平。二是高标准、高质量建设。截至2007年底,喀纳斯景区累计完成投资16.41亿元,实施旅游公路、旅游机场以及各经营接待区供电网络和通信设施的建设,连续实施三期国债项目,投入资金9300万元,完善旅游接待区的基础设施及景区内的道路、供排水等设施建设;累计投入1000余万元,建成旅游星级厕所8座;投入6500万元,购置环保观光车139辆,建立了旅游综合咨询服务中心以及游客急救中心等。三是多元化、全方位宣传促销。建立与景区企业互惠互利、优势互补的促销机制,形成联合促销、互利共赢的宣传格局。创新宣传促销方式,改变以往以"办节、办会、办展"为主的资源展示型宣传,充分利用网络、电视等主流媒体宣传喀纳斯品牌，变资源展示为品牌促销，宣传渠道实现多元化。

再次，加强生态资源管理，推进旅游业可持续发展。如何处理好开发与保护的关系，对生态旅游的可持续发展至关重要，喀纳斯从景区发展的实际出发，提出了"合理开发，科学管理，永续利用，持续发展"的思路，并在以下五方面抓好实施。一是进一步统一思想，形成良好的资源保护意识，牢固树立两个"开发"理念，即开发大景区，开发精品景区，并树立了开发与保护并重的理念。二是坚持"旅游开发，规划先行"的原则，按照《大喀纳斯旅游区总体规划》要求，编制了10余部控规、详规和专项规划，使资源的开发遵循规划的原则，遵循规划先行的原则，做到有序有节，形成合理布局。三是构建标准化服务体系，建立了《喀纳斯景区保护与旅游服务标准体系》《喀纳斯景区旅游生态环境保护》等六项地方标准体系。制定准入制度，取缔了一批设施不达标和不具备旅游从业资质的经营服务项目。四是建立服务督查机制，加强对旅游开发项目的规划和管理，实行跟踪督查，形成资源开发的良性循环。五是积极做好资源整合的文章，通过精品包装，把有限的资源用足用好，使不可再生的资源越聚越多，发挥更大的潜力。

2. 云南

（1）坚持保护第一

保护第一，开发第二，这是云南在发展生态旅游中所把握的大方向。如西双版纳境内有珍贵的热带雨林自然保护区360万亩，其中有70万亩是保存完好的原始森林。《西双版纳州"十一五"生态建设与环境保护发展规划》明确提出必须始终把资源和环境的保护放在首位，坚持树立和维护世界自然遗产地的形象和世界一流生态环境形象。国家在昆曼高速公路建设中，大量采用桥梁和隧道，对能不砍的树尽量不砍，对边坡开挖线以内有保护价值的都采取最大限度的保护，在西双版纳境内建成了一条"车在路上行，人在画中游"的生态高速公路。

（2）坚持政府主导

云南旅游业起步于"七五"时期，发展于"八五"时期，成熟于"九五"时期。在20多年的发展过程中，云南各级党委、政府始终坚持把旅游业当作云南的优势产业和支柱产业来培植，整合资源，突出特色，科学规划，创新机制，稳步推进，使全省的旅游资源开发真正置于政府的宏观调控下，做到科学、有序开发，提高了旅游业的整体效益。

（3）坚持机制创新

云南把政府引导与市场化运作有机结合起来，鼓励和支持社会各方投入，大力发展旅游业：一是政府投资引导。按照"谁投资、谁受益"的原则，从1992年起，全省每年安排5000万至1亿元政府旅游专项资金，引导和扶持社会各方投资开发旅游资源；二是建立旅游发展基金。将宾馆饭店、旅行社的营业税和所得税收入全额返还给旅游管理部门，一定五年不变，作为旅游产业发展基金，用于主要景区景点、交通、通信、电力等设施建设和旅游宣传促销；三是景区景点实行所有权和经营权分离。采取经营权出让的办法，引进各方资金，搞好景区、景点、旅游度假区建设，实现多方共赢。

（4）坚持基础先行

云南始终坚持大旅游、大市场、大产业，跳出旅游办旅游，把交通、通信、电力等基础设施建设纳入旅游产业发展范围，集中力量，优先发展。"七五"时期，特别是西部大开发以来，他们集中财力，狠抓基础设施建设和解决制约旅游业发展的关键性问题，使云南旅游业赖以发展的公路、铁路、航空、通信、电力、供水等基础设施和城市建设、生态环境保护得到很大改变，为旅游业的快速发展奠定了基础。

（5）坚持宣传促销

云南十分重视旅游宣传促销工作，制定出台了《云南省旅游宣传促销经费征收管理办法》，明确规定按旅游企业营业性收入千分之三的比例由税务部门征缴后，返还给当地旅游主管部门，用于整体宣传促销，树立旅游品牌形象，开拓国内外客源市场：一是精心组织参加各种国内外旅游交易会和巡回促销活动，举行各种有旅行社和记者参加的云南旅游说明会；二是大量邀请和接待国内外记者、旅行社和国家旅游局驻外办事处主任到云南拍摄旅游专题片；三是制作一批反映云南旅游的旅游幻灯片、VCD及各种宣传云南旅游精品线路的宣传促销资料。四是精心组织云南旅游歌舞团赴国内外演出，举办了国际性的"云南旅游摄影大赛"和"云南旅游记有奖征文"活动等，通过卓越有成效的旅游宣传促销，扩大了云南旅游的知名度和影响力。

（6）坚持人才兴旅

云南十分重视旅游人才队伍建设，要求所有导游人员必须具有大专以上学历、国导证和当地旅游行政主管部门颁发的上岗证，统一民族服饰，并经过专业院校系统培训后方可执业。

（7）坚持规范市场

一是坚持依法治旅，把与旅游行业六大要素相关的所有企业都纳入法制化、规范化、科学化管理的轨道。二是加大市场监管力度。建立和加强了旅游行政执政法机构和执法队伍，对旅行社、导游、酒店等推行"诚信"评分标准，推出"淘汰出局"制度。

（三）国内外生态旅游的发展对青海省的启示

从上述分析可以看出，虽然各国旅游资源禀赋不尽相同，开展生态旅游的方式手段千差万别，但它们都呈现出一些共性，可以为青海省今后的生态旅游发展提供借鉴。

1. 注重发挥政府的力量，实行自上而下的垂直管理

发达国家国力雄厚，可以给予国家公园体系极大的扶持，公园所需资金大多以国家拨款的形式获得。因此，由国家以垂直的方式对开展生态旅游的国家公园实行严格的保护与管理，使各级公园产权关系明晰、所有权与经营权能够实现彻底的分离，在经济效益之外，可以更好地考虑其生态和社会效益，使保护的效果更为明显；美国与日本基本上都是采用这一体制。而在发展中国家，政府的作用更是不可低估，像泰国、肯尼亚等国若没有政府的支持，生态旅游是发展不起来的。

在青海省，可开展生态旅游的各类森林公园和自然保护区在行政上隶属于不同部门，除了行政上各有主管部门外，从地域上来说，同一个风景区周边地区往往又隶属于不同的行政县市，行政隶属关系十分复杂，如察汗河国家森林公园一方面归属于大通县政府所管辖，另一方面业务归口林业局，形成多头管理，从而使各生态旅游区产权关系模糊，政出多门。同时，旅游景区政企不分，管理单位直接从事景区内各项以营利为目的的经营活动，对景区的各类开发公司没有明确规范其保护环境的义务，这样不利于管理，也不利于生态环境的保护。因此，可以借鉴国外在旅游管理体制上的经验,对开展生态旅游的各级旅游区实行统一归口管理,实现管理权与经营权的分开,以提高管理效率,保护环境。

2. 尽快促进生态旅游立法进入可操作层次

在美国,开展生态旅游的各国家公园的法律法规及其授权涉及国家公园总体和个体管理的各个层面,而且立法的详细程度已经到了操作层面;日本从20世纪30年代开始就陆续颁布了《国家公园法》、《自然公园法》及其他一些新法等,这些发达国家已经形成了一整套保证和监督生态旅游的法律体系,可以真正做到"有法可依"。而青海开展生态旅游,还没有直接相关的法律,现在所沿用的基本上是宪法、野生动植物及其他自然资源保护及环境保护的相关法律,针对性不强,生态旅游管理和经营中碰到的许多问题做不到有法可依。所以参照发达国家的立法,对生态旅游重点景区个体进行具有可操作性的、详细的立法迫在眉睫。

3. 充分考虑当地社区及居民的利益

在发达国家,对于社区的参与观点也不尽相同,美国国家公园相对独立于所在地区,并不对当地社区与居民承担维护与发展的义务,不存在社区发展责任,所以美国发展生态旅游并不存在社区参与问题,这与其长期的国家公园体系发展有关。而在日本这样的发达国家和肯尼亚、泰国这样的发展中国家大多强调生态旅游对社区发展的带动作用和社区参与的必要性。

青海省发展生态旅游的地区大多是在自然资源禀赋优越而相对贫困的边远地区,人们的首要目标不是保护环境而是生存。所以,以生态旅游的形式为当地民众寻找出一条既发展经济、摆脱贫困,又保护环境的道路更是十分必要的。目前有些生态旅游区如青海湖、三江源等已经做出了有益的尝试,并取得了较好的效果,但在具体的参与方式、水平、程度等方面还存在大量问题,也需要我们借鉴国外发达国家与发展中国家较为成功的经验,根据自身的具体情况做出适应性的选择。

4. 规划先行

首先,对老景区、景点进行设计、包装,使其达到生态旅游的要求;其次,利用生态学原理对新景区、景点进行设计;综合考虑文化、人文、历史、地理、气候、环境等因素,尽可能利用当地的建筑材料,体现当地风貌,强调人与自然、人与建筑、人与动植物的协调;最后,注重生态学原理在产品上的应用。对于生态旅游者而言，他们不仅要求身心可以得到放松，而且强调回归大自然，体会"原汁原味"。因此，在开展生态旅游的过程中，应充分利用旅游区自身的资源，减少外界物质的输入，实现物质循环和输入输出平衡。生态产品就是针对此而提出的，主要包括生态建筑、生态饭店、生态交通、生态能源、生态工程等。在进行规划、开发和运作生态旅游中需要考虑许多变化的因素，如供给与需求、市场及其可达性、住宿价格、交通、基础设施、季节因素（气候、野生动物迁移模式）、社区对旅游的支持、环境影响和环境教育等。另外，在公园规划设计和建设中，应将可持续发展理念与环境管理相结合。

5. 促销与教育整合

生态旅游业的发展还依靠开展良好的生态旅游宣传、促销与公众教育。当地旅游部门在因特网上进行生态旅游宣传，在公路边设置生态旅游宣传广告，在机场、宾馆和游客中心发放生态旅游宣传小册子。在具有广阔的旅游市场的基础上，许多国家和地区已经制定了生态旅游指南，并为生态旅游企业进行培训。同时，许多国家机构、非政府组织合作参与制定国家野生动植物可观赏计划，为公众增加观赏野生动植物的机会，提供与野生动植物知识相关的教育，加强了对野生动植物的保护。

6. 旅游管理科学化

生态旅游项目的运作，始终坚持"在保护生态旅游所依靠的自然资源的同时追求利益最大化"。首先，运用多种技术手段加强管理。对进入生态旅游区的游客数量、旅游状况进行严格的控制，并不断监测和评估人类行为对自然生态、资源和环境的影响，一旦一个区域的超负荷旅游活动对旅游资源造成破坏，就关闭这个区域，并提供资金予以修复。对废弃物进行处理的专业技术，对水资源的节约利用等手段也被用来达到加强生态旅游区管理的目的。其次，提出多种环境影响模型。通过对模型的理性认识增进人们对环境影响的了解，便于进行经济和环境的可持续发展规划和管理，以避免旅游业危及基础设施、支撑资源和生态系统的承载能力。最后，提出尊重自然、保护自然的多种方案。对公众和土地管理者进行培训和教育，目的是使人们的室外娱乐活动对环境的影响最小化。

五　青海加快生态旅游发展的基本思路及对策建议

（一）总体发展思路与定位

1. 总体发展思路

以"三个代表"重要思想和科学发展观为指导，以"生态立省、旅游兴省"为发展主战略，以建设旅游强省为目标，坚持政府主导、市场运作、社会参与、可持续发展的模式；构建以生态为本、休闲为主、观光和体验为一体的旅游产业格局，发展大旅游，开拓大市场，形成大产业。在区域内特别是地理、文化环境相近的区域内进行旅游、资源的调查研究，有利于较全面地掌握区域内不同地区间旅游资源特征。为加强地区间整体开发、一体化发展、产品差异化的纵向和横向合作提供科学依据和有益的借鉴。

2. 发展定位

整合自然与文化资源，把青海打造成为中国西部高原生态屏障和旅游度假名省。

3. 发展目标

进一步优化、整合、配置"壮丽多姿的自然资源、古老神秘的人文资源、多姿多彩的民族风情"等资源，依托优势资源发展优势产业，依靠优势产业发展优势经济，促进全省旅游经济由"门票经济"为主向"产业经济"为主转变。努力把我省建成旅游主题形象鲜明，产品特色突出，基础设施完备，管理服务规范，秩序安全优良，环境整洁舒适，经济效益显著的旅游经济强省。到2010年，全省接待游客数量将跃升至1000万人次，旅游总收入达到50亿元人民币，年增速保持在20%。到2015年，旅游总收入达到80亿元，成为青海第三产业的龙头和支柱。

（二）对策

1. 高点定位，精心编制生态旅游发展规划

坚持规划先行，并重视规划的科学性和可行性，在指导思想上牢固树立以人为本的资源环境保护观,视人为自然生态的有机成分,充分体现天人合一的生态理念;在具体规划上,要增进环境优化与人文关怀的互动,做到人与自然的和谐。加强对全省旅游资源价值、市场潜力以及旅游开发将会造成的环境影响等方面进行调查和评估,并在对各旅游区的地质资源、生物资源和涉及环境质量的各类资源进行认真调查的基础上,按照适度、有序、分层次开发的原则,按照生态旅游的规划模式(见表2),制定符合生态旅游目标的全省生态旅游发展规划,以及土地利用规划、景观规划、水资源和能源规划、环境保护规划等各种专项规划,实现总体规划与专项规划的衔接统一。

表2 生态旅游的规划模式

规划内容	规划模式	主要特点
发展规模	严格限制旅游业发展规模	严格按照环境容量,控制游客进入数量
旅游活动	对环境影响较小的活动	采取徒步等自然旅游方式
目标市场	生态旅游者	旅游者具有较强的环境意识,以小型团体旅游为主
用地结构	同心圆结构(自然保护区)	旅游服务设施集中分布于外围非重点保护地带内

资料来源:见卢云亭等《生态旅游学》,旅游教育出版社,2001。

在具体项目上,要从生态角度严格控制各景区服务设施的规模、数量、色彩、用料、造型和风格,提倡以自然景观为主,就地取材,依景就势,体现自然之美。对于景区内人工景物,包括一些功能服务设施的规划,要纵览全局,取舍得当。对一些生活设施,除了必要的休息座椅、小桥、公厕之外,则尽量减少人工构筑物,最大限度地降低人为因素对自然环境的干扰和破坏。

在旅游产品的规划设计和改造创新上,要抓住青海省旅游资源中特殊的自然属性,找准旅游资源中不同的文化特性,包装渲染其稀奇独特的品质,使旅游产品既美丽多姿又富有神韵,既统一品牌,又具有不同的气质。在艺术形式和手法上要认真学习和借鉴先进地区旅游规划建设上的生态理念、环保意识及建造艺术,以规划整合生态旅游资源,精心打造生态旅游板块,以青海湖、鸟岛、塔尔寺、江河源、昆仑山、宝隆滩、可可西里、原子城、柴达木万丈盐桥、巴隆国际狩猎场等优势资源为基础,发挥资源的垄断性作用,突出一个"特"字,挖掘其深刻的文化内涵,以资源为依托,以文化为主线,依据产品的关联度,增加产品组合的深度和宽度,增加生态旅游产品的内涵。

2. 创新机制，提高旅游资源配置和运作水平

实行旅游资源"国家所有、政府监管、企业经营"三权分立，严格按照国家有关法律法规要求，确保国家对旅游资源的所有权。在有效保护和合理利用有机结合的原则下，按照各类景区的性质，区别不同情况确定不同的模式，对坎布拉、盐湖城资源等级较高、各方面条件较为成熟的旅游资源，在现有管理体制和运行机制上进行改革、创新，实现管理权和经营权分开。对尚需大量基础配套设施投入的三江源、环青海湖等旅游资源，则按照一个中心（保护旅游资源）和两个基本点（旅游资源的特色和永续利用）的原则，大胆对外开放、招商引资，通过经营权转让，引进资金、技术和管理，提高景区开发、保护、管理水平。在经营权转让中，坚持采用公正、科学的方法和程序对旅游资源开发经营者进行遴选，使信誉好、实力强、理念新的企业取得经营权，确保开发档次，并以契约形式明晰责权，防止出现新的政企不分现象。同时，加强对经营者的投资与经营行为予以有效的监控和帮助，确保资源的合理利用。

3. 依托优良生态旅游资源，形成强势品牌

具体讲，可以借助环湖赛和中国夏都的品牌，同时结合青海湖、塔尔寺等著名景区（点）的观光游和休闲度假游，通过多个渠道、多种媒体，包装宣传青海省的生态旅游业，在全国乃至世界范围内打造著名的生态旅游品牌，并加强与各地旅游机构和旅行社的合作，形成生态旅游热点。一是建设"中国夏都"精品旅游区。有效利用景区与城区融为一体的优势，不断完善基础设施，增强服务功能，丰富旅游产品，将其建成中国避暑胜地、文化遗产与文物古迹的珍藏之地、郁金香和藏毯艺术的展示之地，打造西宁市旅游后花园的重要载体。综合开发并展示昆仑文化、柳湾文化、卡约文化。加快黄河上游河道整治与利用，建设水上休闲娱乐运动项目，建成集水文化体验、休闲娱乐、餐饮、购物、住宿于一体的文化旅游区。二是建设青藏铁路世界屋脊旅游带生态游览和宗教文化精品旅游区。整合沿途旅游资源，统一规划，统一建设，深入挖掘道教文化内涵，着力打造中国道教文化发祥地品牌。加快沿线观光休闲集镇建设、格尔木工业旅游区综合开发，全力打造以体验道教文化和生态文化为主，集观光、休闲、度假、旅游、探险为一体的精品旅游区。三是建设"三江源"生态精品旅游区。积极培育以玉树、班玛林区、年保玉什则湖、阿尼玛卿山等为重点的景区，深入挖掘高

原奇特的自然景观和特色文化，重点开发观光、生态、科考、猎奇、探险、登山等旅游产品的三江源生态旅游区。

4. 增加投入，加快旅游基础设施建设，积极探索市场化的旅游投入机制

在发挥好政府投资先导作用的同时，按照"谁投资、谁受益"的原则，建立"多渠道筹资、多方式合作、多元化经营"的旅游投入体制，吸引中外投资者和民间资金参与生态旅游开发，加强交通、环保、卫生等基础设施建设。一是实施旅游畅通工程。加快三江源机场建设步伐，缩短到三江源的空间距离；建成兰青铁路复线、西格铁路复线；建成格敦铁路、西宁机场二期扩建、花土沟机场，形成完善、稳定、便捷的立体交通体系、能源支撑体系和信息化网络体系；进一步改善城市中心区交通状况。二是完善旅游基础设施建设。根据构建中国西部高原生态旅游屏障和度假名省的要求，加大会展、文化、娱乐、体育、健身、游乐场、步行街等服务设施建设力度，提升区域内交通、通信、宾馆、饭店、公园等设施档次。进一步加快通信网络的规划和建设工作，实现所有旅游景区的有线、移动通信无缝隙覆盖。三是进一步优化旅游环境。继续实施城镇风貌改造工程，形成具有当地民族风格的城镇建筑特色。大力实施城镇绿化、净化、美化、亮化工程，打造城镇亮点。同时，加强对城区、景区及沿线周边镇、村的整治、改造与建设，承担为景区提供"吃、住、行、游、购、娱"等配套服务，减轻景区内资源承载的压力，逐步构建"景内游、景外住"的旅游发展空间布局。充分利用我省生态环境优势和环青海湖公路自行车赛、中国青海国际黄河极限挑战赛、七彩互助等优势品牌，坚持用大旅游理念发展观光农业和农家乐，着力打造"一乡一色、一村一品"农家乐精品，促进农业与旅游互动、城市与乡村互动，形成生态旅游新格局。

5. 营造环境，实现生态旅游可持续发展

（1）加强生态教育

把生态教育和生态道德教育纳入国民教育计划，在小学、中学教育中增设生态保护和建设教育内容；同时，以标语宣传、媒体宣传、专题讲座等形式，加强全社会生态环境教育，以明确人在自然中的位置，处理好人和自然的关系，重视并加强自然资源的持续利用，爱护自然景观，保护野生动植物，理解大自然，热爱大自然，使生态善恶观、生态良心、生态正义、生态义务成为民众的自觉行为或道德规范。与此同时，还应加强对游客行为的引导和约束。可以通过建立有效环境教育功能的基础设施，利用多媒体，开发具有生态性的旅游商品、设施以及处罚措施来进行管理和约束[6]。

（2）加强环境综合整治

坚持不懈地抓好旅游景区环境综合整治工作，着力解决涉旅安全、市场秩序、卫生防疫、"三废"排放等突出问题。搞好城市和景区垃圾、污水的无公害化处理，在景区景点、宾馆饭店和城镇居民中大力推广清洁能源，严格控制烟尘和噪声排放，保护好我省优质空气和水源。同时，加强对《环境保护法》《森林法》《文物保护法》《野生动植物保护法》等与旅游密切相关的环境保护法律和法规的宣传和实施。对生态保护区的开发，要根据环境法律，规定哪些部分可以开发，哪些部分严禁开发以及开发的规模、开放的季节和可接待的人数等。如通过科学的计划来进行调控，在策略上可以采取配额法和收费法以减少整个生态旅游景区的使用，变更使用时间以减少对敏感地区的使用、改变游客的期望值以避免过度拥挤[7]。对违法侵害自然资源者，加大执法力度，使其承担相应的民事和刑事责任。同时，进一步建立健全关于促进生态旅游发展和生态环境保护的规章制度，完善生态环境质量监测报告制度、舆论监督等制度，保护并优化我省旅游生态环境。

（3）防止盲目开发，谋求持续的投资效益

一方面，在开发初期就应通过技术手段使景区设施建设符合环保要求，例如郝青俊、方华对青海湖沙岛景区旅游线路、方式和设施的环保选择建议，他们通过实际数据，介绍了道路路线设计、路面工程、桥涵和辅助设施的规模、设计和施工，特别明确地分析了工程施工对区内动物、植被、景观、水、大气等环境因素的影响，为建设管理者提供了参考[8]。另一方面，要充分利用科技手段，科学界定旅游环境质量、容量或承载力状况的发展趋势，控制旅游人数，避免环境污染，防止盲目开发，谋求持续的投资效益，保证资源及环境的高效利用和有效保护。Butler指出"旅游产品的吸引力不是无限的永恒的，而有可能是有限的甚至是不可更新的，对它们应该进行仔细的保护，旅游区的开发应控制在一定的容量限制范围内，这样它们潜在竞争力才能在较长的时间内得以保持"[9]。因此，首先应以生态经济学和生态美学原则为指导进行限游模式开发。限游模式的规模要根据环境承载力来确定。由于承载力随着季节变化，而且还与其他因素有关，如旅游者行为模式、设施的设计与管理、环境的动态特点、目的地社区的态度变化等。所以每开发一个旅游景区，必须认真研究分析其独特的环境特点，并进行环境影响预测评价以最终决定其承载力的恰当类型和水平，然后以环境保护为基础进行规划[10]，加强可持续管理，使旅游者对环境的负面影响减少到环境承载力范围之内。其次，在同一生态旅游地内根据环境需要定期调整旅游线路，使旅游区内的资源得到"休养生息"的机会，延长资源的衰退周期。

（4）建设高素质的生态旅游人才队伍

生态旅游是一种新兴的特殊旅游方式，需要高素质的专业管理人才和服务人才，他们对于提升生态旅游服务质量，提升旅游地形象打造品牌有着重要作用。应利用旅游院校、培训班、专题讲座、学术会议等各种形式及请进人才、派出学习等办法培养一大批生态旅游方面的专业人才，加强对生态旅游理论和规划方面的研究，为我省实现旅游可持续发展提供人才保障；与此同时，还应尽快建立专业化生态旅游旅行社。旅行社是联系旅游者与旅游产品的纽带。由于生态旅游的特殊性，为生态旅游者提供服务的导游人员必具备广博的专业知识和较强的实践能力，同时，旅游服务机构必须具备丰富的生态旅游经营组合经验，以及相关的硬件设施，这都对传统旅行社大而全的业务功能提出了挑战，在生态旅游个性需求日益明显的时代，组建专门从事生态旅游的旅行社进行营销与管理势在必行。

6. 加快发展产业生态旅游，促进生态旅游产业化

发展生态旅游必须贯彻落实科学发展观，实施可持续发展战略，发展生态产业，繁荣循环经济，并与创建生态省密切结合起来。我省旅游产业发展的现实要求是生态旅游必须逐步大众化，生态旅游必须与生态工业、生态农业等生态产业密切结合，科学地拓展其内涵，以便于实现产业化。在发展生态旅游产业的过程中，要特别强调贯彻落实科学发展观，其关键是人的全面发展，目标是实现自然、社会和经济的协调发展。

结合当前我国生态旅游发展态势，青海省大力发展产业生态旅游是实现生态旅游产业化的必由之路。因为对于旅游目的地地区而言，实现了生态产业、生态科技和生态文明建设成果的旅游价值，获得了社会经济效益，促进了旅游地的可持续发展；对于客源地区来说，有利于学习先进地区的生态产业、生态技术和生态管理模式，加强区际观念文化技术交流与合作，促进客源地生态技术的推广与普及、生态产业乃至整个区域的可持续发展。具体而言，可通过以下对策发展产业生态旅游：首先，建议省旅游局设立"产业生态旅游年"，加大宣传力度，推进产业生态旅游发展，进而促进生态产业和循环经济的发展；其次，开展产业生态旅游的系统化科学理论研究，为产业生态旅游的发展提供科技支撑；再次，建设产业生态旅游认证制度，实施试点示范工程；最后，健全利益协调机制，实现生态旅游综合效益最大化。

值得注意的是，要理性认识生态旅游，不要将生态旅游等同于可持续旅游发展，不要依然以接待人数、旅游收入等为主要指标来衡量生态旅游。

参考文献

[1] 宋瑞：《生态旅游：全球观点与中国实践》，中国水利水电出版社，2007。

[2] 张建萍：《生态旅游理论与实践》，中国旅游出版社，2001。

[3] 乌恩、金波、蔡运龙：《日本对旅游资源的开发和管理》，《人文地理》2002年第3期。

[4] 张建萍：《生态旅游理论与实践》，中国旅游出版社，2001。

[5] 陈莹：《泰国发展生态旅游及对我国的启示》，《东南亚》2002年第2期。

[6] 刘家明、杨新军：《生态旅游地可持续发展规划初探》，《自然资源学报》1998年第14期。

[7] 韦原莲、刘薇：《生态旅游对自然保护区的影响及游客管理对策分析》，《林业资源管理》2005年第4期。

[8] 黄继华：《我国生态旅游景区管理研究进展》，《桂林旅游高等专科学校学报》2007年第1期。

[9] 张朝枝：《生态旅游的绿色营销特点及策略》，《社会科学家》2000年第3期。

[10] 张朝枝：《生态旅游绿色营销的产品策略分析》，《桂林旅游高等专科学校学报》2000年第3期。

青海生态旅游精准扶贫研究

摘 要：旅游扶贫已成为世界反贫困的重要方式之一。青海是生态环境治理与脱贫攻坚交织在一起的地区，以生态系统和谐、自然资源保护和当地民众的福祉促进经济发展为核心的生态旅游已然成为青海扶贫攻坚的新兴产业。理性认识生态旅游精准扶贫并把握其运营模式有利于获得生态保护与经济效益的"双赢"。

关键词：生态旅游；扶真贫；真扶贫

党的十九大报告指出"深入开展脱贫攻坚，保证全体人民在共建共享发展中有更多获得感，不断促进人的全面发展、全体人民共同富裕"。为此，要充分认识到坚决打赢脱贫攻坚战是新时代的重要任务之一，直接关系到2020年全面建成小康社会的目标能否实现。我国长期扶贫攻坚战略的实施表明，旅游扶贫是目前世界反贫困的重要方式之一。国内外旅游反贫困研究视角已转向更为微观的层次，即贫困人口如何通过旅游发展实现自身发展。《中国农村扶贫开发纲要（2011—2020年）》提出，要充分发挥贫困地区生态环境和自然资源优势，大力推进旅游扶贫。近年来，旅游扶贫以其显著的脱贫效果在我国很多贫困地区得到了广泛运用。国务院扶贫办和国家文旅部的相关统计显示：我国在"十二五"期间以旅游业的发展快速带动贫困人口脱贫达10%以上，进入"十三五"，脱贫人口会达到17%。由此可见，在我国大力发展旅游业是目前破解消除贫困难题、实施精准扶贫以此实现脱贫的最佳手段。

十八大以来，随着精准扶贫战略的深入实施，我国对少数民族地区进行了大量的投入和政策倾斜，其成效有目共睹，但从整体来看，民族地区仍处于我国深度贫困的集中地带，使其呈现以下特征：一是"颜值高，价值低"，贫困发生率依旧很高，即生态环境很好，但利用价值偏低；二是资源丰富，但空间分散细碎，连片开发难度大，成本很高；三是基础设施建设需求与建设成本高的矛盾突出，交通不便，脱贫难上加难；四是发展要素稀缺，人才、技术、资金严重缺失；五是脱贫脆弱性强，返贫风险高。

综上所述，地处青藏高原腹地的青海省就是其中地区之一。众所周知，青海是生态环境治理与脱贫攻坚交织在一起的地区。习近平总书记视察青海时强调，强化生态文明建设应实现经济效益、社会效益、生态效益相统一。青海由于生态环境独特，地理区位不具有政治地缘和经济效益的双重价值，要实现区域可持续发展很难完全依赖传统产业。

青海博大精深的民族文化资源和特殊的绿色生态资源加速了区域旅游业井喷式发展，成为区域经济调结构、促转型的增长点。以不破坏生态系统和谐，自然资源保护和当地民众的福祉促进经济发展为核心的生态旅游作为全新的产业扶贫模式，迅速成为青海扶贫攻坚的新兴产业。然而，由于地区扶贫大环境影响，在实际工作中青海的旅游扶贫模式多以粗放、无序、短期性为主，导致生态旅游扶贫目标与成效偏离，精准度较低。旅游扶贫工作不够深入，致使在实施中影响了旅游精准扶贫的实际效果。我们知道，生态旅游精准扶贫具有动态性、复杂性以及由多元主体共同参与和协作发展的特点，是一项综合性极强的系统工程。因此，理性认识生态旅游精准扶贫并把握其运营模式不仅有利于推动欠发达地区因地制宜、创新扶贫模式、实施精准扶贫的开展，提高生态旅游扶贫的精准化程度，实现旅游扶贫"扶真贫"和"真扶贫"，也有利于实现区域协调持续发展，做到扬长避短，吸引游客，以此获得生态保护与经济效益的"双赢"，优化区域产业结构，使农牧民增收。

一 生态旅游精准扶贫的理论概述

（一）生态旅游精准扶贫的概念

1. 贫困、精准扶贫、旅游扶贫、扶贫旅游、生态旅游、生态旅游精准扶贫

（1）贫困

"贫困"一词作为一个多维概念，既是普遍的经济现象，又是复杂的社会现象。世界银行在《1981年世界发展报告》中强调"贫困是指缺乏必要的资源支持去获取大多数人都能获得的、众所周知的饮食和生活条件以及参加某些活动的机会"①。从生态旅游精准扶贫来说,贫困是"贫"与"富"的矛盾综合体。就旅游扶贫的目标地区而言,一方面表现为经济、客源市场、基础设施条件等方面的贫困,另一方面却体现为旅游资源的丰富和独特性;就旅游扶贫目标来看,既表现为收入、某方面能力或权利等方面的贫困,同时也表现为参与旅游的比较优势,如拥有某方面的独特技艺等。

（2）精准扶贫

精准扶贫是我国特有的概念,产生于2013年,是指针对不同贫困区域环境、不同贫困农户状况,运用合规有效程序对扶贫对象实施精确识别、精确帮扶、精确管理的治贫方式②。

（3）旅游扶贫

"旅游扶贫"一词1991年首先由我国学术界提出,通常指在具备一定旅游发展条件和基础的贫困地区（或欠发达地区）以"造血式"途径和手段,实现该区域经济发展或贫困人口脱贫致富。

（4）扶贫旅游

扶贫旅游是旅游发展的一种模式,是可持续旅游与消除贫困的独特方式,一般以贫困人口的持续获益和发展为目标,以可持续旅游为基石,以机制构建为核心,是一种旅游业可持续发展的新理念和实用工具③。

（5）生态旅游

生态旅游最早由美国学者贺兹特于1965年提出,即提倡对当地文化与环境最小冲击下,追求最大经济效益与游客最大满足的旅游活动,他认为"负责任的旅游、替代旅游"应包括以下几方面：对环境影响最小;对当地文化最大的尊重;让当地居民得到最大实惠;让旅游活动参与者得到最大限度的满意。

（6）生态旅游精准扶贫

生态旅游精准扶贫是指以可持续发展观作为理论支撑,强调在生态资源富饶、

---

① 康晓光:《中国贫困与反贫困理论》,广西人民出版社,1995,第86页。
② 《浅谈精准扶贫》,http//www.sxsfpb.gov.cn,2014-5-7。
③ 李佳:《旅游扶贫理论与实践》,首都经济贸易大学出版社,2010,第16页。

经济发展贫瘠地区大力发展生态旅游,以此带动当地民众参与其中并带动社区全面发展,其实质是让贫困群体通过参与生态旅游业的开发整体环节获得利益。同时,在这一过程中接受生态环境与素质教育,从而实现经济与意识上的双重脱贫。其核心既要关注贫困人口在短期内的利益获得,更要保证区域经济的可持续发展。

2. PPT——有利于贫困人口发展的旅游

PPT 是 1999 年英国国际发展署提出的"有利于贫困人口发展的旅游"(Pro - Poor Tourism)的简称,是一种强调充分利用各种能为贫困人口带来净收益的旅游类型。其本质特征是:第一,改变旅游的利益分配以有利于减少贫困人口。强调不是一种特定的产品,不仅仅局限于某些"小生境"旅游,任何一种旅游形式都可以作为并且能够适用于包括企业、旅游目的地、国家等多个层面。第二,鼓励民营企业和社会公众积极参与。通过市场运作,加强旅游业与地方经济的关联,使贫困人口融入旅游价值链中,以减少旅游漏损,实现当地贫困人口获益。第三,目标受众是贫困人口和被边缘化的人口。第四,能从旅游发展中带给贫困人口多重利益,同时也会伴生多重成本,包括经济、社会、文化、环境等方面的收益和成本。对贫困人口而言,成本应最小化,利益应最大化。第五,强调贫困人口主动参与旅游产业发展。要增加贫困人口旅游参与机会,提升其参与能力,提高贫困人口适应市场应变能力。

3. ST - EP——可持续旅游与消除贫困

ST - EP 概念是 2002 年世界旅游组织提出的,是可持续旅游与消除贫困(Sustainable Tourism Eliminating Poverty)的简称,倡导有计划地加强旅游在提高生活水平标准方面的能力以及为提高生活水平标准而扩大旅游发展;同时指出可持续旅游将是消除贫困的强有力工具,其主要措施包括:成立基金会、组建研究组织、形成操作框架、召开年度研讨会等,是在 PPT 的基础上进一步强调旅游发展的可持续性,是对可持续旅游和 PPT 的进一步深化和丰富。

(二)生态旅游精准扶贫的理论支撑

1. 系统理论

首先,生态旅游精准扶贫是由生态旅游精准扶贫识别、生态旅游精准扶贫帮扶、生态旅游精准扶贫管理三部分构成。生态旅游精准扶贫目标的实现(功能的发挥）依赖于上述三个子系统之间的相互作用和相互联系。其次，生态旅游精准扶贫与地区乃至国家经济社会环境相互依存，环境的变化必然会对旅游精准扶贫产生影响。比如旅游市场环境发生变化将会给旅游精准扶贫带来机遇或挑战，国家旅游产业或扶贫政策调整也会对旅游精准扶贫产生影响，国家或地区贫困标准的调整会直接影响旅游精准扶贫目标人群的识别等。再次，生态旅游精准扶贫是一项庞大的系统性工程，涉及复杂的内部构成和环境，使生态旅游精准扶贫呈现动态发展特征。因此要以动态发展的眼光来看待生态旅游精准扶贫的实施，动态监控实施过程的内外部变化，并采取相应的措施及时调整和改进工作方法，以实现生态旅游精准扶贫的目标。

2. 循环积累因果关系理论

生态旅游精准扶贫要依据循环积累因果关系理论思路，综合考虑生态旅游扶贫目标对象（地区、贫困人口）致贫的因素及其相互关系，确定生态旅游扶贫帮扶内容和有针对性的帮扶措施。在确定贫困地区生态旅游扶贫开发条件时，要综合考虑自然、经济、社会、制度、文化等方面的因素；在实施生态旅游扶贫帮扶时，也要从区域旅游扶贫政策、制度、资金等方面加以综合考虑。

3. 科学发展观理论

生态旅游精准扶贫以旅游业的"发展"为基础，以区域旅游业发展为前提和条件；以"以人为本"为核心价值追求，强调通过帮扶提升贫困人口自身能力，增强自身造血功能，走自信、自立、自强的道路；以"全面协调和可持续发展"为基本要求、以"可持续发展"为基石，强调生态旅游业发展对当地生态环境的影响降至最小化。

4. 比较优势理论

在生态旅游精准扶贫过程中，地区之间的差异与比较利益是贫困地区与发达地区、贫困地区与贫困地区进行旅游经济合作和扩大交流的基本条件与根本动力。贫困人口之间的差异及相对优势是确定旅游扶贫目标人群的重要依据之一。在进行生态旅游扶贫决策时，要考虑实施生态旅游扶贫的机会成本，即将扶贫资源用于其他扶贫方式所带来的收益，以确定生态旅游扶贫与其他扶贫方式相比是否更具比较优势。

5. 社会资本理论

生态旅游精准扶贫帮扶内容和帮扶措施必然需要围绕增加贫困地区和贫困人口的社会资本来展开，通过政策和制度设计为贫困地区生态旅游发展提供优惠条件，赋予贫困人口参与生态旅游发展的权利，提高其社会地位，增加其资源获取量，减少其成本，获取更大利益。

（三）生态旅游精准扶贫的特征和内容

1. 生态旅游精准扶贫的特征

扶真贫真扶贫、实施主体多、覆盖广、资金来源多元，参与方式与主体以贫困人口为主。概而言之，生态旅游扶贫的基本特征有三个方面。第一，在生态资源富集的贫困地区大力发展生态旅游；第二，倡导可持续发展理念以保护生态环境；第三，呼吁当地民众全员参与，覆盖区域与贫困人口共获利益，最终实现脱贫。

2. 内容

（1）改善生态旅游扶贫条件

在旅游资源丰富的贫困地区，因地制宜帮助改善生态旅游业发展的条件。改善基础设施、优化三次产业结构、解决旅游客源不足等问题，进而增强地区旅游发展的竞争力，提高生态旅游产业的综合效益，实现该区域旅游资源优势向旅游产业优势和旅游经济优势转变①。

（2）扶持贫困社区建设

通过扶持社区经济建设、社区组织建设、社区公共服务体系建设和社区文化扶持等，提升社区在旅游业发展中的经济支撑能力，通过大力发展涉旅产业，如农、林、牧、副、渔等，使之形成与旅游业的互动发展，从而促进生态旅游供应本地化，降低生态旅游漏损，扩大生态旅游的带动效应。进而提高社区对旅游发展的自我管理能力，增加社区和贫困人口的社会资本，包括建立有效的贫困人口旅游参与和利益分配机制、村规民约等；通过增加社区基础设施，如卫生、道路、教育、水电、生态环境等基础设施，为贫困人口提供各类便民服务，解决生

---

① 曹高明：《鄱阳县旅游扶贫开发的实践与思考》，《老区建设》2014年第2期。

产生活中的各种难题,从而增强贫困人口的发展后劲,以及采取多渠道、多形式和多环节的方式开展面向贫困人口的各类职业技能培训。

(3) 强化贫困人口参与生态旅游的自觉性

排除贫困人口参与旅游扶贫的各种障碍,降低贫困人口参与旅游扶贫的障碍或门槛,通过针对性的帮扶措施,提高贫困人口参与旅游扶贫的能力和质量,促使其参与旅游发展受益[①]。依据贫困人口参与旅游扶贫存在的问题,从参与愿望、参与能力和参与机会三方面有针对性地采取措施,以确保贫困人口广泛参与到旅游扶贫中来。

(四) 生态旅游精准扶贫的模式

大多贫困地区生态环境脆弱,生态旅游精准扶贫模式的选择必须要注重生态环境价值补偿,尤其是针对生态约束性贫困,既要以优化生态资源作为发展旅游业的基础,还要尊重生态规律发展相关可行性生态产业,以旅游业的持续健康发展推动产业结构优化与升级,进而实现精准化旅游扶贫。

1. 政府主导型模式

此种模式的核心在于强调政府应该发挥在生态旅游精准化扶贫中的主导作用,如对相关旅游扶贫政策的制定和发布,积极引导和激励社会其他力量广泛参与到旅游扶贫开发活动中,合理有效配置区域旅游业赖以发展的基础性资源,通过资金支持和技术培训等途径降低区域贫困人口参与旅游扶贫项目的门槛,有效促进贫困人口走脱贫致富之路。

2. 包容型模式

这一模式通常指在旅游资源禀赋好的贫困地区,通过发展旅游产业和延长产业链来促进地区经济发展,引导并鼓励当地企业、社区企业和外来的旅游开发企业或公平或合作开发当地旅游资源,增加旅游相关产业的就业岗位,在发展机会均等前提条件下,尽快提升其贫困人口的就业能力,进而使得经济成果共享,加快缩小贫富差距,最终消除贫困,即由"输血式"转变为"造血式"发展,激活旅游市场。包容型模式的核心就是让目的地更多的贫困人口参与到旅游资源的

---

① 刘丽梅:《旅游扶贫发展的本质及其影响因素》,《内蒙古财经学院学报》2012 年第 1 期。

开发建设和旅游产业的发展当中，通过利益共享机制，促进社会和谐发展，最终实现全面建成小康社会目标。

3. 文旅融合型模式

这一模式是指通过市场需求、技术进步、产品创意等要素的共同作用，挖掘区域底蕴深厚的文化价值，并使之与旅游要素之间实现内外部融合，由此推动文化与旅游业态交叉渗透互推共进齐发展，实现向新业态、新功能、新产品转型升级的融合过程。

这一模式通常是依据文化产品定位、扶持对象、参与主体、运营形式、文化特色、脱贫成效等要素，形成从进口到出口的特色文化旅游生态系统，最终实现贫困区域形象的提升和可持续发展。具体流程如下。

（1）产品定位。产品定位要凸显旅游目的地旅游资源价值的独特性和市场需求的共性，构建依托区域资源特色和游客体验性需求满意度高的产品体系。

（2）界定扶持对象。首先以乡镇或村为单位，准确界定贫困人口、贫困户的贫困原因和实际条件。然后锁定贫困对象，瞄准贫困人口，摸清底数，建档立卡，扎扎实实做好贫困户的基础资料识别。

（3）选择参与主体。参与主体要以文化旅游项目的产权形式和政府扶贫的具体要求进行选择。最终形成政府主导，以企业、社会组织、村集体、村民为主体的多元化参与主体形式。

（4）设计运营形式。为了实现贫困乡村的全面脱贫，要以创新、协调、绿色、开放、共享的五大发展理念为指导，运用"互联网+"技术，突出项目设计和发展的可行性、可持续性、可营利性设计运营模式。

（5）突出文化特色。为彰显区域的独特文化品牌，项目与产品的设计生产一定要突出本土文化资源的特色，从而对游客产生独特的吸引力，对区域社会产生应有的价值贡献。文化是旅游的灵魂，也是旅游产业的核心竞争要素，更是旅游文化产业发展的重要载体。文化与旅游本质上具有天然的共生互融关系，所以贫困地区要凸显区域形象，就应该挖掘底蕴深厚的本土文化，以鲜明的地域特色打造旅游产品，丰富文化内涵、拓展旅游外延，最终形成区域性旅游高端产业链的特色价值体系。

（6）实现脱贫成效。以多效应目标的实现为宗旨，提高贫困乡村和人口经济收益，以本土特色的传统文化助推旅游业的快速发展，其核心是通过当地的文化效益引领周边乡村共同发展的社会效应。

4. 参与型模式

（1）参与旅游部门的受益模式。旅游部门是相关法律法规认可，在政府部门注册并缴纳税收的旅游企业，包括旅游景区、旅游酒店、旅行社、旅游购物点、旅游交通部门等。在旅游扶贫开发过程中，此模式通常会为贫困人口进入旅游正式部门创造条件，例如人尽其才到上述几个部门中任职或以土地使用权等入股旅游企业，使其在参与过程中受益。

（2）参与旅游非正式部门的受益模式。所谓旅游非正式部门是指没有在行政管理部门注册，但一直在为旅游业做贡献的部门。该模式一般是由于自身条件或其他因素限制贫困人口无法到旅游正式部门工作，定点售卖旅游小商品或提供特色饮食服务、以家庭住宿接待游客、以人力车提供景区周边交通服务等获取经济收益。

5. 游客帮扶模式

在旅游过程中，突出生态旅游游客的高层次与参与性强特点，通过游客对当地贫困人口给予物品和资金捐赠，帮助旅游景区向外宣传，与贫困人口沟通交流既享受深厚的文化产品，又给当地群众传递发展旅游业的大量信息和知识，帮助贫困人口转变思想观念等手段，促使贫困人口脱贫致富。

6. 立体化旅游扶贫模式

即从社会系统的整体视角出发，多层面参与主体（省市县各级政府、企业、社区）与多元化协作部门（林业、文化、交通、科技、财政等）共同构建立体式旅游扶贫模式的参与格局，尽可能地挖掘并发挥内部整体能量，辅之以多元化扶贫手段（市场、资金、管理、技术等），各类相关要素互相耦合，多层面指向相对集中的贫困山区的弱势群体扶贫对象。

二　生态旅游精准扶贫的意义

中共青海省委十三届四次全会提出"一优两高"的战略部署，使其发展要立足于生态保护优先，推动高质量发展，致力于创造高品质生活。保障和改善民生、为广大人民创造高品质生活是历史使命，是我们发展的根本目的。通过旅游实现精准扶贫的特殊之处就在于减少甚至消除贫困人口参与旅游发展的障碍，同时扶助其在旅游业中就业和发展，以产业增收帮助欠发达地区民众提升生活水平，并协调区域平衡发展。

（一）有利于激活旅游资源，发挥特色资源优势

近年来，生态旅游业的快速发展，在很大程度上唤醒了青海农牧区"沉睡"的旅游资源、激活了经济发展。青海偏远贫困地区旅游资源多具有原生性特点，但因生产力水平低下，对旅游资源的开发，主观上存在畏难情绪，客观上也不具备人力、物力、财力和技术，致使许多宝贵的旅游资源"酒香也怕巷子深"和"养在深闺人未识"；尽管部分旅游资源已开发，但由于贫困地区区位条件差，旅游产品同质化现象突出，交通可达性差，吃、住、行、游、购、娱等配套设施落后，管理体制及市场运营模式失灵等，被市场冷落成为闲置资源。通过发展生态旅游，为这些资源提供了向外展示的途径，盘活了资源存量。如地处青海东部黄河谷地的循化县是国务院确定的首批扶贫开发工作重点县，也是中国独有少数民族之———撒拉族的发祥地，自然风光独特，人文景观和民族风情绚丽多彩，各种可开发利用的旅游景点多达 92 个。其中该县的重点贫困村大庄村里，有历经百年的清真大寺、保留了撒拉族原始村落风貌的传统古朴的篱笆楼和泥土墙，长期处于闲置状态。2016 年初，旅游精准化扶贫项目实施，村民们借助孟达天池和清真大寺的旅游资源发展农家乐，以展示撒拉族原始村落风貌为主题，推动了文化生态旅游业的发展，使沉睡多年的独特旅游资源终于得以展示。

（二）有利于创新经济发展模式

青海拥有大江河、大草原、大湿地等丰厚的生态资源，在全国生态格局中影响大、贡献大、责任大、价值大。今后的发展既要维护好国家生态安全屏障，更要转变传统思维定式，放下经济总量小的包袱，将生态文明理念植根于高原生态农牧业、新能源产业、生态文化旅游业等生态产业的发展中。打好生态保护、绿色发展两张牌，使潜在的生态优势转化为现实的经济优势。三江源国家公园的建

立及其运行模式的探索,无疑有利于生态核心区域改变经济发展模式落后的现状,为更多的农牧民提供新的经济发展模式和新的经济增长点。又如互助土族自治县西山乡牙合村利用当地的生态优势,通过"公司+农户"的脱贫路子,注册成立了互助县美丽北方梯田旅游服务有限公司,开通了微信公众账号,打造"最美北方梯田"休闲度假村,利用北沟湾梯田错落有致的地势和富有韵律优美的自然造型,种植千亩花海;结合原生态乡村体验和绿色农家餐饮项目发展乡村旅游,将网络版的QQ农场在现实中与亲子游、情感游有效衔接,开心农场项目实施后,土地每亩可增收4000元以上。在凸显全域旅游新要素的同时,实现了人文生态与自然生态的"旅游+"完美结合。

(三)有利于农牧民增效创收

众所周知,旅游产业关联度高、产业链长。目前,发达地区的游客向资源丰富但发展滞后的区域有序流动趋势明显。因此,借势改变落后区域的消费习惯,催生一些新业态,增加就业机会,无疑会推动青海区域经济和贫困地区农牧民脱贫致富的发展进程。

世界旅游组织测算,旅游收入每增加1元,可带动相关行业增收4.3元[①],这种乘数效应在贫困落后地区更加明显,所以,发展生态旅游可通过该乘数效应带动贫困地区产业发展,为该区域经济找到新的经济增长点。如海西州乌兰县有15个贫困村、405户贫困户、1113名贫困人口,为增强贫困村的"造血"功能,围绕乌兰县实施"国内旅游名县、省内旅游大县、州内旅游强县"战略,依托茶卡盐湖旅游"井喷式"发展态势,在茶卡镇建设旅游扶贫产业园,把1500万元旅游产业园项目发展资金入股乌兰县吉仁生态农牧业有限公司,以10%保底分红,年收益可达150万元,均分给全县908名贫困人口,人均可增收1651元。同时,将3个旅游扶贫村的900万元发展资金入股旅游扶贫产业园,按照10%收益,年分红90万元,重点向全县建档立卡贫困人口倾斜,人均可增收991元以上。同样,海东市乐都区朵巴营村、互助县牙合村、海北州门源县桥滩村、西宁市湟中县卡阳村和包勒村等都依托乡村生态旅游走上了致富路。

---

① 赵承辉、陈晓月、周艳波:《乡村旅游发展问题与对策研究》,《现代农业科技》2009年第2期。

(四)有利于促进当地社会经济发展

生态旅游对旅游地的经济影响体现为三个方面:直接、间接和交叉影响。直接影响反映在单个旅游者会由于生态旅游环境和行为支出增加,而间接影响体现为提高其他的旅游消费行为,交叉影响是生态旅游带来的诸如"口碑效应"等潜在影响。生态旅游具有的可持续发展观能够不断地促进区域的经济活动,通过经济利益的再分配过程可以使社会分工达到合理化,扩大社会就业机会。学者宋瑞指出,生态旅游要为当地社区做出现实贡献,生态旅游产品经营者必须采取以下措施中至少五项:雇用当地导游,雇用当地人作为辅助工作人员,购买可持续的当地产品,购买当地劳务服务,销售适宜的当地制造的纪念品和手工艺品,向当地社区基础设施建设活动提供现金和食物捐助,按照折扣价向当地居民提供产品[1]。

青海是贫穷与环境问题交织在一起的地区,而旅游业是以经济效益为重要目标的,高成本的生态旅游为了获得生态环境保护资金以保证资源的可持续利用,也不排斥经济效益,它提倡在把对资源环境的负面影响减小的同时,争取尽可能大的经济效益。因此,发展生态旅游有利于在保护生态环境的前提下,促进当地社会经济发展,提高当地人民的生活水平和改善当地的环境。如位于海北藏族自治州的祁连县利用中国最美丽的草原——祁连山草原、中国百座避暑名山之一——牛心山、国家4A级旅游景区——祁连山风光、"东方瑞士——天境祁连"得天独厚的自然景观,努力打造旅游品牌美誉度和影响力,围绕"旅游发展帮带扶贫开发,扶贫开发增进旅游发展"的思路,以景区带动脱贫,推进三产融合发展,初步形成了"生态旅游+"扶贫开发模式,让"美景"脱贫致富。几年来,累计投入旅游扶贫资金2000万元,相继实施了扎麻什乡"聚宝瓶"旅游扶贫项目及八宝镇营盘台、拉洞、麻拉河三个村的旅游扶贫生态园项目,共扶持贫困户338户1009人。还通过"旅游+山水田园+特色餐饮""旅游+特色风情小镇+特色民宿""旅游+土特产品商业+技能培训"等形式,加强旅游业与其他产业联动,盘活乡村特色旅游资源,把分散在农业、发改、水利、交通、扶贫等各行业的扶贫项目和资金统筹起来,集中支持旅游扶贫,精准到村、到户、到人。如

---

[1] 赵承辉、陈晓月、周艳波:《乡村旅游发展问题与对策研究》,《现代农业科技》2009年第2期。

今，旅游业已成为祁连县的支柱产业，乡村生态旅游也成为该县含金量最高的"招牌"。

（五）有利于提升民众综合素质

良好的服务是经济可持续发展的有力支撑，贫困地区要搞好旅游精准扶贫，除了要因地制宜开发当地旅游资源，形成特色旅游品牌，还必须提升服务水平。在玉树市结古镇很多贫困村为了提升服务水平，让城里人留得住，在旅游和扶贫等部门的支持下，做了许多村容村貌改善工程，并制定了切合旅游景区发展的村规民约，对景区的接待人员进行相关培训，这些工作的开展无疑提高了民众的综合素质。

综上所述，实施生态旅游精准扶贫，既有利于牢固树立生态文明理念，打造高原生态农牧业和生态文化旅游业，又可以向广大消费者提供更多的生态产品，使青海农牧区潜在的生态优势转化为现实的经济优势，不仅帮助欠发达地区的民众提升了生活水平，同时兼顾了区域的协调平衡发展。

三 青海生态旅游精准扶贫现状分析

旅游既是发展经济、增加就业和满足人民日益增长的美好生活需要的有效手段，也是提高人民生活水平的重要产业。近年来，青海通过资源整合积极发展生态旅游产业，健全完善"景区带村、能人带户"的旅游扶贫模式，大力推进旅游扶贫和旅游富民。通过民宿改造提升、安排就业、定点采购、输送客源、培训指导以及建立农副土特产品销售区、乡村旅游后备基地等方式，增加贫困村集体收入和建档立卡贫困人口人均收入。通过加强对深度贫困地区旅游资源普查，完善旅游扶贫规划，指导和帮助深度贫困地区设计、推广跨区域自驾游等精品旅游线路，提高旅游扶贫的精准性，真正让贫困地区、贫困人口受益。

（一）生态旅游精准扶贫成效

2015年以来，全省用于旅游扶贫方面的资金8亿元，旅游直接、间接从业人员达71.76万人，发展农（牧）家乐3111家，惠及贫困人口4.7017万人；全省243个旅游扶贫项目，已实施208个，脱贫89个村，12万农牧民从中受益，2万贫困人口实现脱贫，农牧民在持续推进的全省旅游业发展中的获得感、幸福感不断增强。

1. 政策扶持力度不断加大

在精准扶贫的最后攻坚阶段和决胜全面建成小康社会的关键时刻，青海省出台《加快发展休闲农牧业与乡村旅游的意见》和《乡村旅游扶贫项目实施意见》，编制了《青海省乡村旅游富民工程建设规划》，对"十三五"全省乡村旅游和旅游扶贫工作进行了全面安排部署。2017年，全年累计投入各类资金2.6亿元，安排2000万元旅游发展专项引导资金，实施了52个乡村生态旅游扶贫项目，全省乡村生态旅游接待点增加到3000余家，惠及建档立卡贫困户3906户14195人。

贫困地区生态旅游基础设施和配套服务设施建设力度加大，贫困村生态旅游要素逐渐完善，生态人文环境逐渐改善。通过政策引导和对口扶持，农户参与乡村旅游开发经营的积极性增强，各具特色的乡村生态旅游示范点层出不穷。与此同时，以各部门携手联合扶贫的途径得以广泛实施。预计到2020年，全省乡村生态旅游接待点将达4000家，休闲农业与乡村旅游收入达10亿元，带动20万农牧民从中受益。

2. 旅游产业带动效应不断增强

近年来，青海以生态旅游扶贫项目建设为主要抓手，以培育生态旅游产业链为主要形式，使乡村生态旅游组织化水平进一步提升，乡村生态旅游的组织模式不断创新。生态休闲度假、旅游观光、康养、创意农业、农耕体验、乡村手工艺等田园综合体如雨后春笋般发展。社会资本对开发乡村生态旅游项目的支持也逐年增加，生态旅游产业扶贫后劲倍增。随着湟中县卡阳乡村生态旅游发展模式和大通边麻沟生态旅游脱贫经验的推广，以及海北州蕃域模式的发展，许多农牧区乡村生态旅游产业链得以延长，农牧产品加工、销售和农村、牧区商贸、餐饮服务等行业高质量发展，使旅游产业带动效应不断增强。

3. 培训扶贫扶智力度不断提高

为助推贫困群众思想观念、生活习惯、生产方式转变，创新扶贫模式，一方面，完善旅游扶贫村基础设施、接待服务设施，配发旅游教材、乡村旅游案例和旅游经营管理等相关图书 5000 余册，开启智力扶贫；另一方面先后组织贫困村负责人、旅游扶贫业务骨干和致富带头人参加全国性培训、赴乡村旅游发展好的地方进行观摩学习。如组织乡村旅游扶贫带头人先后赴河北、浙江、四川考察学习。每年为基层培训 100 名乡村旅游带头人和 1 万名从业人员，全面提升乡村生态旅游发展质量和水平。

4. 深度贫困地区旅游扶贫工作稳步推进

聚焦旅游扶贫对象，瞄准贫困人口精准施策，实施《关于推进深度贫困地区旅游扶贫三年行动计划》《2018 年旅游扶贫工作要点》；投入推进 87 个旅游扶贫项目（深度贫困地区 34 个）建设，以省贫困人口数据库为支撑，认真筛选，确定 39 个深度贫困地区扶贫村实施旅游项目建设。还从深度贫困地区筛选 20 个旅游扶贫村，开展藏区深度贫困地区旅游规划扶贫公益行动。

（二）存在的主要问题

1. 富饶的生态旅游资源与区域贫困矛盾问题凸显

青海生态旅游资源富集区大多地处贫困地区，具有一般性贫困和生态性贫困叠加的特征。贫困与环境交织在一起的"贫困陷阱"现象比较明显，同时，生态保护制约了这些区域大规模的区域经济开发，"生态贫民"现象依旧凸显。受政策、人才等方面限制，生态旅游扶贫对区域经济的促进作用发挥并不到位，多数贫困地区的旅游资源丰富程度与其经济发展水平之间难以形成明显的正相关性，当地的多数人仍处于贫困水平线以下，旅游资源优势没有转化为经济优势。素有"森林村庄"之美誉的湟中县安宁村，是湟中的水源保护地，尽管环境优美、气候宜人、生态旅游资源丰富，但是与水源保护地这一功能保护区的性质和要求存在很大矛盾，这些地区和群众往往抱着优越的旅游资源这个"金娃娃"，却处于"贫困的富裕"之中。类似问题在西宁、海东、海北、青南地区普遍存在。

目前，青海省生态旅游扶贫项目尚处于政府主导阶段。旅游开发管理的市场化、可持续化发展进程滞后，这无疑在一定程度上阻碍了生态旅游"造血式"精准化扶贫的顺利实施。例如三江源国家公园的建立，在生态保护方面对附近社区居民提出的要求较高，却难以及时、可持续地补偿他们的利益损失。当国家公园开展生态旅游之后，旅游开发方必定无偿占有社区群众的生态保护成果，获取高额旅游收益。与之形成鲜明对比的是，生活在生态功能区的社区居民为了生态保护付出巨大成本后仍然处于贫困落后的境地。另外，基于政治意愿和补贴，对生态功能区的生态补偿通常不会以市场为导向，相对而言补偿标准偏低，不足以补偿农牧民生态保护的机会成本和直接成本。众所周知，青海的很多贫困县，都具有一定的生态系统服务功能，政府的补偿资金，远不能弥补生态保护地区因资源控制、限制开发利用而带来的经济损失。"富饶旅游资源"与"贫困地区"并存的现象制约了生态旅游精准扶贫的顺利实施。

2. 生态旅游产品开发深度不够，导致生态旅游精准扶贫内容盲目、单一

在扶贫中，帮扶贫困户和贫困村对生态旅游产业的发展理念淡漠，生态旅游资源难以转化为旅游产品，区域旅游产品的吸引力便大打折扣，致使所采取的旅游帮扶措施与所有贫困户和贫困村的实际需求脱节。由于产业结构调整未能成为生态旅游精准扶贫的焦点，加之贫困户对传统养殖业和种植业根深蒂固的认识，对生态旅游扶贫模式消化吸收进程缓慢，受贫困地区落后经济基础的制约，生态旅游产业与其他产业的融合度低，旅游产业链不健全。突出表现在：一是旅游产品开发深度不够，旅游项目缺乏自身独特性。调研中发现，海东市各区县多数乡村生态旅游项目还是以传统的农家乐和采摘园为主，仅以满足游客对天然风光观光游览的需求为主，未能开发出具有综合性特征的旅游产品与项目，没有形成高品位的产品体系。二是城乡之间的生态旅游关系网不完善，生态旅游发展差距比较大，突出表现在观赏型的自然生态产品较为普遍，而彰显当地本土文化的文化型生态旅游产品缺失。三是经营积极性不高且不规范。如互助县乡村旅游示范点——油嘴湾花海景区，其错落有致的原生态景观使得前去游览的游客络绎不绝，但景区内的古窑洞文化、本土的餐饮文化仅以展示而设立，其内在的文化却未能彰显；另外，景区周边村民经营的商贸区一是商品无特色，二是村民的经营意识淡漠，游客消费几乎为零。随着我省生态旅游业的快速发展，旅游者的需求也日益多样化和个性化，而多数区域生态旅游产品的市场定位不明确，更没有形成独特的核心竞争力。在农牧区，生态旅游业与相关产业联系不紧密，造成生态旅游产业链或者畸形发展，或者产业链内的企业规模小，缺乏竞争力。生态旅游产品开发深度不够的现象导致旅游精准扶贫内容盲目、单一的问题突出。

3. 生态旅游精准扶贫的主体协调机制与驱动机制不完善

旅游扶贫主体协调机制与驱动机制不完善在很大程度上制约了生态旅游精准扶贫效率。长期以来，各州地市旅游管理体制不健全、现行管理部门分割较严重，各职能部门缺乏有效协调与合作，整合难度大，工作缺位、错位现象仍然存在，致使生态旅游精准扶贫工作重点不突出，影响脱贫攻坚效率。加之各州地市以及乡、村内部及区域间的合作协调机制不畅，造成区域生态旅游资源的分割，难以形成本区旅游扶贫的统一格局和具有综合竞争力的特色品牌。在环湖地区旅游产品同质化、重复建设、恶性竞争较为严重，致使生态旅游精准扶贫发展阻碍较大。在近几年的乡村生态旅游扶贫中突出表现在以下几方面。

（1）管理制度缺乏规范化，可持续关注度不够

旅游扶贫的方式很多。如做一个能够形成造血能力，也有市场吸引力的项目，通过项目的收入来带动脱贫，也可以通过旅游相关部门直接给贫困群众资金。问题就在于，个别乡镇政府对政策执行敷衍了事，为了完成脱贫任务而"扶贫"，眼前问题是解决了，但没有明显提高扶贫对象自身的能力，那旅游扶贫的效果就难以持续。如前所述的互助县牙合村，早期以乡村生态旅游模式的创新开辟了扶贫新路径，且当时的效益非常明显，但后期由于管理的断层等现象，2018年QQ农场的销售下滑，使得很多农家乐难以为继而停业。

（2）乡村旅游管理机构混乱，出现边缘化现象

一方面，乡村生态旅游的扶贫开发涉及的部门较多，遇到一些建设、后续产业发展的问题时各部门互相推诿依旧存在；另一方面，扶贫精准到户的标准线存在偏差，致使贫困户未能享受扶贫政策和资金，资金流向的刚性特征突出，在很大程度上制约了旅游扶贫的精准性和可持续性。

（3）旅游利益分配不均，贫困人口受益率低

在政府、企业、社区三者之间的利益分配中，获利较多的是企业，其次是政府，最后才是当地贫困人口，致使受益不均，严重挫伤了贫困人口参与旅游脱贫的积极性。

4. 市场失调，企业短视

市场失调导致生态旅游精准扶贫效益呈季节性波动。目前，青海贫困地区生

态旅游的市场需求非常旺盛,政府对旅游扶贫效益期待很高。在发展初期,政府主导旅游业发展的确能在一定程度上弥补市场存在的缺陷,但政府替代市场不等于可以完全弥补市场失灵①。当前,在各地旅游扶贫实践中,政府一直大包大揽,旅游扶贫战略的提出、旅游开发的可行性论证、资金的筹集、景区的促销、旅游人才的培养等无一不受行政干涉。

另外,值得注意的是旅游季节性波动对旅游地的经济、社会、生态等子系统及游客感知效果也会产生巨大影响②。众所周知,青海生态旅游资源具有明显的季节性特征,一方面依赖四季轮回变化的自然环境、农牧业生产和社会生活周期,另一方面也体现在生命个体一年内规律性的生产或生活,以及游客有规律的季节性流动。旅游旺季客流往往会大大超出旅游地承载力,人为破坏旅游资源严重,环境遭受不同程度污染,物价攀升、交通不畅,服务水平和安全问题也难以保障,不仅影响了当地民众的日常生活,还致使游客满意度大打折扣。反之,旅游淡季客源不足,旅游景点、宾馆饭店、旅行社等资源闲置,运营和管理成本增加,行业间出现恶性竞争,导致经济效益低下。

扶贫是一项系统工程。贫困的治理并不是一项随意的短期行为,一些地区为了脱贫而"脱贫",往往不顾后果,不计长远。企业的目标是为了追求利益最大化,而政府注重扶贫带来的经济效益,在追求经济效益这一点上,双方不谋而合,但这样的结果会造成低下的社会效益和环境效益。贫困地区迎合生态旅游开发的需要在当地建设一些配套的基础设施,如旅游饭店、旅游交通等,这些工程建设占用了大量土地,破坏了生态系统平衡,使一些贫困地区出现"临时性脱贫"现象。例如西宁市大通县桦林乡阿家沟村,迎合市场需求,借助良好的生态优势发展乡村旅游业,短期脱贫效果凸显。而后期由于经营方式单调陈旧,主要以农家乐的方式经营,向客人提供的产品基本都是打麻将、打扑克、吃饭,内容单调、乏味,与本地域乡土文化、民风民俗结合较少;且人工造景太多违背了生态旅游本质,经营管理与接待服务水平低,加之宣传力度不够,主要靠"客传客"宣传,营销手段单一,最终因经营失败又"返贫"。

---

① 徐勇:《国内旅游季节性研究评述》,《旅游研究》2013年第2期。
② 史本林:《我国旅游扶贫开发研究》,《集团经济研究》2005年第2期。

(三) 原因分析

1. 认识不足，生态旅游精准扶贫发展思路模糊

一方面，在青海生态旅游扶贫实践中，很多人片面地认为贫困就是收入低，只要贫困人口收入水平有所改善就是脱贫，而忽视了在生态旅游扶贫过程中贫困人口能力的培养、机会的创造、权利的赋予和主动参与意识的提升。贫困地区的农牧民对于通过发展生态旅游进而脱贫意识淡薄、漠不关心，态度不是很积极主动；甚至对发展生态旅游能否促进和改善地区经济现状持怀疑态度，多数人对旅游精准扶贫的政策没有进行深入了解，以致对发展生态旅游持消极观望态度。贫困地区和贫困人口的"自生能力"问题得不到关注，扶贫并未扶知、扶智、扶志，致使出现"年年扶贫，年年贫"。地处娘娘山、云谷川水库的西宁市湟中县李家山镇峡口村吸纳 1000 万投资建成了集休闲、娱乐、度假为一体的生态山庄，因"等、看、疑"思想严重，多数村民对如何提高综合生产能力，如何增收创收茫然不知所措，尽管每年的游客很多，收入却只依靠收停车费、卫生费，乡村生态旅游对就业的带动力更是无从谈起。另一方面，目前在青南地区能够从事生态旅游及相关行业的农牧民 80% 以上没有接受过与旅游相关的专业培训，缺乏经营技术、对于旅游项目的开发及未来运营管理等没有明确的思路。即便是生态旅游发展较快的东部地区，也由于"见钱眼开""财大气粗"，盲目搞开发，乱上新项目，给当地居民造成经济压力和精神负担。在西宁周边乡村生态旅游起步阶段，部分农牧民或在乡村生态旅游中获得一些蝇头小利后，滋生了"小富即安"的思想，裹足不前，或农家乐生态园哄抬物价、欺客宰客，导致客源流失；再者，欠发达地区多数农牧民环保意识差，加上生态旅游区内居民要消费资源，而景区环境受到严格保护，抑制了自身消费；加之游客、企业、农民三者之间均存在利益冲突，对乡村生态旅游的扶贫真伪存在争议，并且因开展乡村生态旅游导致的地区普遍物价上涨，一些原居民的贫困状态加剧，不仅不受益反而使其利益受损，不利于旅游扶贫的持久开展，也抑制了扶贫效果的产生，从而使生态旅游扶贫陷于两难境地。

2. 资金短缺制约了生态旅游精准扶贫的良性发展

生态旅游精准扶贫工作的开展需要大量资金，农牧区生态旅游发展中资源开发与资金不对口矛盾凸显，加上生态旅游精准扶贫的资金来源渠道狭窄，以承包、合资和旅游扶贫资金为主参与旅游扶贫开发和旅游扶贫基础设施建设，获得的帮扶资金不足以应对旅游资源的开发。资金缺乏让许多想要开办农家乐或成立合作社的农牧民望而却步，这大大抑制了农牧民参与生态旅游的积极性。许多乡村基础设施较为落后，乡村生态旅游的发展要解决安全饮水、旅游步道及照明等配套设施的建设，以及难以填补的资金缺口。

在生态园区及生态旅游项目的建设过程中，没有形成多元的旅游扶贫投入机制。旅游扶贫资金的投入来源主要是政府部门，缺乏旅游扶贫资源筹集和力量整合的机制。由于政府的补助资金不足，社员的资金负担重，导致项目停滞、政府与一些农牧区的合作社关于补助资金的囚徒困境式博弈时有发生。

3. 帮扶主体单一，帮扶力度不够

生态旅游精准扶贫是一项系统工程，其目标的实现，要集全社会的资源和智慧，需要各方共同参与完成。但是，青海长期以来实施的是政府主导的生态旅游扶贫模式，导致人们在对旅游扶贫主体的认识上存在较大误区而出现"只见树木不见森林"的情况。认为旅游扶贫只是政府的事情，忽视了其他社会力量在旅游扶贫中的作用。事实上为确保贫困人口从旅游发展中受益，需要旅游扶贫利益相关者的广泛参与，包括政府（中央政府和地方政府）、社会团体（主要是非政府组织）、规划者、私营部门（企业）、旅游者、贫困人口等。但我省生态旅游精准扶贫实践中，出现旅游扶贫主体政府一家独大。政府在生态旅游精准扶贫中充当着无所不能的角色，从生态旅游精准扶贫开发的可行性论证、生态旅游精准扶贫战略的提出、生态旅游精准扶贫开发机构的设置、资金的筹集、基础设施与服务设施的建设、投资规模与投资方向的确定、景区形象的促销到旅游人才的培养等。政府的作用被过分夸大，政府主导变成"政府主干""政府主宰""政府主财"。另外，一些地区还认为旅游发展是旅游管理部门的家内事，与其他部门无关。生态旅游扶贫也并未被当作扶贫的重要方式。进而导致各部门与旅游扶贫相关的政策缺乏配合，难以形成合力。在政策帮扶方面，旅游扶贫基本被孤立于我国的扶贫政策之外。从改革开放以前的救济式扶贫，至 1986 开始的开发式扶贫，再到新世纪出台的《中国农村扶贫开发纲要（2001 - 2010 年）》（国发〔2001〕23 号），均没有将旅游与扶贫直接联系在一起。直到 2011 年，旅游扶贫才被作为产业扶贫的形式之一写进政府扶贫纲领性文件——《中国农村扶贫开发纲要(2011－2020年)》(中发〔2011〕10号),真正被纳入国家扶贫政策。在上述大背景下,青海省生态旅游扶贫长期被边缘化。有关的支持政策,要么只是针对旅游发展的支持政策,要么只是针对扶贫的支持政策,却鲜有专门针对旅游扶贫的支持政策。在旅游部门的旅游规划和扶贫部门的扶贫规划及具体的旅游事务管理中,很少有专门针对让贫困人口受益的制度在实践中得以实施。

四 国内外生态旅游扶贫经验与启示

(一) 国外

1. 南非生态旅游扶贫

南非作为中等收入国家,是世界上较早认识并开展旅游扶贫的国家之一。因国内贫富悬殊、贫困人口不断增加,致使国内经济社会发展出现不稳定因素。因此,南非政府极为重视旅游业在反贫困中的特殊作用,将旅游扶贫作为民众致富途径之一,在旅游扶贫中所采取的各项措施、经验教训对旅游反贫的实践提供了重要的参考价值。

(1) 立足区位优势,倡导生态旅游主流观

南非区位优势独特,自然资源丰富多样且具有厚重的历史文化积淀。近年来,旅游业发展迅速,而生态旅游更是其中主要的增长点。其原因在于生态旅游是一种"负责人的旅游",即为当地生态文化和居民的利益负责。因此,早在1996年,南非政府提出包括政府、商会、企业、社区和个体在内的旅游利益相关者都应积极响应,以满足经济、社会和环境的可持续发展。促使当地人参与旅游市场,使当地人获得较大的经济利益,提高贫困人口在旅游开发项目中的参与度(如减贫项目、旅游培训和国家证书项目、公平旅游项目等)。2002年,南非国家旅游部门又出台了指导全国可持续旅游发展的指南,进一步把"旅游扶贫各方参与和确保贫困人口受益"的理念融入经济社会发展全过程,确保旅游发展让农村受益。这些措施不仅使生态旅游成为旅游主流,更保障了当地人的福利收益和环境保护。

（2）政策支持

面对旅游扶贫发展存在的宏观障碍，南非政府将旅游扶贫提升至国家层面的发展战略。围绕旅游发展、反贫困、贫困人口参与权利保障等问题，出台了一系列有利于旅游扶贫发展的政策。一是宏观经济政策。南非新政权从成立之日起，就推出一系列宏观经济政策，以维护经济的稳定和改变历史上的不公平性，为发展经济（包括旅游业）提供稳定的政策环境。从1994年开始，陆续出台包含提高民众经济社会地位内容的"重建与发展计划"、关于"增长、就业、再分配"的经济发展政策，围绕解决贫困、失业和贫富悬殊等社会问题，确定促进国民经济发展的路线图和时间表，推进社会经济转型，旅游业发展、强化贫困人口权利及反贫困政策，为旅游扶贫发展奠定了坚实的法律政策保障。二是产业政策。旅游业是南非政府作为促进就业和增加外汇的首要产业，早在1999年，南非就将旅游业定位于国家层面的发展战略，使其成为国家优先发展的产业，使得旅游业成为国民经济中最为重要的五个部门之一。这些产业倾斜政策为旅游扶贫的全面发展奠定了良好的产业优先条件。

2. 泰国生态旅游扶贫

旅游业是泰国重要的经济支柱和主要创汇行业。可是近年来生态环境问题对其旅游业的可持续发展带来了很大影响。为了使旅游业可持续发展，更好惠及公众，泰国通过以下举措改善旅游发展状况，大力发展生态旅游业，以此解决民众的贫困问题。

（1）更新法律法规

更新环境新法规和国家的环境政策框架，以保证和支持旅游业的可持续发展。1975年泰国制定了环境基本法《国家环境质量法》，1992年又进行全面修改，强调设立环境基金等条款，强化环境执法监管。1992年制定《国家环境保护与改善法》、《旅游和导游执业法》和《国家环境保护与改善法》。要求进行环境影响评价，还规定了居民参与体制。在根据《旅游和导游执业法》确定旅游开发区之前的过渡阶段，在那些旅游活动增多却无序并缺乏充足基础设施的沿海度假区内，根据《国家环境保护与改善法》来确定"污染控制区"和"环境保护区"。在泰国，许多环境法还被写进了宪法，如泰国宪法规定"国家应保护自然，保持自然资源与替代物的平衡，应防止与消除污染，制定相应适当的水土利用计划",与旅游法和环境法相协调。

(2) 把可持续旅游纳入国家战略,扩大广泛参与途径,保障居民利益

泰国 2001 年颁布《可持续旅游国家议程》,包括下列政策:一是旅游应是所有泰国公民有权享受的一项基本权利;二是应该对旅游进行统一、综合的管理,以便为子孙后代保护好旅游资源遗产;三是必须把旅游作为教育年轻人和向泰国人民提供不断学习的一种手段,同时也是保护而不是破坏民族文化的方式;四是旅游业必须建立一套创造就业机会、增加收入以及赋予农村社区以权利的办法;五是必须利用现代技术保持泰国旅游业在国际舞台上的竞争力,提高公有和私有部门的服务与管理标准。为了成功地实施与旅游相关的法律法规,泰国根据《可持续旅游国家议程》制订了具体的行动计划,该计划包括的主要战略措施是:第一,重视地方政府在促进可持续旅游方面的管理功能。第二,倡导旅游经济与环境保护相结合,走可持续发展之路。泰国政府赋予一些民间组织和旅游机构权力开发旅游项目,让当地民众参与旅游开发,以确保旅游发展与环境保护有机结合起来。

(3) 丰富生态旅游产品,提高当地民众收益

将泰国北部的罗普卡国家公园山中充满森林芬芳的新鲜空气制成罐头出售,而出售"空气罐头"的收入将帮助那些因国家公园设立而被迫放弃土地另寻生计的当地民众。在泰国,促进年轻人和其他公民了解历史和文化遗产,提高人们对本国生态文化的认知,旅游是一种比课堂教学更加有效的机制。

(二) 国内

1. **贵州**

贵州在 1991 年率先提出"旅游扶贫",经过近 30 的探索实践,形成了贵州地区偏远山区、少数民族聚集区的旅游扶贫模式。

(1) 积极争取政策支持,打造旅游扶贫品牌

2001 年 8 月在国务院扶贫办的大力支持下设立了第一个国家级旅游扶贫试验区——六盘山旅游扶贫试验区。"十二五"期间,贵州以"开发乡村生态旅游扶贫富民,实现特色资源整合强省"为目标,在 300 个贫困村实施乡村旅游扶贫倍增计划,每年打造 2 至 3 个有示范带动作用的乡村生态旅游扶贫示范点,逐渐形

成了具有较大影响力的乡村生态旅游扶贫示范区和各具特色的乡村生态旅游扶贫品牌，建成一批乡村生态旅游扶贫示范区，打造一批乡村生态旅游扶贫品牌，发展一批乡村生态旅游扶贫示范县，培育一批乡村生态旅游扶贫龙头企业。

（2）与高职教育相结合，大力发展乡村生态旅游

在第一、第二产业薄弱的前提下，贵州采取政府主导、村民参与、智力扶持的方式，大力发展乡村生态旅游业。实现资本的积累，吸纳劳动力解决部分就业问题，最后反哺第一、第二产业，实现该地区的全面发展。在实践中将职业教育与本地区乡村生态旅游发展结合。如在高校中开设旅游培训班，或者实行城乡旅游行业对口支援以及组织旅游专家学者"送教上门"等有效形式，帮助景点加快培养和培训当地民众，既为乡村生态旅游培养本土经营人才，又拓宽农民的收益渠道。同时，还采用干部挂职锻炼、"结穷亲"等帮扶措施帮助提升贫困人口参与旅游开发建设的能力，切实提高贫困群众的文化素质和服务水平。

（3）选择多样化的乡村生态旅游产业化扶贫模式

首先是典型旅游小城镇建设模式。这一模式采用民族文化建设型（苗族小城镇、侗族小城镇、屯堡人小城镇、布依族小城镇），传承民族文化；历史遗存保护型（遵义市、镇远、花溪区青岩镇、习水县土城镇、黄平县旧州镇、雷山县西江镇、安顺市西秀区旧州镇和平坝区天龙镇等旅游历史名镇），重点发展文化产业，延长产业链；红色旅游教育型（乌江镇、茅台镇、娄山关）等，通过整合红色旅游资源，建成了集教育、体验、运动拓展于一体，并以体验拓展为特色的复合型旅游小镇；风景名胜服务型（三棵树镇、余庆构皮滩镇以及荔波、施秉、黎平等城关镇），突出休闲养生理念，培育分时度假和节事产品，构建特色经济培育型旅游小镇；特色经济培育型（仁怀市茅台镇、泥潭县泥江镇、循潭县永兴镇、凤冈县田坝乡、金沙县岩孔板桥、遵义县虾子镇等），本着"产业培育促开发、开发建设促产业培育"原则，突出特色经济的培育；复合型（铜仁石阡、遵义桐梓、安顺黄果树、贵阳青岩等），重点建设复合型旅游小镇，强调利用丰富多样的民族、历史、生态、文化产业元素，不断继承发展和创新，通过"民族文化建设、历史遗存保护、优美环境营造、特色经济培育"来开发建设。上述六种建设模式，按照"全面动员、分类指导、分步实施"的方式分类建设。近年来，吸引了更多农村人口到旅游小镇居住，拓展了农业之外的增收渠道，改善生活质量，达

到脱贫目的,扩大扶贫面,促进了农村富余劳动力就近转移,改变就业方式,增加就业机会。

其次是乡村旅游与其他产业联动建设模式。推进乡村旅游与各产业的联动,实施茶旅、果旅、牧旅、竹旅、药旅等农旅联动,乡村旅游产业与旅游商品企业、文化产业、城镇建设、体育产业、交通产业、养老产业等联动,带动农业、文化产业、轻工业、房地产等产业发展,延长产业链,达到良好的经济社会、生态综合效应。乡村旅游与各产业的企业(或公司)形成联动,给予企业优惠政策,以企业带动相应的重点扶贫乡镇或贫困村,促进贫困农民脱贫,增加农民收入。如安顺苗族蜡染、西秀区摊具雕刻工艺、石桥古法造纸、剑河锡绣制作工艺、雷山苗族银饰、茅台酒传统酿造工艺以及民族食品、保健品制作工艺保护和建设;建立旅游小企业发展中心,作为技术与服务平台,向旅游中小企业提供技术、管理、市场等多方面的咨询、培训及信息服务。增加中小企业风险投资,鼓励旅游中小企业创业;建立旅游"小企业孵化器"体制,负责促进旅游小企业发展。

2. 四川

四川在生态旅游扶贫的实践中形成了以下几种模式,并在全国具有一定的可复制性和可推广典型性。

(1)农家乐旅游扶贫开发模式

依托原生态的农业产业及乡村人文资源,打造供城市市民休闲度假的旅游品牌,为游客提供观光、运动、休闲、娱乐、餐饮、住宿、购物等综合服务的各种类型的乡村旅游接待点——农家乐。并逐步开始向品牌化、规范化方向发展。如锦江区三圣乡将第一产业和第三产业有机融合,打造"五朵金花"农家乐旅游,形成旅游扶贫开发模式。在改善农村居住环境的同时,农民获得租金、薪金、股金和保障金,使农民收入增幅超过城镇居民。

(2)现代农业产业化开发模式

现代农业产业化旅游开发模式是以一定规模的现代农业产业化园区资源为依托,以农业科技和乡村民俗文化为支撑,打造供游客休闲、度假、体验等的旅游产品,使该区域形成有一定市场吸引力的旅游目的地,以达到通过旅游产业发展增加区域农民收入、带动一方经济发展的目的。现代农业产业化旅游开发模式与农家乐旅游开发模式均属于乡村旅游范畴,均需要依托乡村民俗文化来打造与城市文明不同的特色旅游产品，以满足异地旅游者的需求。

（3）特色文化开发模式

特色文化旅游开发模式就是以区域独特的民族文化、民俗文化、宗教文化、红色文化等为依托，开发独特的文化旅游产品，形成旅游目的地，以此发展旅游产业，进而带动当地居民增收。贫困地区由于自然、历史等方面原因，人们长期处于封闭的自然经济环境中，经济和文化都相对独立，大多保留了原始古朴的民族、民俗、宗教文化，以此为依托开发的旅游产品往往具有一定的竞争力与市场占有率。

（三）国内外生态旅游精准扶贫实践的启示

1. 精准定位旅游扶贫

旅游扶贫要因地制宜，因人而异，并非任何地方、任何贫困人口都适合开展旅游扶贫，也并非任何地方、任何人都适合采用同一旅游扶贫模式。因此，旅游扶贫要取得成功，就必须对旅游扶贫进行精准定位，具体包括：精准定位旅游业发展潜力、精准定位旅游扶贫对象、精准定位旅游扶贫目标、精准定位旅游扶贫形式。

2. 明确旅游扶贫帮扶

贫困地区发展旅游业、贫困人口参与旅游往往会面临诸多障碍和困难，因此旅游扶贫需要借助外部援助性力量的扶持。"扶"是旅游扶贫的手段，是改善贫困地区旅游扶贫条件和提高贫困人口旅游参与能力的重要外部推动力量；关键是明确旅游扶贫帮扶内容与措施、明确旅游扶贫帮扶主体。

3. 加强旅游扶贫监督管理

加强对旅游扶贫的监督管理是旅游扶贫取得成功的保障。由于旅游发展一般是以市场为导向，强调效率优先，而减贫基本是政府的责任，强调公平优先。若不加以引导，而任其发展，旅游与减贫将不会自动发生联系。即便发生也远非实现扶贫目标所需。同时，旅游扶贫还涉及众多要素（包含各利益主体、各种资源等），如何协调各方利益，以实现其效应最大化，同样离不开有效的监督管理。对旅游扶贫的监督管理通常会贯穿于旅游扶贫的整个过程，涉及旅游扶贫的各方面。既包括贫困人口受益情况的监督管理，也包括旅游扶贫各利益相关者行为的监督管理，还包括各种旅游扶贫资源的监督管理。因此，有必要建立相应的旅游扶贫管理组织，通过制度和机制设计加强对旅游扶贫的监督管理，以巩固和加强旅游与减贫的联系，规制各方行为，实现旅游扶贫目标。

五 青海生态旅游精准扶贫的基本思路及对策建议

（一）基本思路、原则

1. 基本思路

以党的十九大和习近平新时代中国特色社会主义思想为统领，以实施乡村振兴战略为目标，以青海省委十三届四次全委会提出的"一优两高"为根本，明确生态旅游精准扶贫的核心是贫困人口从生态旅游中获取包括经济、社会、文化、生态的"净收益"。实施青海《关于推进深度贫困地区旅游扶贫三年行动计划》《2018年旅游扶贫工作要点》，确保要投入的87个旅游扶贫项目顺利推进，10个创建国家级旅游扶贫景区带村、能人带户、"合作社＋农户"、"公司＋农户"示范项目有序进行，拓宽贫困群众增收渠道。

2. 原则

（1）因地制宜原则

首先，立足当地的旅游资源以及基础设施建设条件，对于不具备开发生态旅游条件的地区则需要寻找其他扶贫开发方式。其次，突出地方特色，切忌盲目跟风，要充分发挥生态旅游扶贫带来的联动效应，提高当地民众生活水平、改善生态环境促进旅游产业转型升级。

（2）贫困人口参与原则

在旅游扶贫实施过程中，要积极引导培养贫困人口自我发展能力，提高贫困人口的参与程度，以确保贫困人口的需求被优先承认。

（3）均衡发展原则

旅游产业是综合性强、关联度高且产业链长的"朝阳产业"，因此旅游扶贫与现有较为广泛的旅游系统产业的链接至关重要，旅游的附加产品和部门（如交通、市场）应支持旅游扶贫开发整体方案。产业链条各环节的宏观及微观等多样化活动需要协同推进，充分发挥旅游产业的集聚效应。

（4）可持续发展原则

扶贫是一项长期的系统工程，对于旅游扶贫地区来说，当地民众达到脱贫致富目标的根本保障是实现旅游业的可持续发展，使当地民众能够长期受益，根本摆脱贫困局面。因此，在旅游资源的开发利用上，必须坚持适度开发和保护相统一，既要谋划短期利益与长远利用的关系，也要多措并举不断增强旅游业的可持续发展，避免盲目扩大规模，一味追求商业化和"杀鸡取卵"的行为。

（5）CPPP原则

通过配置生态旅游资源，来优化产业结构，以此实现对自然资产可持续利用感兴趣的投资者联袂，帮助贫困人口脱贫。

（二）对策建议

将习近平总书记"绿水青山就是金山银山"的科学内涵贯穿到生态旅游规划、开发、管理、服务全过程，利用青海优越的生态环境和丰富的旅游资源，从政策、机制、法律法规等方面大力发展生态优先、环境友好的生态旅游业，着力提高旅游生态文明价值，探索旅游扶贫、旅游致富的新路子，让更多贫困群众走上脱贫致富的道路，让更多民众从旅游发展中获得红利。

1. 协调经济发展与生态保护的关系

青海是多民族聚居区，在开展生态旅游精准扶贫中，经济发展与生态、原生态文化保护的矛盾不可避免。要防止为追求经济利益过于急功近利，而忽略生态旅游开发、经济发展与生态三者间的相互关系。因此，生态旅游精准扶贫一定要坚持政府主导，制定合理有效的开发和保护并行的有效措施。在倡导生态旅游精准扶贫的同时，还要统筹好经济发展与生态环保的关系。各级政府要树立"保护第一、开发第二"和在"保护中开发，开发中保护"的理念，在开发资源获得利益的同时，特别要注重保护民族地区的生态性与独特性，保持民族原生态文化特征，以"保护性开发"将那些受游客欢迎、旅游价值较高的原生态文化传承下去，展现多元文化语境下的民族文化价值、满足其旅游发展的需求。唯其如此，少数民族群众才能够从物质上与精神上真正脱贫，也能够实现真正意义上的"旅游精准扶贫"。

2. 提升贫困人口旅游扶贫参与能力

贫困人口旅游扶贫参与是实现旅游扶贫目标的最为有效的途径之一。贫困人口旅游扶贫参与能力将直接影响到其参与旅游扶贫的意愿、参与的层次及方式，进而会最终影响到其旅游扶贫参与的受益情况。因此，可以说，贫困人口旅游扶贫参与能力的大小会最终决定旅游扶贫的成效。提高贫困人口旅游扶贫参与能力理应成为开展旅游扶贫重要的工作之一。旅游扶贫既要扶业，更要扶人，扶人实质就是提高贫困人口的旅游扶贫参与能力。扶人是旅游扶贫的核心，故生态旅游精准扶贫要以人为本，只有贫困人口实现了经济、社会、文化、观念等方面的同时脱贫，才是真正意义上的消除贫困[①]。发展经济学反贫困问题研究表明，贫困人口收入水平低仅仅是贫困问题的一个表象，贫困的根源在于贫困人口缺乏相应的基本能力，如缺乏必要的知识、技能、态度和获取知识、技能的有效途径以及参与发展项目与各种经济活动的机会。作为一种"造血式"的扶贫方式，生态旅游精准扶贫必须始终把重点放在贫困人口素质的增强和生活质量的提高上，不断推动其融入当地经济社会发展体系中及其新需求的产生，进而促进其潜能的开发利用。

（1）扶贫先扶志

生态旅游精准扶贫试图通过旅游的方式将扶贫对象与外界社会紧密联系起来，并在此过程中促使扶贫对象不断融入市场经济。这种方式的目的在于帮助扶贫对象建立起自己的能力、自信以及自尊。因此，扶贫先扶志，这个"志"主要指的是加强扶贫对象的内因因素，让其逐渐意识到"人穷志不穷"。其实质就是帮助扶贫对象建立起自己的自尊和自信，这比其他任何帮扶会更有效。这就需要通过一种有效方式，帮助扶贫对象融入社会，并逐步建立其自信心，树立起内在的意志力和自信心，更有利于反贫困。

（2）扶贫必扶智

习近平总书记多次提出"扶贫必扶智、阻止贫困代际传递。"青海贫困地区普遍存在教育资源缺乏，受教育程度低的问题。尤其是优质教育资源的缺乏

[①] 文冠超：《基于改良的RHB战略的贵州乡村旅游扶贫开发研究——以荔波县为个例》，《改革与开放》2009年第10期。

较为普遍。在生态旅游精准扶贫中，首先加强扶贫对象以及贫困地区的教育培训，提升其综合素养和文化水平，使他们能够掌握知识、改变命运、造福家庭服务社会；加强生态旅游扶贫的精准教育扶持，以政府为主体，在已覆盖了图书馆的社区或村镇里，建立与高校社会实践的合作模式，为扶贫对象提供生态旅游发展模式、产业选择及经营常识的培训；其次，也可继续实行一对一的直接帮扶，为扶贫地区的农牧民提供旅游市场信息、游客客源及其他方面的帮助。

（3）扶贫要扶技

众所周知，"授人以渔"远比"授人以鱼"更有意义。科技扶贫可以为生态旅游精准扶贫带来技术指导和生产效率，科技扶贫在旅游精准扶贫方式上可尝试"旅游+电商"的扶贫方式。一个地区开发旅游、吸引游客，游客在当地的人均消费可能只有100元，是不足以推动这个地区贫困人口脱贫的。同时，这些人结束旅游，回常住地之后，可能会持续地通过电商平台购买当地物产，这样就会源源不断给这个地区带来收入。所以通过对"互联网＋"的知识及路径的培训提高扶贫对象的生产力，尽快将扶贫对象以及其产品以互联网的途径带入市场。当然，这一过程中还要注重建立网络扶贫配套系统，以帮助扶贫对象及其产品精准地融入市场，使科技扶贫发挥最大效应。

3. 科学确定生态旅游精准扶贫项目

资源的容量和质量，尤其是生态旅游资源的潜力，是生态旅游精准扶贫能够顺利实现的基础。而旅游扶贫项目则推动着旅游和贫困户的共同发展，能否准确识别旅游扶贫项目，将会影响贫困地区的旅游市场收益和竞争力。所以，生态旅游精准扶贫要因地制宜，根据贫困地区所具备的旅游资源条件、开发条件、区位条件、市场条件等区域环境选择合适的旅游扶贫项目。但当贫困村处在国家自然保护区、历史文化遗迹等国家禁止开发或者限制开发区域时，要出台政策措施确保精准扶贫。除上述情况外，扶贫开发项目要与贫困地区经济社会发展水平相适应，不搞"一刀切"和盲目开发，避免出现"旅游飞地"现象。要遵循市场规律，既要依托旅游资源基础，也要考虑市场需求，还要兼顾周边地区旅游项目（产品）开发。很多人会觉得，现在旅游需求很旺盛，好像只要你把口子打开，游客和消费就会像水一样涌进来，这是不现实的。在贫困村落中，生态好而交通差的村子也不少。想通过旅游的方式达到扶贫目的的村子有很多，也就是说在当前市场经济这个大环境中，旅游扶贫村的同类型竞争对手会大量存在。所以要形成西宁、海东、海北、海西、海南、青南不同区域间产品差异化互补，尤其是在西宁和海东地区避免产品同质化竞争，防止旅游致贫现象的出现。

在生态旅游精准扶贫过程中要让老百姓真正做到"靠山吃山、靠水吃水"，依靠当地优越的生态旅游资源，发展生态旅游业，开展旅游精准扶贫，以生态旅游促进贫困地区脱贫致富，从而摆脱"富饶的贫困"陷阱。这就要保证旅游扶贫项目的科学性和高效性，利用独特的青山绿水和多姿多彩的原生态文化，利用生态旅游产业，促进旅游帮扶项目的实施。另外，还要注重挖掘贫困地区生态休闲、旅游观光以及养生度假价值，考虑当地的资源优势，适当采用景区带动型、乡村旅游型、养生度假型、创业就业型以及产业融合型等模式，体现贫困地区旅游价值。如将乡村生态旅游扶贫与整村脱贫、特色产业发展等项目有机整合，集中资源优势解决旅游六要素问题，破除瓶颈制约和限制性因素，推动乡村旅游快速健康发展。此外，整合扶贫资源，利用对口帮扶单位和企业投资提升乡村生态旅游扶贫产业要素，使"乡村化、创意化、本土化、低碳化、景村一体化"的乡村生态旅游发展理念得以贯彻实施，开发项目既要保持乡土本色，凸显乡村地缘优势，充分整合乡村自然、文化、产业和其他资源，开展主题创意与产品创新，打造能实现旅游扶贫目标的特色生态旅游精品。如海北州祁连县的"旅游+山水田园+特色餐饮""旅游+特色风情小镇+特色民宿""旅游+土特产品商业+技能培训"等模式，可进一步优化完善而推广，形成以生态资源为主线，以闲、奇、情、商、养、学为主要特色，以自然生态和人文历史为依托的综合体，注重品牌并延伸其产业链。

4. 完善生态旅游精准扶贫的主体协调机制和驱动机制

（1）建立多元主体协调机制

生态旅游涉及多方利益主体并高度融合文化产业，而生态旅游精准扶贫作为复杂的系统工程，涉及政策保障、利益分配、持续发展等多个领域，是典型的跨区域、跨行业、跨部门、政策性强、管理严密的工作。其行业不但涉及旅游、扶贫、农业、发改、水利、林业、环保、国土、金融、财政、教育、民族宗教等部门，而且还牵涉不同的行政区域，必需通过一个高效的管理部门来对其进行整体规范、指导和控制[①]。

首先，要建立有效的协调组织。为有效协调各方力量，整合生态旅游扶贫各个部门职责，必须建立有效的协调组织，针对旅游扶贫项目的需要将旅游企业、非政府组织、贫困人口等纳入其中，构建起相互协调、相互合作、相互制约的多元开发主体组织系统。

其次，要明确各参与主体的角色定位。只有各参与主体在旅游扶贫中扮演好各自角色，履行好各自的责任与义务，才能使旅游扶贫这一浩大工程有条不紊地运行。

（2）建立多维生态旅游精准扶贫信息传递机制

旅游扶贫信息传递机制包括纵向信息和横向信息传递，针对目前青海旅游扶贫信息传递机制存在的一些问题，一方面应创新纵向信息传递机制，另一方面要加强横向信息传递机制建设。打破纵向信息传递中的政出多门、多头管理的局面，将分散于旅游、发改、扶贫、财政、民政等部门的旅游扶贫相关职能集中统一。同时，将旅游扶贫管理权限下放，以便各地根据实际决定旅游扶贫开发，减少信息纵向传递层级，提高信息传递效率。而且还要搭建旅游扶贫横向信息传递平台，为社会团体、科研机构等社会力量营造参与生态旅游扶贫的投资氛围，"八仙过海各显神通"不断发挥社会力量在生态旅游扶贫工作中的作用。

（3）创新生态旅游精准扶贫整合协调机制

一要整合协调旅游扶贫相关部门政策，将生态旅游精准扶贫与农业精准扶贫、教育精准扶贫、科技精准扶贫等扶贫形式紧密衔接，使得财税、产业、投资和金融等方面的政策相辅相成形成合力，实现扶贫效应最大化。

二要整合包括资金在内的各类旅游扶贫资源，拓宽旅游扶贫资源渠道，实现旅游扶贫资源的有效统筹管理和调配，实现旅游扶贫资源的效率最大化。

三要加强旅游扶贫各部门、各行业、各参与主体间的协调，充分发挥各参与主体在旅游扶贫中的积极性与实效性，以此实现各方利益相得益彰。

---

① 王兆峰：《民族地区旅游扶贫研究》，中国社会科学出版社，2011。

(4) 完善生态旅游精准扶贫参与机制

首先，要提高贫困人口旅游扶贫参与程度，要赋予贫困人口旅游开发的决策权、管理权、监督权与收益权，要为贫困人口提供获得旅游参与基本能力的机会。同时提高直接或间接参与当地旅游发展的贫困人口比例，促进当地居民从旅游发展中真正获益。

其次，要提高社会团体旅游扶贫参与程度，充分发挥社会团体在旅游扶贫过程中运行高效迅捷、管理渠道明晰、弥补政府资源不足等方面的突出作用，使其与政府在资源配置方面形成优势互补，逐步建立起政府与社会团体相互促进、相互监督、相互补充的良性互动机制和政府主导、民间主体、运作透明、开放高效的旅游扶贫模式。

(5) 健全旅游扶贫监督评价机制

今后要将旅游扶贫监督评价作为旅游扶贫工作的重要组成部分，要通过建立行政监督评估机构、拓宽监督评价渠道、培育民间监督跟踪力量等措施来健全旅游扶贫监督评价机制。具体而言，一要加强对旅游扶贫项目的监督评价。要从旅游扶贫项目的可行性论证、遴选、审批、实施及效果等方面强化监督。二要强化对旅游扶贫资金的监督审计。推行旅游扶贫资金应用公示、公告和报贴制度，保证旅游扶贫资金在管理、分配、使用各环节的公开透明。三要建立科学合理的旅游扶贫绩效考核体系及严格的责任追究机制。将项目遴选、规划、实施、资金使用、财务管理等环节全部纳入绩效考核范围。

5. 生态旅游精准扶贫主体各司其职

旅游扶贫的主体主要有各级政府部门、社会团体、旅游企业、当地贫困人口、旅游者等。为保证生态旅游精准扶贫的顺利实施，必须明确各主体在旅游扶贫中所扮演的角色、参与的程度与内容以及承担的责任。

(1) 政府

扶贫既是政府的职责，也是民众自身的需求，但在生态旅游精准扶贫体系中，政府处于核心位置，其角色扮演往往多重化。如投入旅游扶贫资源，组织各类社会团体参与旅游扶贫工作及监督旅游扶贫工作的实施等。尤其以政府为主导的青海生态旅游精准扶贫中，政府承担着宏观调控、协调、支持、引导、规范以及提供服务等职责。所以在实践中要制定政策、为旅游发展营造公平竞争的环境、提供旅游公共品、保护旅游经营者的产权、保护旅游资源、营造旅游氛围等。因此,政府应通过政策、制度、财政、旅游开发、教育培训,以及激励其他组织参与等方式来实现对旅游扶贫目标对象的扶持。改善贫困地区旅游发展环境,提供旅游扶贫目标对象所必需的资金,开展贫困人口技能培训,规范和引导旅游扶贫各参与主体的行为等。

(2) 旅游企业

以生存、盈利及发展为主要目标的旅游企业是旅游市场的主体,贫困地区的旅游企业,包括旅游开发商和经营商等,在旅游扶贫过程中扮演着双重角色。一方面,旅游企业可通过对贫困地区旅游投资,带动地区经济发展,提供社区基础设施(卫生、道路、教育、水电等)建设资金和提供就业机会。另一方面,通过宣传销售、购买消费当地的产品和服务,雇用当地贫困人口,提供生态旅游扶贫参与资金和旅游培训。

(3) 非政府组织

非政府组织在生态旅游精准扶贫实践中,一方面应力所能及为旅游扶贫发展提供资金支持、技术支持、人力资源支持和舆论支持;另一方面督促旅游扶贫项目的可持续性,利用社会资源帮助贫困人口提高自我发展能力。

(4) 贫困人口

贫困人口参与生态旅游扶贫的能力、程度和方式决定着生态旅游精准扶贫的成效。首先,应以劳动投入的方式参与生态旅游就业从而获取报酬和增加收入。其次,通过自筹与互助的方式筹集旅游扶贫所需资金,参股入股获取利益分成。再次,作为当地旅游资源的所有者与提供者,在生态旅游产业化发展中要努力提高自我成长能力和素质,积极参与生态文化保护。

(5) 旅游者

作为旅游市场需求动力的旅游者,一方面以购买和消费当地的产品,如购买或消费贫困人口提供的手工艺品、土特产品、特色餐饮,接受贫困人口提供的服务,如向导、传统文化的展演等,为贫困人口提供增加收入的渠道。另一方面,客观评价旅游活动过程体验,力所能及地为贫困地区进行良好的口碑宣传。

6. 建立旅游扶贫资金整合机制

通过整合财政扶贫资金、涉农资金、对口扶贫资金、社会融资、部门专项资金等，形成支撑贫困人口参与旅游扶贫的强大合力。为此，建议政府协调金融机构，通过降低贫困人口贷款门槛、适当延长贷款期限、推行旅游扶贫小额贷款和低息贷款等方式，将参与旅游扶贫、经营旅游企业、提供旅游产品生产和服务的贫困人口纳入税费减免范围。也可加大对贫困人口参与旅游扶贫的转移支付力度，在财政预算中安排旅游扶贫专项资金，给予财政补贴和贷款贴息补助。例如，就目前乡村生态旅游精准扶贫而言，应考虑乡村生态旅游规模小、人数少、影响小等不利因素，可把乡村生态旅游扶贫项目分解成若干个小项目，然后采取市场化运作模式对外招商引资，或采取合资合作等方式吸引外来资金。这样，既盘活了乡村生态旅游项目，又搞活了乡村生态旅游市场，还带动一方贫困农牧民实现脱贫致富。同时将生态旅游扶贫专项资金与生态移民、整村扶贫、产业发展、扶贫培训、乡村振兴等资金整合，做大做强乡村生态旅游扶贫项目，打造多个生态旅游扶贫示范区。

与此同时，营造社会各界对旅游扶贫投入环境的进一步完善，引导社会资本进入旅游扶贫领域，实施对口帮扶和定点帮扶，鼓励企业和非政府组织加大对贫困人口帮扶的投入，比如可以运用财税杠杆引导企业帮助贫困人口发展旅游。通过"政府补贴＋农户自筹"、互帮互助、联保贷款等方式，引导广大贫困人口将经济积累投向旅游扶贫产业。

7. "互联网＋"助力生态旅游精准扶贫支持机制

贫困地区发展生态旅游主要是发展好客源市场和旅游产品市场，客源市场决定产品市场，产品市场影响客源市场，而客源市场是制约贫困地区发展旅游的决定因素。青海贫困地区距离大中城市较远，做好生态旅游客源市场，首先要解决交通问题。目前已基本实现了村村通公路。在此基础上，生态旅游产业的发展更要借助于旅游产业发展的互联网化，依托"互联网＋"平台消除信息鸿沟，打通供需渠道，整合生产要素，提高配置效率和生产效率，发展具有持续竞争优势的乡村旅游产业。组织动员乡村干部群众、青年志愿者、广大游客等，积极利用互联网、微博、微信、手机客户端等打通供需渠道，构建生态旅游精准扶贫发展的支持机制。

六　结束语

作为经济欠发达、生态地位极其重要的青海，反贫困任务任重而道远。要打赢生态旅游精准扶贫这场攻坚战，必须要因地制宜，以"五大发展理念"统筹生态旅游精准扶贫。要以创新发展为动力，通过"互联网＋旅游"打造旅游特色品牌，推进生态旅游精准扶贫的可持续发展。以协调发展为路径，实施全面精准扶贫为目标，坚持绿色发展，促进生态旅游和健康、养老、研学旅游等结合，延伸其产业链。使生态旅游精准扶贫更注重环保，人与自然更和谐。以开放发展为平台，不断丰富生态旅游精准扶贫内涵，唱响"与世界对话"的生态旅游扶贫主旋律。

值得注意的是：要理性地认识到不是有旅游资源的地方就一定适合旅游扶贫，不是所有的贫困区都具备通过发展旅游来脱贫的条件，要警惕烂尾风险。要将群众利益放在首位，以实施乡村振兴战略和谋求群众利益为出发点和落脚点，从政策机制、后续产业、文化保护等方面实现生态保护、经济发展和农牧民脱贫致富的"多赢"，通过生态旅游扶贫项目的实施，使民众从中拥有更多、更实、更美好的获得感和幸福感。

参考文献

刘红梅、杨素丹、刘金梁：《武陵山片区包容性旅游脱贫开发策略》，《内江师范学院学报》2016年第4期。

邓小海：《旅游扶贫精准帮扶探析》，《新疆大学学报》（哲学社会科学版）2015年第6期。

罗盛锋、代新洋、黄燕玲：《生态旅游扶贫研究动态及展望》，《桂林理工大学学报》2015年第3期。

严丽、程丛喜、刘保丽：《基于扶贫开发视角的特色乡村旅游发展策略研究——以湖北省为例》，《武汉轻工大学学报》2015年第4期。

成林：《乡村旅游产业文化发展的思考与对策——以尖扎县坎布拉镇直岗拉卡村为例》，《青海师范大学学报》（哲学社会科学版）2011年第5期。

吕琨：《生态旅游经济意义分析》，《交通科技与经济》2007 年第 5 期。

桂拉旦、唐唯：《文旅融合型乡村旅游精准扶贫模式研究——以广东林寨古村落为例》，《西北人口》2016 年第 2 期。

曾名芹、梁燕平：《生产要素视域下的广西乡村旅游精准扶贫思考》，《柳州师专学报》2015 年第 6 期。

吴春燕：《河北省乡村旅游扶贫实现路径探究》，《改革与开放》2017 年第 16 期。

魏斌、朱斌：《基于精准扶贫的辽宁旅游扶贫》，《北方经济》2017 年第 7 期。

邓小海、曾亮、云建辉：《旅游扶贫精准管理探析》，《广西广播电视大学学报》2017 年第 2 期。

聂波：《PPT 战略扶贫效应及实施原则——以蕉岭县为例》，《农村经济与科技》2017 年第 15 期。

高兴：《我国旅游精准扶贫公正性问题研究》，《湖南社会科学》2017 年第 2 期。

冯伟林：《重庆武陵山片区旅游扶贫开发中贫困人口收益模式研究》，《改革与开放》2016 年第 2 期。

民俗篇

论青海民俗旅游资源的开发和利用

摘　要：民俗旅游是整个青海旅游的一个组成部分，就目前而言，青海旅游业发展中普遍存在的问题同样也制约着民俗旅游的发展，解决这些问题需要在逐步完善环境问题的情况下，科学地开发和利用青海民俗旅游资源，完善并丰富民俗旅游区的内容，延伸民俗旅游文化产业链，同时做好青海民俗旅游的宣传工作。

关键词：青海；民俗旅游；旅游资源；旅游规划

民俗旅游是民俗与旅游的结缘，是以民俗事象为主体内容的旅游活动。民俗旅游以展现传统民俗和地域民俗为主，它所展现的文化是一种鲜活的动态文化。众所周知，现代意义的旅游已经不是过去那种单纯的走马观光式的旅游，如今特别强调旅游项目必须与旅游者的参与相结合。参与性已经成为今天旅游的重要特征，民俗活动恰恰适应了旅游的参与性的特点，为游客参与、体验、了解独特的地域文化提供了其他旅游资源所不可替代的条件。不难看出，旅游发展至今，其作为文化属性的一面表现得愈发突出，一次旅游便是一次文化的感受与熏陶已成共识，这其中民俗文化旅游很是风光、也很时尚。可以说，民俗旅游作为近年来兴起的一种高层次的文化型旅游，很适合现代人的口味，并已成为当今旅游业的一个亮点，也是青海今后旅游业发展的方向。

一　青海民俗旅游资源丰富

地处青藏高原的青海旅游资源可分为自然风光、历史文化和民俗文化三大部分。前二者相沿悠久，后者刚刚兴起，但前景十分广阔；自然风光是天然的，是永恒的;历史文化是社会发展的产物,能够帮助国内外了解青海,帮助青海人了解自身的传统,但有局限性,因为它很难代表青海各民族文化传统的全貌;就各个分布地域来说,历史遗迹只在地图上占着有限的一块地盘且分布很不均匀。民俗文化却在层次和地域上占着绝对优势。它首先是民族集体创造与集体传承,其内容丰富,门类齐全,从衣食住行的物质文化到再生产、交易的经济文化,以及人生仪礼和民间艺术的精神文化。若进行比较,历史文化(例如古墓、寺庙)是过去的文化,民俗文化却是活的文化,既是传统,又活在民间。例如:春节的社火及其他民间节日活动,无论哪个阶层,无论国内、国外都能接受,可以代表民族文化的重要传统。

青海省是多民族省份,自古以来就是少数民族活动和建立政权的地方。全省除汉族外还居住着几十个少数民族,其中世居青海并建立自治地方的有藏族、回族、土族、撒拉族和蒙古族等5个少数民族,而土族和撒拉族又是青海省独有民族,少数民族占全省总人口的40%多。在长期的生产实践和社会生活中,青海各民族依据所处的地理环境、社会环境、生产方式,依据各民族的信仰、心理等形成了个性鲜明、风格迥异、内容丰富的民俗风情,民俗风情是一种世代承传的集体性的文化积淀,它承载了青海各民族的生活习惯、风俗信仰、审美情趣以及对人与人、人与自然、人与社会等关系的阐释及处理的思维方式和方法,它体现在各民族的衣食住行、婚丧嫁娶、生产劳作等各个方面。透过这丰富多彩的民俗风情,游客便可初步了解并认识世代居住于青海的各民族,感受青海民族传统文化,体察这一传统民族文化对人类学、社会学等的贡献及潜在影响,在各传统节日和自治州、县成立日等民族节目里,各族人民都要举行各种盛大的庆祝和纪念活动,举办各种联欢会、运动会。青海"花儿"玉树歌舞、土族的"安昭舞",那达慕、赛马会,回族和撒拉族风味饮食、民俗博物馆,民族礼节、藏戏等都对广大的游客有着强烈的吸引力。

丰富异常,种类繁多的民俗旅游资源它所呈现出的神秘、神奇、原始、淳朴等特征对很多来到过青海的中外游客具有极强的吸引力。可以说它是青海旅游业赖以发展的重要基础和根本保证。然而,这些诱人的民俗旅游资源远未体现出真正的旅游经济价值,也未真正起到兴青富民的带动作用,其中存在着很多问题,究其主要原因,一是自然环境对旅游的影响;二是对民俗作为旅游资源的价值认识不够;三是开发资源不力。本文将通过分析青海旅游发展中存在的问题,提出合理开发青海民俗旅游资源的对策和思路。

二 青海旅游发展中存在的问题

青海旅游业在其发展过程中存在着许多的问题及弱势,其中有些已成为制约青海旅游业发展的瓶颈。

(一)青海旅游区距离重要客源市场(中东部经济发达地区和境外地区)较遥远

如交通路途、中转停留等耗时增多,而旅游观光活动有效时间减少,难以实现旅从速、游从缓,从而增加了游客的旅游成本,以至影响客源。

(二)青海旅游业的季节性较强,影响了旅游业的发展

受高原地理、气候等条件的影响,青海旅游旺季一般集中于每年的5月至10月,而其他时间除特殊的节日及景点外,都属于旅游淡季,游客一般很少,一些景观景区基本无人问津,旅游设施大量闲置。

(三)旅游相关产品结构过于简单

青海省旅游资源具有突出的多元化特点,具有开发多元旅游产品得天独厚的条件,青海有青海湖、日月山、鸟岛、塔尔寺等著名的旅游景区,但青海省对旅游相关产品开发利用非常不足。在东部发达省份,旅游业已形成了观光旅游、度假旅游产品和特种旅游产品并存的多元化产品供给结构,而青海旅游的产品仍以观光旅游产品为主。很多独特的人文旅游资源未被充分利用,时下逐渐升温的民俗旅游、宗教旅游、生态旅游、探险旅游等特种旅游在青海省还未形成主流。

(四)基础设施建设相对薄弱

良好的旅游基础设施是旅游产业发展的物质基础,因为旅游景观的吸引力不仅来自其本身的旅游美学价值,还来自其可进入性。但进入青海省的直达客运列

车太少,京广南线、宝成线、兰新西线等线路目前尚无列车开通。一到客运高峰客票就十分紧张,许多西行的旅客因换车麻烦,只好放弃到青海游玩的意愿。省内的旅游专线和民航也存在着通达区不多、线路少服务设施陈旧和老化等问题。致使部分游客心存疑虑,有些甚至有畏惧心理,从而放弃了来青海旅游的愿望。

(五)特色旅游商品不丰富,不能满足游客的购物需求

目前在青海旅游购物还没有形成规模,更谈不上形成一个产业,其原因是旅游商品品种单一、做工粗糙、包装简陋,有些商品品位不高、缺乏知名度,有些旅游商品虽带有浓郁的地方特色:如藏刀、玉雕石刻、虫草、雪莲、鹿茸等,但因其不便于携带、价格昂贵等原因,使很多游客望而却步也使青海的旅游经济受到一定影响。

民俗旅游是整个青海旅游的一个组成部分,青海旅游存在的问题同时也制约着民俗旅游的发展,解决这些问题,要在逐步完善环境问题的情况下,科学地开发和利用青海民俗旅游资源,合理地规划民俗旅游区并不断完善丰富其内容,同时做好青海民俗旅游的宣传工作。

三 开发青海民俗旅游资源,合理规划民俗旅游区

综上所述,在长期的生产实践和社会生活中,青海各民族依据所处的地理环境、社会环境、生产方式,依据各民族的信仰、心理等形成了个性鲜明、风格迥异、内容丰富的民俗风情。透过这些丰富多彩的民俗风情,游客便可初步了解并认识世代居住于青海的各民族,感受青海民族传统文化,体察这一传统民族文化对人类学、社会学等的贡献及潜在影响。考察青海民俗风情,发现多数的民俗活动所举行的时间集中在每年农历的六月至九月,特别在农历六月举行的更多,而这段时间恰好是青海一年中最美的季节,是青海的旅游旺季。因此抓住这一时机,加大投入精心组织,在开发与包装工作上多做文章,就显得尤为重要。

(一)精心包装、打造精品

经过精心包装,推出一批在国内甚至在国外有一定知名度的青海民俗旅游精

品。在这方面我们应向国内一些旅游业发展较好的省市学习,结合本省实际情况,定期举办一两个有影响力、有旅游价值的民俗活动艺术节。例如,围绕青海最具影响力的民俗活动"花儿",在每年的农历六月六举办名为"中国·青海花儿艺术节",让其四百多年的历史永远传承;围绕具有青海浓郁特色的信仰藏传佛教各民族的民俗活动,举办每年一次的"青海藏传佛教文化艺术节"、热贡藏乡六月会,依托青海玉树草原独特而丰富的藏民族歌舞,举办"青海玉树民族歌舞节"等。举行这些活动的宗旨是,通过有选择性地集中展示青海丰富的民俗旅游资源,打造青海民俗旅游的品牌,扩大青海旅游业的知名度、美誉度,发挥民俗风情旅游最大的优势:即旅游者能亲身体验民风民俗,参与民间活动,感受浓郁的人情味,使青海旅游业有一个更高层次的发展。

(二)科学规划,完善布局

由于青海民俗存在着多样性、复杂性以及地域上的分散性等特点,加之青海地域辽阔,旅游基础设施不完善,尤其是交通设施较落后,给众多来青游客带来了诸多不便,也使青海省在旅游资源的对外宣传及促销工作中存在着主体形象不明确等现实问题。因此,以科学规划为依据,不断完善青海民俗旅游区的布局,丰富青海民俗旅游的内容并展示其独特魅力尤为重要。目前,青海民俗旅游区主要有以下几处。

1. 西宁民俗旅游区

该区包括西宁及所辖的湟中县、湟源县、大通县等,该区为青海省省会,人口有200多万,民族众多,旅游设施相对配套而完善。该区民俗旅游资源较为丰富,其中以湟中塔尔寺的宗教民俗活动最为著名,也最具代表性,其他还包括以西宁凤凰山、大通老爷山为主的"六月六"花儿会;围绕湟源日月山所举行的当地民俗活动;被称为"玉石公馆"的青海民俗博物馆;已建成或正在修建的位于西宁市的可集中展示全省各民族风俗的民族风情园以及购物饮食文化街等。确定该区的民俗旅游为青海民俗的综合展示主题。

2. 河湟地区土族民俗旅游区

该区位于青海省东部农业区,包括互助土族自治县和民和回族土族自治县,以土族为主,区内旅游设施较完善。主要民俗旅游资源包括土族婚礼、安昭舞、轮子秋、土族服饰、刺绣及河湟地区的"花儿"、民和境内著名的"纳顿会"等。显而易见，该区的民俗旅游主题应是绚丽多彩的土族民俗风情游。

3. 环湖地区民俗旅游区

该区因境内中国最美的湖泊青海湖而得名，其范围包括海北藏族自治州和海南藏族自治州。藏族是该区的主要民族，因而其民俗活动也以反映藏民族风情为主，如代表着青海民俗特色的盛大而神秘的"祭海"活动、藏族婚礼，以及藏族服饰、射箭、赛马等。以美丽的青海湖为背景，领略浓浓而神秘的藏民族风情应是该民俗旅游区的主题。

4. 黄南民俗旅游区

该区位于青海省东南部，范围包括全国艺术之乡同仁县及尖扎县、泽库县、河南蒙古族自治县等，是一个以藏族为主，汉、回、土蒙等多民族聚居之地。该区的民俗旅游资源十分丰富且独具个性，尤其以同仁县为主的民俗活动享誉中外。例如著名的民间"热贡艺术"、藏传佛教寺院的宗教民俗活动；黄南藏戏，藏族、土族等参加的盛大的"六月会"及被誉为舞蹈活化石的"於菟"等。该区民俗活动，较之其他民俗旅游区更具丰富性、原始性、多元化等特点，目前同仁县热贡国家级历史文化名城旅游区已成为国家4A级旅游景区。因此，该区的旅游主题是游览考察青海同仁民间文化艺术。

5. 玉树民俗旅游区

地处长江源头的玉树藏族自治州素有藏族"歌舞之乡"的美称，因与四川、西藏等地相连，地理位置优越，有雪域江河、有厚重的历史、有独特的土风歌舞、民俗民风、民居建筑、手工艺术等民间文化和佛教文化，有宗教的神秘，更有淳朴的民风和康巴歌舞，其歌舞蕴藏之丰富，种类之繁多，内容之广博，风格之独特，堪称青海之最。另外，玉树草原的赛马会，以及藏民族服饰展演都是很有影响的藏民俗活动。弘扬民族民间优秀文化、展示民族发展历史是该区的主题。

（三）延伸民俗旅游文化产业链

促进民俗旅游产品向文化、体育、群众生活的各个方面渗透，除了抓好商品开发与生产之外,还要联合大的旅游产品,采取各种灵活的机智和模式,本着共同发展、相互促进、利益共享的原则,利用新产品、新项目、新线路,推出红色旅游、农业旅游、工业旅游、科教旅游、休闲度假旅游、夜生活,将更多的产品逐步纳入民俗旅游产业。众所周知,与其他旅游相比较,民俗旅游的真正受益者是农牧民,是那些旅游营业户。民俗旅游业是被作为解决农业增收、农牧民增效、农村牧区稳定的一种有效模式,作为农牧区新的经济增长点,也是少数民族地区经济发展和社会进步的一个突破口。可见,做大做强民俗旅游,有极其重要的意义。

四 切实做好青海民俗旅游宣传促销工作

宣传对于旅游业是至关重要的。因为旅游宣传是宣传旅游文化,是运用文化工具的宣传,其性质是文化宣传。旅游资源,要靠宣传才能为人所知。这种宣传当然必须恰如其分,但也要充分使之"听了介绍之后想去一游"。我们现在旅游业所进行的市场开发工作,其核心便是针对中外旅游者的旅游心理,宣传当地的旅游资源,激起旅游者的游览欲望。民俗旅游尤其需要重视宣传。由于民俗所具有的民族性、地域性特征使当地民俗不易为外人所知,有些民俗事象也很难被外人理解。因此,宣传和介绍民俗是青海搞好民俗旅游的首要任务。一个旅游活动的完成必须具备三个方面的条件:旅游者、旅游设施(包括生活设施和文化享乐设施以及设施背后的设计人员)、旅游服务人员(包括导游和宾馆、饭店的服务员)。作为客方的旅游者,经过旅游设施这一中介体,与作为主方的旅游服务人员发生联系(三者关系的这种分法,不同于旅游学的分法,主要是考虑到宣传的需要)。民俗旅游必须针对这三个方面进行有意识的宣传,作为主方的旅游服务人员,应当熟知中外一般性交往礼仪和当地风俗礼仪,为旅游者创造一个良好的形象。旅游界有"导游是最好的大使"的说法。民俗旅游相对于其他文化旅游而言,对于导游的要求更加严格。作为民俗旅游团体的导游,需要熟知当地的风土人情、地方掌故、风味特产、小吃名点,还应当具备一定的民间文艺素养,了解当地的神话、传说、典故寓言、笑话歌谣、谚语等,尤其是了解和当地民俗事象有关的风俗传说故事、与旅游景点有关的地方风物传说。因此，对旅游服务人员进行民俗学方面的培训，介绍民俗学知识是非常必要的。

作为客方的旅游者，他首先是被当地的民俗事象所吸引，才会来到这里观赏当地的民俗风情。其次，旅游者在参观游览过程中除看到的民俗事象外，往往还想了解相关的民俗知识，以丰富旅游的内容开阔自己的视野。对于前者，吸引旅游者正是旅游宣传的主要内容，对于后者，也是旅游宣传应该给予满足的。

作为中介体的民俗旅游设施，必须展现地道的民俗特色，使旅游者在其中能够享受到"身临其境"的乐趣。要想达到这个目的，民俗旅游的设计者必须熟知当地民俗，并且还要了解旅游者的欣赏口味，例如：去察汗河国家森林公园，骑马游览观赏杜鹃花，在优哉游哉中融入大自然。这些旅游设施的设置既考虑到交通民俗的特色，又满足了旅游者观赏的要求，使广大来青游客能够很便捷、很舒适地进入较为分散的各民俗旅游区，感受青海民俗旅游的独特魅力。

为了配合民俗旅游的宣传，可以组织有关专业人员编写通俗易懂的民俗书籍，既介绍民俗旅游和民俗学的基本知识，也介绍具体民俗事象的起源、发展和演变，这些书籍一方面为导游提供必备的民俗背景材料，另一方面，也可以直接提供给旅游者增加旅游者对当地民俗的了解，提高游览的兴趣。

民俗旅游是一个基本设施配套要求高、启动慢、大投入、大产出的产业，特别是在国民收入不是很富足的情况下，在旅游产业还处于初级发展阶段的今天，吃住行游购娱六要素中，一般旅游产品多停留在前四个要素的消费上，绝大多数景点只赚到门票的收入，最初的投资迟迟不能收回，只有鼓励多种投资主体，特别是利用现代化的融资手段，大力启动民间投资，积极引进外资，逐步形成政府、社会、个人共同参与的多种经营方式，多层次、多渠道、多体制办旅游，才能推动民俗旅游大发展。

需要注意的是，历史文化、民俗风情是一个民族生命力的继承与延续，每个民族的民俗风情文化都需要发展，只有在发展中才能更好地生存，但在发展的进程中必须建立在适合于自身发展的基础上，寻求自身文化发展的轨迹，而不是对其他模式的照抄照搬。

参考文献

梁建垮：《浅析民俗旅辨资源的分类与区域比较》，《广西教育学院学报》2003 年第 2 期。

黄咏：《浅析西部地区民族体育旅游的发展思路》，《布依学研究（之八）贵州省布依学会布依文化与旅游专题研讨会论文集》，2002。

钟金贵：《论民俗文化与旅游》，《遵义师范学院学报》2008 年第 2 期。

着力打造青南藏区节日民俗文化旅游品牌

摘　要：青南藏区节日民俗文化底蕴深厚，民族风情独具特色，在旅游资源开发中，以"人无我有、人有我新、人新我特"的思路强化精品意识，优先开发具有比较优势的文化旅游资源，将有助于民族传统文化产业的发展，促进文化、旅游、经济全面繁荣发展。

关键词：青南藏区；民俗文化

党的十七届六中全会提出，推动文化大发展大繁荣，既要重视文化产业的发展，又要注重文化事业的建设。既要让人民过上殷实富足的物质生活，又要让人民享有健康丰富的文化生活。发展民俗旅游既是传承、发展文化特别是优秀传统文化的良好依托和方式，也是人民群众享有健康丰富文化生活的有效举措。青南藏区，地广人稀，群众居住分散，交通不便，致使农牧民群众平日交往较少。因此，人们借节日机会，传递信息，增进友谊，交流经济。藏民族的传统节日，不仅可以为许多非物质文化遗产的继承和传播创造良好空间，而且节日作为人文旅游资源，具有鲜明而丰富的内涵和特点，具有不可低估的开发价值。因此，打造青南藏区节日民俗文化旅游品牌，对于实现青南藏区节日民俗文化良好的传承与保护、实现这一区域民俗旅游的可持续发展以达到经济发展与文化保护的双重目的具有重要意义。

一　正确对待民俗文化遗产

（一）继承和弘扬藏民俗文化中的精华

民俗文化旅游开发者要了解青南藏民族的本土民俗文化，知道他们的价值观、审美情趣，知道他们的喜好，并能从较高层次上理解他们的精神世界。在开发民俗文化旅游项目时，要继承和弘扬民俗文化的精华，重视民俗文化实用与审美相统一的特点，从而实现节日民俗文化更大的旅游价值。

(二) 保持藏民族传统节日的原真性

把少数民族传统节日当作一种民俗旅游品，光是利用节日现有的传统习俗是不够的，必须提高节日的文化品位和科学内涵。在使游客置身于节日中的歌舞文化、饮食文化、服饰文化和礼仪习俗等方面的同时，还应引导其借助日，与历史沟通、与现实对话，捕捉更深层面的文化信息，切实与节日文化环境相感应，充分享受节日文化的美感。因此，在开发传统节日这一民俗旅游资源中，必须坚持原真性原则，保持其民族性、历史性、神秘性、周期性、传统性和参与性，因为这些正是少数民族传统节日的魅力所在。节日能否在当代民众生活中引人注目，能否成为社会公众的一种强烈的精神需要，是一个值得思考的现实问题。我们在构建新的节日形态的时候，不仅要考虑到它与当代社会的适应与协调，而且也应该对传统节日的文化资源有一个正确的估计，应该充分挖掘节日文化资源，利用有效的传统形式，赋予它新的意义。正如著名的民俗学家钟敬文教授所指出的："把传统民间节日活动中那些确实带有生活情趣的一些活动，认真加以挑选和运用。这样做，不但丰富了我们的新文化，也将使这种文化确实地具有较多的民族色彩和感情，而这点是很宝贵的。"

二 突出民族特色，精心设计旅游项目

(一) 突出民族特色

青南藏区节日民俗文化底蕴深厚，民族风情独具特色。在旅游资源开发中，要坚持"人无我有，人有我新，人新我特"的思路，强化精品意识，优先开发具有比较优势的文化旅游资源，把最能反映青南藏族聚居区节日特色的藏戏、服饰、饮食、民族歌舞等融为一体，使区域节日民俗文化旅游既星光灿烂，又重点突出，凸显一批名优品牌、规模产品和精品线路。在旅游项目方面可广开思路，

设计游乐项目,以点带面,全面促进其他相关民族传统文化产业的发展,从而达到促进文化、旅游、经济全面繁荣发展的目的。

(二)提升旅游项目的参与度

传统节日民俗是一种民间综合的文化现象,是当地人民在长期生产和生活实践中逐步积累起来的文化财富。节日民俗文化历史悠久,流传面广,具有极大的普及性和群众性。而节日民俗活动,不仅密切了人和人之间的联系,有效调节民众的心理和生理状态,获得一种身心放松和精神自足,而且还可以通过节日这个人们共享的文化"平台",表露群体意识和显示民族精神,实现民众之间的情感沟通,展示民众的生命活力。由于现在很多旅游者大多不再满足于单纯的观赏,而是希望通过亲身的投入,成为特定民俗环境中的一员,满足自己休闲、探奇、求知的旅游需求。因此在开发和设计旅游产品时,为满足游客的参与愿望,可以在节日期间通过吃藏餐、穿藏服、住帐篷等活动加深游客对藏民族文化的理解。

三 打造品牌,助推经济发展

(一)加强宣传促销,创建品牌

首先,每年应选择几个重点的民族节如"雪顿节""热贡艺术节""赛马节"等节日进行重点培育和重点包装宣传,逐步提升节日文化旅游的品牌效应。其次,提供广阔舞台,通过举办区域性的艺术节、州县大型民族文化活动,以及旅游景区文化表演、民族风情会演等举措,为民族文化广泛提供展示舞台,提高民族文化的艺术水平和社会影响。第三,把民族文化旅游宣传与影视文化结合起来,通过民族风光片、电视、摄影作品等,充分展示青南藏区多姿多彩的民族文化,把藏民族文化游、生态游、自然风光游推向全国、推向世界。

(二)以节日民俗文化的本真性提升旅游产品的价值

在节日民俗文化的保护中,当地经济的发展是必要的前提。一旦当地居民的生存和发展得到了保证,他们才会体会到保护、传承本民族文化实际上就是维护自己的经济利益，才会发自内心地对本民族的文化充满自豪感。从民俗旅游开发的角度来讲，民俗旅游产品的设计与展示，特别是在民俗活动的组织过程中，当地人支持与参与是检验该产品本真性的一个重要指标。如果某种民俗活动本来就是当地居民日常生活的一部分，同时又受到旅游者的喜爱，那它的本真性就是毋庸置疑的。如青南藏族居民喝熬茶、吃糌粑、听藏戏、歌舞融于生活的习俗，既是当地人喜爱的日常活动，又是旅游者感兴趣、并乐于体验的民俗旅游活动。同时，如果一种民俗活动是专门为旅游者"制造"的，当地居民的认可和赞同同样是其真实性的保证。因为民俗文化的核心是人，民俗旅游资源的核心也是人，只有当社区或文化团体确定对他们自己来说什么更重要，并影响着与旅游者和旅游业的交换过程时，真实性才会得到保护和加强；对民俗旅游的消费者来说，虽然他们选择民俗旅游的动机都是体验原汁原味的民族风情，但由于游客的文化背景和各方面主观因素的不同，对民俗旅游产品真实性的认知度也各有不同。首先，不同消费者对同一产品真实性的需求是不同的。其次，同一消费者对不同产品的真实性的感知也不同。这里所讲的真实度就是消费者对民俗旅游产品本真性共同认定的程度，是消费者对民俗旅游产品好坏评判的倾向性指标，也是经营者对产品评判的重要参考指标。因为文化商品同样受到经济规律的制约，如果它的真实性不能满足消费者的需求，其交换价值则无从体现。

四 加强对牧民的培训和引导

要把青南地区节日民俗文化旅游做活、做大、做好，就得加强对牧民的培训和引导工作，激发牧民办旅游的积极性和提高牧民办旅游的能力。青南藏区民俗文化旅游能否可持续发展的关键在于当地牧民对自己文化价值的认识，成为自己文化的主动传承者和保护者，要做到这一点，首先是让当地牧民在对自身文化资源的利用中获得利益，并通过教育培训，使他们成为当地旅游业发展的主体。制定和实施牧区旅游从业人员系统培训计划，建立牧区旅游导游队伍，进行区域历史和民族文化等方面的知识培训，加强他们的文化遗产保护意识，帮助当地艺人和熟知当地历史文化知识的人，对历史文化进行研究和整理，并鼓励他们对年轻一代进行相关历史文化的传授。

五　协调旅游开发与生态环境保护的关系

青南藏区是生态地位重要的区域，我们在发展节日民俗旅游时必须走可持续发展之路，以实现经济、社会和生态保护的良好互动关系。在发展民俗旅游过程中，我们在强调对自然生态环境保护的同时还要强调对民族文化生态环境的保护，保持民族文化生态的平衡。因此，必须采取有效措施实现民族地区民俗风情旅游的可持续发展，具体地讲，在民俗风情旅游开发的过程中，应合理规划、科学设计，将旅游资源的开发与自然环境的保护、再生资源的永续利用紧密结合，根据旅游环境承载力的大小，以价格、宣传等手段来控制游客数量，加强环保宣传与环境管理，追求经济、社会、环境效益的统一。

青南藏族聚居区节日民俗文化旅游发展研究

摘　要：民俗旅游是一种高层次的文化旅游项目。其中，节日民俗积淀着民众的历史文化情感，在变化中继承，在传承中发展节日民俗旅游，不仅可以借助旅游景观景点有效地宣传藏区民俗文化，而且可以不断丰富和更新藏区旅游业的内容，为青南藏族聚居区旅游业乃至经济发展注入新的血液和活力。

关键词：藏族；节日民俗；文化旅游

民俗旅游是一种以体验异域风俗为主要动机的旅游，是近年来兴起的一种高层次的文化旅游项目，由于它满足了游客"求新、求异、求乐、求知"的心理需求，民俗风情旅游已成为政府部门发展经济、吸引外资的重要文化资源。民俗旅游也已成为当今旅游业的一个亮点。在全球化背景下，民俗旅游已经成为全球化的一种表征，越来越成为人们娱乐休闲、摆脱生活压抑的一种方式，民俗风情旅游已经成为人们寻异猎奇的对象，是满足人们对社会的想象之途径，随着民族国家内部地区间经济文化的差距日益凸显，也已经成为地区间文化想象的文化符号。

节日民俗作为人民群众生活中的一种约定俗成的民间传统，有着较深的历史渊源和独特的生命力。节日民俗的发展与演变，是一个历史文化的积淀过程，它积淀着民众的历史文化情感。伴随着岁月的行进，节日民俗在变化中继承，在传承中发展。大力发展节日民俗旅游，不仅可以借助旅游景观景点有效地宣传藏区民俗文化，把青南藏族聚居区民俗文化推上旅游业市场，而且可以不断丰富和更新藏区旅游业的内容，为青南藏族聚居区旅游业乃至经济发展注入新的血液和活力。

一 文化、节日民俗与民俗旅游概述及相关性分析

（一）文化、节日民俗与民俗旅游概述

1. 文化

（1）文化的本质内涵

文化是指一个国家或民族的历史、地理、风土人情、传统习俗、生活方式、文学艺术、行为规范、思维方式、价值观念等。

人类学的鼻祖泰勒是现代第一个界定文化的学者，1871年，他在《原始文化》一书中提出了文化的早期经典内涵，即文化是包括知识、信仰、艺术、道德、法律、习俗和任何人作为一名社会成员而获得的能力和习惯在内的复杂整体[1]。有些人类学家将文化分为三个层次：高级文化（high culture），包括哲学、文学、艺术、宗教等；大众文化（popular culture），指习俗、仪式以及包括衣食住行、人际关系各方面的生活方式；深层文化（deep culture），主要指价值观的美丑定义、时间取向、生活节奏、解决问题的方式以及与性别、阶层、职业、亲属关系相关的个人角色。高级文化和大众文化均植根于深层文化，而深层文化的某一概念又以一种习俗或生活方式反映在大众文化中，以一种艺术形式或文学主题反映在高级文化中。

由此可见，文化的本质，广义上是指人类在社会历史实践中所创造的物质财富和精神财富的总和；狭义上是指社会的意识形态以及与之相适应的制度和组织机构，其中作为意识形态的文化，是一定社会的政治和经济的反映，又作用于一定社会的政治和经济。随着民族的产生和发展，文化具有民族性。每一种社会形态都有与其相适应的文化，每一种文化都随着社会物质生产的发展而发展。社会物质生产发展的连续性，决定文化的发展也具有连续性和历史继承性。

（2）文化的特征

第一，文化是共有的，它是一系列共有的概念、价值观和行为准则，它是使个人行为能力为集体所接受的共同标准。文化与社会是密切相关的，没有社会就不会有文化，但是也存在没有文化的社会。在同一社会内部，文化也具有不一致

性。例如，在任何社会中，男性的文化和女性的文化就有不同；此外，不同的年龄、职业、阶级等之间也存在着亚文化的差异。

第二，文化是人类社会特有的现象，是人们社会实践的产物，是人自己的生存活动，也是前人生存活动的结果，人类生活的基础不是自然的安排，而是文化形成的形式和习惯。

第三，文化的核心来自历史传统；文化具有清晰的内在的结构或层面，有自身的规律。

第四，一方面文化是正在进行、不可停顿的生存活动，另一方面是寓蕴于这种当下的生存活动中并规范、调节、控制、影响着这些生存活动的知识、价值、意义。

第五，在一定程度上，文化与我们分离，如同自然给予的世界与我们分离一样，我们无法逃脱地站立在我们创造的文化世界中，也就像我们站在自然世界中一样；尽管文化只是源于人类，而且为了保存文化的生命力，人作为承担者使用文化，并用文化来充实自己。但文化并非附属于人，而是外在于人的独立存在。事实上，文化可以与承担者分开，并可以由一个承担者向另一个承担者转化。

2. 节日文化

节日是具有特殊意义、特殊活动内容的日子，并且以年度为周期，循环往复，周而复始。节日文化是以文化活动、文化产品、文化服务和文化氛围为主要表象，以民族心理、道德伦理、精神气质、价值取向和审美情趣为深层底蕴，以特定时间、特定地域为时空布局，以特定主题为活动内容的一种社会文化现象。它是人类文化的组成部分，是一个民族生活文化精粹的集中展示，是观察民族文化的一个窗口，也是研究地域文化的一把钥匙。

节日文化也是一种历史文化，是一个国家或一个民族在漫长的历史过程中形成和发展的民族文化，也是一种民族风俗和民族习惯，有深刻的寓意，有的是为了纪念某一重要历史人物，或纪念某一重要历史事件，或是庆祝某一时节的到来等。当然，就目前而言，节日能否在当代民众生活中引人注目，能否成为社会公众的一种强烈的精神需要，是一个值得思考的现实问题。因此，我们在构建新的节日形态时，不仅要考虑到它与当代社会的适应与协调，而且也应该对传统节日的文化资源有一个正确的估计应该充分挖掘传统节日文化资源，利用有效的传统形式，赋予它新的意义。

正如中国民俗学家钟敬文教授于1990年指出："把传统民间节日活动中那些确实带有生活情趣的一些活动，认真加以挑选和运用。这样做，不但丰富了我们的新文化，也将使这种文化确实地具有较多的民族色彩和感情，而这点是很宝贵的"[2]。传统节日在当代社会不仅是传承传统文化的重要载体，同时它也为民族文化传统的创新与发展提供了基础与凭借。民间文化不仅仅是物质的精神的宝贵财富，它同时还是建设先进文化，将之推向前进的坚实基础和重要助力。

3. 节日民俗

"民俗"的概念由英国学者汤姆斯在1846年首次提出，1927年开始在我国逐步得到运用，民俗是指由时代传袭下来的、同时继续在现实生活中有影响的事迹，是形成了许多类型的事象，是有相对稳定形式的事象，是表现在人们的行为上、口头上、心理上的事象，是反复出现的深层次文化事象；民俗是一个国家或一个民族传统文化的载体，了解一个国家或一个民族的文化，民俗是最好的窗口。而民俗旅游所展现的民俗事象主要以传统民俗（或曰"旧俗"）为主。这是因为，民俗具有稳定性特征，一种民俗事象一旦形成，便会在相当长的一段时期内保持其固有的形态，有的甚至几千年都不会发生太大的变化。由于传统民俗体现了一个国家或一个民族的文化，在民俗旅游中，把传统民俗作为活动的主体内容，有利于旅游者形象、直观地了解一个国家或一个民族的文化。

美国民俗学家格特路德认为：民俗实际是一种公共的产品，是代代遗传下来的；关于节日民俗，英国学者雷蒙·威廉斯于2005年在《文化与社会的词汇》一书中提出：节日符号作为民族在长期历史实存中形成并在特定时日集中展现的相关文化元素的集合的典型表征，显性地集聚表达了该民族的某些文化特性，其功能与文化一样展现为对"人类发展的普遍过程"的一种关怀[3]。节日民俗活动是民俗文化集中对外展示的机会，这些活动具有深厚的文化底蕴，气氛热烈，群众参与性强，深深吸引着远近的游客。目前，通过对民俗文化的旅游开发行为可以概括为六种基本模式。第一，集锦荟萃式。指将散布在一定地域范围内的典型民俗集中于一个主题公园内表现出来，这一模式的优点是可以让游客用很短的时间、走很少的路程就领略到原本需花很长时间、很长路程才能了解到的民俗文化，其缺点是在复制加工过程中会损失很多原有的民俗文化信息内涵，如果建设态度不够严谨，可能会歪曲民俗文化。第二，复古再现式。它是对现已消失的民俗文化通过信息搜集、整理、建设、再现，让游客了解过去的民俗文化。这种模式的优点是可以令时光"倒流"，满足游客原本不能实现的愿望，但也存在着与集锦荟萃式共同的缺点。第三，原地浓缩式。一些少数民族村落或民俗文化丰富独特的地区由于时代的发展已在建筑、服饰、风俗等方面有所淡化，不再典型，或者民俗文化的一些重要活动（如节庆、婚嫁）原本在特定的时期才会呈现，令游客不能完全领略当地民俗文化的风韵，故当地政府或投资商在当地觅取合适地段建设以当地民俗文化为主题的主题园，集中呈现其民俗精华，如海南中部的苗寨和黎塞风情园均属此类，其优点是方便游客充分了解当地或该民族的民俗文化精髓，其缺点是在真迹旁边造"真迹"，令游客自然形成对比，对有些游客不能构成吸引力。第四，原生自然式。它是在一个民俗文化相对丰富的地域中选择一个最为典型、交通也比较便利的村落对旅游者展开宣传，以村民的自然生活生产和村落的自然形态为旅游内容，除了必要的基础设施建设外几乎没有加工改造，如广东连南三排瑶寨、夏威夷毛利人村落等，其优点是投资很少，让游客有真实感，能自然地与当地居民交流，甚至亲身参与劳作，有很大的活动自由度，缺点是难以将旅游开发带来的利益公平地分配给村民，村民的正常生产生活受到干扰后可能产生抵触或不合作，难以保证村民们在接待游客时保持热情、友好、不唯利是图。第五，主题附会式。指将民俗文化主题与某一特定功能的旅游业设施结合起来，形成相得益彰的效果。

以上五种模式均为长期存在、旅游者可随时前往欣赏的旅游开发形式，但也有一些特定的民俗文化只存在于很短时间，激发短暂的旅游人流。

4. 民俗旅游

民俗作为无形文化资源，在现代旅游中的价值正日益展现出来，民俗旅游是民俗与旅游的结缘，是以民俗事象为主体内容的旅游活动。民俗与旅游历来就有不可分割、血肉相连的密切关系，我们从中外古今旅行家的大量游记中，可以追溯到两者结合的渊源。如《马可·波罗游记》《徐霞客游记》等古代著名游记中，就有许多对当时各地民俗事象的记述。

众所周知，旅游是以游览为目的的旅行活动。广义的旅游活动包括含游览内容在内的各种目的旅行，而观风察俗、考察民间文化艺术历来就是旅行内容的重要组成部分。狭义的旅游活动是指以休闲、游乐为主要目的的旅行，包括参观、游览、娱乐、消遣等游乐旅行活动。由于民俗所具有的特殊性，使民俗旅游作为一个旅游项目，既可以为以游乐为目的的专门的旅游团体所采用，也可以为兼有旅游目的的商人、宗教徒等所喜爱。

总之，民俗旅游就是指人们离开惯常住地，到异地去体验当地民俗的文化旅游行程。民俗文化作为一个地区、一个民族悠久历史文化发展的结晶，蕴含着极其丰富的社会内容，由于地方特色和民俗特色是旅游资源开发的灵魂，具有独特性与不可替代性，因而，从某种意思上来讲，民俗旅游属于高层次的旅游，旅游者通过开展民俗旅游活动，亲身体验当地民众生活事项，实现自我完善的旅游目的，从而达到良好的游玩境界。目前民俗旅游的内容主要包括生活文化、婚姻家庭和人生礼仪文化、口头传承文化、民间歌舞娱乐文化、节日文化、信仰文化等。

（二）旅游的文化性决定了民俗旅游的文化特质

民俗旅游属于文化旅游的范围，旅游所具有的文化特性在民俗旅游中均有体现。

1. 民俗旅游给游客提供鲜活动态的文化享受

民俗旅游所展现的文化是一种鲜活的动态文化。由于民俗是以人的具体活动为载体的一种文化形式，以人为载体这一特点本身就决定了民俗的动态特征。无论是各种民俗仪式，还是各种民俗意识，总是贯穿在人的各种行为之中，以一种动态的方式展现在人们的眼前。即使在今天的民俗旅游以及其他某些活动中，人们有意制造的一些所谓的"失传"的文化，在现代的展示中也是以一种活的、现场表演的方式存在着，是一种"复活"的状态。值得一提的是，民俗所具有的传承性特征，使那些在我们今天的生活中依旧被遵循的各类民俗事象具备了历史沧桑感，随手拈来的一种民俗活动，或许就可以追寻数百年、甚至上千年的历史，而这种历史是我们可以看得见、可以摸得着的真实的历史。

正是由于民俗文化的这种鲜活的动态特征，使它在今天与旅游结缘中具有了得天独厚的优势，现代意义的旅游已经不是过去那种单纯的走马观光式的旅游，如今特别强调旅游项目必须与旅游者的参与相结合，参与性已经成为今天旅游的重要特征。民俗活动恰恰适应了旅游的参与性的特点，为游客参与、体验、了解独特的地域文化提供了其他旅游资源所不可替代的条件。

恩格斯曾把人的生活分为三类：一是生存，二是享受，三是发展和表现自己。旅游是以精神享受为主的人类文化生活。物质享受虽是旅游的一个基本内容，而精神享受（或称之为"文化享受"）则是旅游更为重要的特点。例如国内外游客来到青海，品尝地方民族小吃的色、香、味，固然满足了物欲，但更重要的是使国内外游客得到一种文化享受：品尝当地的民族烹饪艺术作品，欣赏当地的民族饮食文化。民俗旅游的内容能够时时、处处给人以文化的享受，它使旅游者在潜移默化中享受到一个区域、一个民族独特的鲜活文化。

2. 民俗文化是旅游的重要资源之一

旅游和旅游业赖以生存的旅游资源和文化有着密切关系。旅游资源主要包括两大类：自然景观和人文景观。自然景观不属于文化的范畴，是大自然的造化。人文景观则是以其丰富的文化内容来吸引众多的旅游者。人文景观既包括文物古迹、各类博物馆、当代建筑工程，也包括民俗文化等内容。青海省是我国多民族聚居地之一，也是我国北方少数民族发祥地之一，全省共有53个少数民族。众多古文化遗存证明青海的开发至少已有六千年历史。由于历史悠久、民族众多，所以在不同的历史时期产生了与这个时期相适应的风俗习惯，传流至今便成为当代蔚为壮观的丰富多彩的民俗事象。例如湟源县的丹噶尔古城、黄南州的热贡艺术以及彩虹故乡互助县等便是以展现我省历史民俗来吸引游客的旅游项目。青海民族众多，每个民族又都有其独特的风俗习惯，完全可以满足旅游者求新、求奇的特点。

3. 旅游服务是民族民俗文化的具体体现

旅游服务既包括提供必要的生活服务设施，也包括服务人员和导游的服务活动。在这种服务活动中，服务人员和导游直接与旅游者接触，他们的言谈举止表现出一个国家、一个民族的文化素养。这些人员既要了解一般的交往礼仪，以达到与旅游者沟通的目的；又要熟知本土风俗礼仪，为旅游者展现本土文化。因此，民俗文化旅游能够产生经济效益和社会效益的文化资本，通过民俗文化的差异化震撼产生社会效益，带动饮食、住宿、购物、交通、就业、招商引资等第三产业的发展，促进地区经济融入全球化市场体系。

（三）节日文化是发展青南藏区民族旅游业的核心

如前所述，节日文化是以文化活动、文化产品、文化服务和文化氛围为主要表象，以民族心理、道德伦理、精神气质、价值取向和审美情趣为深层底蕴，以特定时间、特定地域为时空布局，以特定主题为活动内容的一种社会文化现象。它是人类文化的组成部分，是观察民族文化的一个窗口，也是研究地域文化的一把钥匙。

藏族具有悠久的历史和灿烂的文化，同时也拥有丰富的节日资源，除了全藏区共同拥有的40多种节日外，还有难以统计清楚的地域性节日。节日是根据人们的物质生活和精神生活的需要而应运而生的[4]。从内容和性质上分有宗教性节日、生产性节日和时令性节日等等。既有宗教方面的，更有世俗方面的；既有农业牧业方面的，也有娱乐竞技方面的。节日还有不可低估的社会功能和文化价值。任何一种节日，都有一个统一的文化功能或文化价值，那就是划分时间段落，调节民众的生活。藏区的节日，基本上是群众的欢乐集会，人们借此机会休闲、放松、娱乐，载歌载舞。青南是青海省藏民族聚居区，泛指昆仑山以南、唐古拉山以北的广大区域，包括青海南部的黄南、果洛和玉树三个藏族自治州，俗称"黄果树"。青南地区有着极其特殊的地理位置，西与西藏自治区、南与甘肃省甘南藏族自治州、四川省甘孜藏族自治州和阿坝藏族自治州相邻，同为大藏区的重要组成部分。这里地广人稀，民众居住分散，交通不便，致使农牧民群众平日交往较少。因此，人们借节日机会，传递信息、增进友谊、交流经济。尤其在经济全球化的今天，在传统口耳相传的非物质文化生存空间越来越小的情况下，藏民族传统的民间节日，无疑发挥着保护库和传播带的作用。近年来，由于受外来文化的影响，青南地区民间的歌谣、民间舞蹈，以及形式多样的竞技和游艺文化的表达空间日益狭小，已经成为弱势文化，甚至在一些地方，这类无形文化只有在过节时才能得到体现。节日本身作为非物质的文化形态，还可以为许多非物质文化遗产的继承保持和传播创造空间。节日作为人文旅游资源，具有鲜明而丰富的内涵和特点，具有不可低估的开发和利用价值。伴随着不断扩大的旅游市场需求，适时地将其价值挖掘出来，以满足旅游者的要求，同时也可创造出更大的经济和社会效益。

节日浓缩了人们日常生活中的精华，保留了民族文化中最精致、最具代表性的一面。藏族历史悠久，传统节日多姿多彩，各具特色。例如黄南州同仁地区（热贡地区）每年六月中旬到下旬举行的"六月会"，是已知时间最长的藏族（也包括当地的土族）节日之一，也是艺术活动内容最丰富、参与面最广、气氛最热烈的藏族节日之一，是时，居住在隆务河两岸的藏族、土族村庄的全体男女老少都参加，从最早行动的四合寺村，到结束得最晚的苏乎日村，各村都有固定的日子，一般都有五六天的活动。除了请神祭神外，村民们每天都在铜锣和龙鼓的伴奏下，集体跳"拉什则"（神舞）、"莫合则"（军舞）、"勒什则"（龙舞），有的村还表演讽喻性的小品，还表演类似杂耍的爬龙树、跳虎头豹头面具舞，还有高跷、武术、合唱、对唱等。而每个村表演的相同名字的节目，内容和形式又不尽相同。有的节目具有原始戏剧的表演样式，有的节目有大段精彩的曲调和唱词，有的节目有独具特色的服装和面具。在"六月会"里，当地人们的舞蹈艺术、造型艺术、语言艺术、音乐艺术，都得到了充分的展示，并在展示中得到传承和发展。近几年，"六月会"的艺术内容得到进一步的弘扬和扩展，同仁县政府还在此期间举办了"热贡艺术节"，注重发挥"六月会"的文化内涵，在传统内容的基础上，增加了藏戏表演、民间绘画展览、宗教舞蹈表演等内容，吸引了大量的中外游客。由此我们可以看出，青南藏民族聚居区的民族节日文化与旅游有着天然的、非常密切的联系，它们相互依赖、相互影响。一方面，民族节日活动是民族文化集中对外展示的机会，这些活动具有深厚的文化底蕴，群众参与性强，气氛热烈，深深吸引着远近的游客；另一方面，旅游也反作用于民族节日文化，推动着藏区民族节日文化的不断交流与发展，使之更新与完善。同时，藏族节日文化呈现了宗教性、周期性、群众性、地域性、民族性、综合性、变异性、实用性等特点，它是发展民族旅游业的核心。

二 青南藏族聚居区丰富的节日民俗文化资源概述

藏族悠久的历史文化，对青南藏区的社会发展发挥了重要作用。藏民族的文化资源博大精深，源远流长。特别是民俗节日文化，是藏族人民智慧和劳动创造的结晶，传承着藏民族的情感与记忆。丰富多彩的民俗节日，千姿百态的节日文化，远远超越了节日的范畴，成为藏民族文化品格和精神家园。在新的历史时期，我们必须采取切实有效的措施，大力弘扬藏族传统文化，为建设和谐青海、和谐藏区提供强有力的精神支持。

（一）节日中的藏戏文化

藏戏的藏语名叫"阿吉拉姆"，意思是"仙女姐妹"。据传藏戏最早由七姐妹演出，剧目内容又多是佛经中的神话故事，故而得名。藏戏起源于8世纪藏族的宗教艺术。17世纪时，从寺院宗教仪式中分离出来，逐渐形成以唱为主，唱、诵、舞、表、白和技等基本程式相结合的生活化的表演。藏戏唱腔高亢雄浑，基本上是因人定曲，每句唱腔都有人声帮和。藏戏原系广场剧，只有一鼓一钹伴奏，别无其他乐器。藏戏是藏族戏剧的泛称。藏戏是一个非常庞大的剧种系统，由于青海高原各地自然条件、生活习俗、文化传统、方言语音的不同，它拥有众多的艺术品种和流派。藏戏大约起源于距今600多年以前，比被誉为国粹的京剧还早400多年，被誉为藏文化的"活化石"。西藏藏戏是藏戏艺术的母体，它通过来卫藏宗寺深造的僧侣和朝圣的群众远播青海、甘肃、四川、云南四省的藏语地区，形成青海的黄南藏戏、甘肃的甘南藏戏、四川的色达藏戏等分支。印度、不丹等国的藏族聚居地也有藏戏流传。藏戏种类繁多，但主流的是蓝面具藏戏。藏戏种类繁多，其主流的是蓝面具藏戏。

藏戏是中国少数民族戏曲中历史最为古老、流传最为广泛的民族剧种之一，据传藏戏最早由七姊妹演出，剧目内容又多是佛经中的神话故事，故而得名。其形式和风格带有鲜明的藏民族特点和浓郁的雪域文化色彩，显示了藏族文化特有的光辉，积淀了藏族深厚独特的古文化精粹，被誉为藏文化的"活化石"，在我国的民族文化戏剧史上地位不可低估。

1. 黄南藏戏

黄南藏戏是青海黄南地区藏族戏曲剧种，在19~20世纪中期，曾经覆盖了黄南藏族自治州以及相邻的循化撒拉族自治县、化隆回族自治县的部分地区，目前主要流行于黄南地区。

（1）黄南藏戏的发展沿革

黄南藏戏属于安多语系藏戏的一个重要支系，它的发展经历了17世纪中期到18世纪中期的说唱阶段；1740~1794年夏日仓三世时期三人表演的形成阶段；1854~1946年吉先甲时期的成熟阶段；1910~1973年多吉甲时期的兴盛发展阶段以及1980年以来的提高革新阶段。20世纪80年代以后，青海藏剧团在黄南成立，创作演出了《意乐仙女》《藏王的使者》《金色的黎明》等优秀剧目，在国内外产生了很大影响。1999年4月18日经青海省机构编制委员会批准改为青海省藏剧团，纳入全省重点扶持的剧种和剧团。2006年5月20日，黄南藏戏经国务院批准列入第一批国家级非物质文化遗产名录。然而，近几年来，受现代文化的冲击，黄南藏戏也面临着失传危机、剧团减少、艺人老化、演出范围缩小等困境。

（2）黄南藏戏的特点

第一，具有广泛的群众性和民间传承性。民间和寺院藏戏队，始终与社会民众保持着密切联系。第二，音乐方面保留了宗教音乐的成分，也吸收了当地民歌、舞蹈音乐等元素。第三，演出剧目除八大传统藏戏外，还有《格萨尔王传》《国王官却帮》等其他藏区没有的剧目。第四，保留了《公保多吉听法》这出古老而珍贵的原始戏剧形态的仪式剧。第五，即兴表演独具特色。这些即兴表演，既表现了编剧、演员高超的艺术水平，又对抨击时弊、净化社会环境起到了很好的作用。第六，历代黄南藏戏艺人在长期的艺术实践中，总结出各种行当及成套的表演程式、手势指法、身段步法和人物造型，吸收黄南寺院壁画人物形态，融入寺院宗教舞蹈、民间舞蹈及藏族生活素材动作等，形成了本剧种独有的艺术风格。

2. 果洛藏戏

果洛藏戏主要以演"格萨尔"史诗故事为主，亦称为果洛"格萨尔"藏戏。它源于四川省甘孜藏族自治州德格县左钦寺（也称大圆满寺），其寺历史悠久，尤以表演"格萨尔"藏戏闻名，与德格县相近的塞达县受其影响，也表演"格萨尔"藏戏，而青海果洛与其相邻，果洛格萨尔藏戏便由此传入。果洛藏族自治州是藏族史诗《格萨尔王传》产生的地方。早在两百年前就有国外学者来到青海的西南部果洛地区，搜集《格萨尔故事》《格萨尔王传》《霍岭大战》的藏文手抄本和记录了民间说唱艺人的《格萨尔》说唱，并译成法文、英文进行出版介绍。可以说，果洛草原深深浸泡在英雄格萨尔的神话与传说之中，在这片山峦叠嶂、河流纵横、水草丰美的土地上，每一座山都有格萨尔的传说；每一片草原都印着格萨尔的足迹；每一条幽谷山壑都有格萨尔的回忆；每一顶帐篷都在传唱《格萨尔传》不朽的诗篇；每一座寺院都在表演《格萨尔》藏戏。

（1）果洛藏戏的历史沿革

果洛"格萨尔"藏戏演出风俗与"格萨尔"说唱艺术一样，在青海果洛源远流长。只是"格萨尔"藏戏曾停演二十余年，在1980年前后，青海果洛恢复和重建格萨尔藏戏团23家，均以演唱"格萨尔传"故事为主，演出历史悠久，风格独特。其中果洛州班玛县的知钦寺，久治县的阿索寺和德合龙寺"格萨尔"藏戏团，甘德县的龙什加寺、龙恩寺，达日县的查朗寺"格萨尔"马背藏戏团等藏戏的演出最具表演特色。每当春节期间，各寺活佛就端坐在寺前广场一侧廊檐下的法座上主持本寺格萨尔藏戏表演，各寺的格萨尔藏戏表演，经过无数代艺人的不断丰富探索与发展，形成了自身显著的特点，即保留了说唱文学的艺术形态。如今，果洛格萨尔说唱藏戏艺术，正以其古朴、神秘、神圣而又浪漫传奇的色彩，以一种奇特的文化现象——说唱戏剧形态，引发了国内外众多专家、学者的极大关注，也吸引了国内外众多游客的目光。伴随着时代前进的脚步，果洛藏戏这颗璀璨夺目的民族艺术明珠，正焕发着勃勃生机。

（2）果洛藏戏的特点

青海果洛藏戏与青海其他地区的藏戏截然不同。第一，戏中的角色服饰为两种，一种为藏族生活装，另一种为与汉族戏曲服装相似戏装，也称藏族古装。其造型来源一是从西藏传来的模式；二是依据唐卡、壁画、佛像上的式样；三是借鉴汉族戏曲服饰。诸素材糅为一体，形成了自己的独特造型。第二，演员不戴面具，一律根据人物面部化妆，行色酷似京剧脸谱，有的黑面粗须，正气威武；有的白脸秀眉，和善文静；有的慈善雄壮，气宇轩昂；有的瞠目咧嘴，凶狠蛮横；有的白面白眉白须或黑脸黑眉黑须，或奸臣或妖魔；有的滑稽可笑等。第三，使用的道具比较少，主要有哈达、马鞭、刀、弓箭等。有时在演出场地放置一长凳，为君王大臣之宝座。布景一般选依山傍林之地，以山峦、草原为背景。第四，果洛格萨尔藏戏的表演，可以说是一种哑剧表演，以叙事诗形态为主，通篇都是唱词，唱词典雅，没有一句道白，音乐伴奏类似于汉族戏曲音乐。第五，表演形式主要分为两种，而且各具鲜明的民族风格。一种是广场马背藏戏，一种是广场藏戏。广场马背藏戏是在马背上表演的一种艺术形式，在马背上每角必唱、念、舞、技等。这种表演形式表示了舞台空间的转换。其表演风格强悍、干练，场面宏大、气壮山河，有着浓郁的藏民族生活气息；广场藏戏与早期藏戏相似，具有戏曲的特点，即"虚拟——没有实物的表演"，尽管舞台设在草原空旷的草地上，却没有崇山峻岭、河流湖泊、没有狂风骤雨、骏马车船，演员完全凭借虚拟的表演，使观众产生身临其境的感觉。

3. 玉树藏戏

玉树藏戏亦称玉树康巴藏戏，20世纪80年代初，扎西格勒继承玉树康巴藏戏的技艺和经验，采用《格萨尔王传》说唱曲调演唱，把玉树民间舞蹈糅合到藏戏表演中，根据剧情或表演内容设计舞蹈场面，同时吸收戏曲的表演手法，形成了类似于一种有歌有舞有说唱有故事情节的歌舞剧。现已发展成为玉树地区比较成熟的一种带有戏剧性的大型综合百艺歌舞的表演形式，主要由说唱、戏剧故事和玉树民间歌舞三个部分组成，是带有专业特点的广场表演艺术。

（1）玉树藏戏的沿革

17世纪中叶，西藏腹心地带的蓝面具戏江嘎尔、迥巴、觉木隆等流派的藏戏，包括白面具戏，先后传入康巴。经过当地人的不断排演编制，更兼以当地民间艺术的融入，像巴塘的"弦子"，道孚的锅庄、山歌，甘孜的踢踏舞、锅庄、酒歌等，康巴藏戏渐成系统。像道孚的藏戏唱腔与传统的西藏唱腔已经迥然不同，有些甚至变形。康巴藏戏对西藏传入的艺术传承形式，也做了丰富发展和改革创新，如巴塘降呷冉藏戏团，把西藏一鼓一钹的伴奏，发展成了有寺庙祭祀乐器法号、颈骨号、海螺、云锣等和民间乐器笛子等多种形式。

20世纪80年代初，扎西格勒继承玉树康巴藏戏曾演出过的技艺和经验，将《格萨尔王传》中的《大食财宗》之部的故事节选一部分章节，编成藏戏进行演出，他不仅担任编剧、导演，而且还能设计唱腔、舞蹈、服装和道具等，在当时很受藏族群众的喜爱。他采用《格萨尔王传》说唱曲调演唱，并固定为藏戏的音乐唱腔，把玉树民间舞蹈糅合到藏戏表演中，根据剧情或表演内容设计舞蹈场面，同时吸收了戏曲的表演手法，类似于一种有歌有舞有说唱有故事情节的歌舞剧。如今已经发展成为玉树地区比较成熟的一种带有戏剧性的大型综合百艺歌舞的表演形式，主要由说唱、戏剧故事和玉树民间歌舞三个部分组成，是带有专业特点的广场表演艺术。

玉树藏戏一般有五个表演段落：一是铃鼓舞开场；二是说唱，介绍剧情；三是藏戏短剧，包括藏戏片段；四是穿插滑稽节目，一般是选取生活中讽喻性内容进行即兴表演；五是民间歌舞，即以吉祥歌舞结束全剧。据说此剧与民间艺术家活佛达洛创建的四川色达《格萨尔》藏戏的戏路基本相同。另外，爱藏戏的老艺人排演了《文成公主》《卓娃桑姆》《苏吉尼玛》《格萨尔王》，在春节期间演出。可以说民间藏戏在相继复兴，不断发展壮大[5]。

（2）玉树康巴藏戏的特点

第一，玉树康巴藏戏保留着早期藏戏的原始风貌。据实地考察，玉树歌舞丰富多彩，玉树康巴藏戏吸收了大量的民间舞蹈的营养，为其藏戏的形成与发展奠定了基础，使玉树康巴藏戏独具一格，自成一派。玉树歌舞主要有"卓""伊""热巴""锅哇""古典舞""狮子舞""宗教舞"等。而玉树藏戏中歌唱和舞蹈的成分很重，这与玉树民间歌舞有着必然的联系，有些歌舞被吸收到藏戏中经过加工与改编，有了戏剧成分，有的则直接穿插进去用于表现剧情规定的集会、庆典等场面。如玉树县民间藏戏团演出的《卓娃桑姆》的一场婚礼戏，就直接采用了"卓"和"依"的形式进行歌唱、舞蹈和颂赞。首先是诵唱祝词，然后说唱，跳一段吉祥的舞蹈，最后念诵吉祥祝愿词，跳"卓"和"依"，旋律古朴悠扬，舞风粗犷奔放。

第二，民间舞蹈的运用。民间舞"热伊"，它吸收了"热巴"的某些动作却又不是"热巴"，具有"依"的某些舞蹈语汇却又不像"依"那样载歌载舞，是以模仿生活中如背水、挤奶等典型动作，表现藏族人民热爱劳动，热爱生活的优良品质和情趣。也有模仿公鸡踩进热灰时的蹦跳动作和小鸟飞翔动作。如在"热伊"中有一种小鸟舞，是十分古老的舞蹈，它通过模仿小鸟起飞、旋转、追逐、下落、觅食、吃水、衔哈达等一系列生动活泼的动作，表现出小鸟轻盈矫健的形象。在藏戏中小鸟舞应用较多，小鸟舞的艺术表演形式，早在一两千年前藏族远古先民们的拟兽图腾舞蹈中就已经产生了。传统藏戏《卓娃桑姆》《苏吉尼玛》中插有小鸟舞表演的场面，作为吉祥的象征。

第三，民间音乐的运用。玉树藏戏大量吸收"卓"和"依"的音乐。同时，用"卓"和"依"的曲调，作为玉树藏戏的唱腔。早期的热巴舞除鼓和铃外，无其他乐器伴奏，20世纪60年代以后，逐渐加入了牛角胡、竹笛等乐器。玉树藏戏中除沿用牛角胡、竹笛外，还增加了手风琴、电子琴等。在一些抒情性的唱词里，还结合剧情，吸收了玉树歌舞"卓"和"依"中常用的格律与比兴手法，进行论战、对话表演，以增强戏剧感染力。

节日文化是藏文化的一个重要组成部分，节日民俗文化为藏戏文化和民众之间的关系起到了连接和纽带的作用，并为藏戏的传播提供了重要的平台，同时藏戏表演又为节日增添了丰富的内容。如在雪顿节期间，人们在树茂草盛、百花争艳的罗布林卡内搭起帐篷或围幔，或一家人、或亲朋好友欢聚，暂时远离劳作之苦，而专心享乐，充分享受生活的乐趣。"林卡"的各个角落都充满着酒香和笑声，弹琴歌舞的欢乐[6]。

（二）节日中的服饰文化

服饰民俗是指人们有关穿戴衣服、鞋帽、佩带、装饰的风俗习惯。服饰是一种物质文化。勤劳智慧的藏民族，他们创造了与本民族历史一样古老、一样独特、一样灿烂的文化，而藏族服饰正是这百花园中鲜艳夺目的一枝。藏族的服饰反映出藏民族悠久的历史、休养生息的地理环境、生产生活方式、文化传统、审美意识、价值观念以及藏族同周围其他民族的关系等综合信息。服饰有盛装与便装之分，与朴素便捷的便装相比，节日盛装无疑凝聚着更多的人文信息、审美信息与技术含量。由于所处地域和生活习惯的差异，藏区各地的服饰呈现出各自的特点，一般来说玉树藏族服饰非常讲求色彩的鲜艳与协调。佩饰多为金银及珊瑚、玛瑙、贝类、猫眼石等金珠美玉，整个服饰富丽堂皇，充分反映了玉树藏胞对美的爱好和追求。藏族袍衣分为冬夏两装以及常服礼服多种。因质地的不同，可分为羊皮袍、布袍、毯毡袍、夹衫袍、呢料袍、羔皮袍等，其基本结构为垂直的大襟、宽大的衣袖、肥腰而无兜。另（男）袍长度等身，女袍略长于身。穿着时，先用头部顶住衣领，束腰后放下领子，垂下去的衣襟高度男女有别，男以系藏靴靴带处为界，不高于膝盖，女与脚面齐。平时男女均脱右袖，露右臂，劳动和跳舞时，或两袖全脱，结挽于腰间，严冬两袖全套。青年妇女还往往举起左袖口捂住眼下脸部，以挡住尘沙或抵御寒气，也形成一种"不识庐山真面目"的遮掩美。

黄南藏族男子装主要为大领无扣长袍。其质地有羔皮、老羊皮、毛毡子、棉布、氆氇等。按厚薄可分为单、夹、棉、皮袍。牛皮靴子的长筒，多用氆氇或褐子制作。帽子为礼帽、毡帽、狐皮或羔皮帽。喜爱佩藏刀，背猎枪。妇女多穿圆领长袍。袍长垂至脚面，腰系绸或布料彩色腰带。在发式上，女子多把头发梳成许多小辫，然后再结成一个或两个大辫，饰上发套。发套用红布制作，上面饰有银盾、蚌壳、银元、珊瑚等。发套从头上垂于臀部。妇女多戴珊瑚项链、金玉耳环等首饰。

果洛藏族男装的扎撩（束腰）、挽卷、长拖（下摆的长度）各部分与其他藏区不尽相同。女袍有两道贴边或三道贴边及角饰等。束腰及长拖与男装不同，其他方面大体一致。不论男女（除大头人、官员外）都不穿汗衫及布裤。新婚女子要穿大袖大褂和华丽的背心。大褂袖口镶有一圈彩虹式贴边。在背上挂汗巾成为习惯。下摆有的用水獭皮镶边，衣领用金钱豹皮为饰。普通人家则穿光板羊皮袍。

一般来说青南地区最具代表性的是安多服饰和康巴服饰。安多服饰富丽堂皇，大统一中局部多变。康巴服饰则宽大粗犷、英武健美、豪气飒爽，作为藏民族服饰文化中的一支灿烂花朵，它既具有藏民族的共性特征，又别具地方个性特色。其主要服装藏袍的基本特征是大襟、宽腰、长袖、超长、无扣。其腰带举足轻重，式样不拘一格，是藏装最显著的特征。色彩是康巴藏族服饰点缀美的灵魂，其运用最多的红、黄、蓝、绿、白、黑，往往包含了宗教的象征意蕴，又归纳了雪域大自然所呈现的直观表征。他们认为蓝、白、绿、红、黄五彩是菩萨的服装，蓝色代表蓝天，白色表示白云，绿色表示河流，红色表示空间护法神，黄色表示大地。服装佩饰是服饰文化中的华彩部分，如同大海中的浪涛，草原上的格桑花朵，更像天空中的片片彩霞。藏族的服装佩饰工艺品中绝大部分是以金银珠宝为主，这与藏族人的生活环境有关，艰苦的物资生活环境造就了他们对精神文化、理想美的向往和宗教信仰的强烈追求。每逢佳节或喜庆的日子，牧民们都喜欢争先恐后地把自己家所有的装饰品佩戴出来。这既是对财富的炫耀，也是一种精神美的展示。

（三）节日中的饮食文化

藏区的许多节日是在古老祭祀仪式的基础上发展起来的。出于对神灵的尊崇，在节日到来之前，人们都会根据各种神灵的"嗜好"，为其准备各种各样的美味佳肴，人们也会在祭祀之后分享到一份美餐。在缺吃少穿的年代，节日几乎成了人类传承其最优秀饮食文化的唯一时段。传统节日饮食在传承中华饮食文明的过程中发挥了无可替代的作用。

节日饮食鲜明地反映了物质生活层面的传统。如传统的藏历新年，藏历12月29日晚上开始，家家户户要团聚在一起吃"古突"（面团肉粥），以此辞旧迎新，求得太平康乐。这种面食含有丰富的意味：当每个人从"古突"里吃出包裹在面团内代表不同内涵的羊毛、羊绒、瓷漆片、辣椒、生肉、白色卵石等几十种东西的时候，家里掌勺的母亲便会解释其代表的意义；在藏历除夕各家都要在一个叫"竹素琪玛"的木斗内装酥油拌成的糌粑、炒麦粒、人参果等食品，上面插上青稞穗和酥油花彩板。然后把琪玛、"卡赛"（油炸果子）、青稞酒、羊头、水果、茶叶、酥油、盐巴等摆放在正堂藏柜之上，在大门前用糌粑或白粉画上吉祥八图，预祝新年五谷丰登、人畜两旺。可见人们在节日中注重饮食生活，每一节日食品都负载着深厚的民俗情感，文化内涵、节日食品的献祭、馈送与集体分享，构成了藏族节日物质生活的重要传统。

三　节日民俗文化旅游的价值分析

节日民俗在传统社会是民族文化的综合应用，"因为节日民俗是一种综合性的文化现象。它虽然在一定的时令举行，但其内容是包罗万象的，特别是一些大的节日，几乎是政治、经济、生产、生活（衣食住行）、宗教信仰、文化艺术、社会交往、民族心理等方面的综合反映，具有全息性质"[7]。时至现代社会，作为一种文化旅游，派生了多种功能与价值，并体现在物质文明（即经济）方面、精神文明方面、政治方面、社会方面、心理方面等多个角度。

（一）节日民俗文化是民族文化的继承与积淀，是民族地区发展民俗旅游业的根基之一

民俗文化融入旅游文化是当今旅游业发展的需要，也是满足旅游者旅游愿望的需要。在旅游领域，尤其是在旅游业发展到更高阶段的今天，人们常常寻求对

毫不熟悉或不知道的东西为旅游对象，不仅要在自然风光中摄取精华，还要通过旅游所见，了解某地区的文化状态，对整个风貌进行比较深入的了解。旅游部门如何才能满足游客的这一愿望呢？除了将旅游项目搞得丰富多彩外，还要弘扬民俗文化精华，这是民俗文化能成为优秀旅游项目的基础。旅游文化在发展中，必定要寻找传统文化与现代文化之间的联络点，节日民俗文化恰好在这一联络点上，因为它是民族文化的继承与积淀，无论传统节日还是宗教节日，一般都有着比较悠久的历史。例如被誉为"名山之宗"、"江河之源"、"牛牦之地"和"歌舞之乡"的玉树州，每年7月25日至8月1日都要举办以大型歌舞、赛马和物资交流为主要内容的赛马节；赛马作为传统娱乐活动，可以追溯到吐蕃盛世，善骑好武的藏民族，曾有过东攻盛唐、南降毗邻、广拓疆域的历史。自从佛教在吐蕃盛行以后，吐蕃人开始从戎马倥偬，逐渐走向忌讳杀生、笃实从佛之路。作为准备战争械斗的赛马竞技，也渐渐演变成纯粹以敬神、娱乐为目的的民间活动。从藏族早期史籍和壁画中也可以看到玉树地区的赛马竞技由来已久。据《自显毗卢庶那庙志》记载，公元641年，赛马竞技已成为当地老百姓迎亲的礼仪之一。如今玉树地区无论祭山敬神、迎宾送客、操办婚事等喜庆日子，都离不开赛马竞技。

民俗文化是民族文化的根基，它作为民众的一种生活模式，具有认识、教化、规范、心意、娱乐和审美等社会功能，其中那些具有娱乐和审美功能的区域民俗文化事象最能体现异地的人文特点，是旅游业开发利用的主要民俗文化资源。1991年，钟敬文先生在论述民俗文化学的具体效用时就指出："民俗文化学用于提高国民素质是务虚，用于协助民俗旅游业等的发展是务实。我看，务虚的重要性，绝不亚于务实，或者说意义更加重大……有了这一条，再去促进改革开放后的新事物，如旅游业等，才能真正从根本上有助于国力的增长。"

众所周知，发展旅游业离不开旅游资源。民俗旅游资源是形成旅游者从客源地到旅游目的地参加民俗旅游的促进因素，是能为旅游企业所利用，具有一定的旅游功能和旅游价值，并可产生经济效益、社会效益的各类民俗事象的总和[8]。

自20世纪80年代以来，就是我国旅游开发的热点之一。一方面，民族节日活动是民族文化集中对外展示的机会，这些活动具有深厚的文化底蕴，群众参与性强，气氛热烈，深深吸引着远近的游客。如前所述的青海省规模最大的节日民俗活动之一,即"康巴艺术节"(玉树赛马会),每年于7月25日至8月1日(公历)在玉树举行,除了赛马这一传统项目外,川、青、藏、甘等地的藏族艺人都会赶来表演文艺节目。届时,僧人礼乐、传统藏戏、藏家服饰展示、藏獒展览等极具地域特色的项目,足以让全国各地乃至世界各地的游人感到新奇、愉悦甚至是震撼;另一方面,旅游也反作用于民族节日文化。文化是旅游的灵魂,旅游的发展对节日民俗文化的繁荣也起到推动作用。近年来,旅游业逐渐发展成为青海重要的支柱产业,极大地推动了青南藏区民族节日文化的不断交流与发展,使之更新与完善。如黄南的热贡文化艺术节,每年7月在热贡艺术之乡同仁县隆务镇举行,为期6天的艺术节期间,举行热贡艺术作品大汇展。热贡文化艺术节在当地也叫"五屯艺术",发祥于15世纪的黄南州同仁县境内,迄今已有六七百年的历史。它是一种以工笔重彩的佛教绘画和以人物雕塑为主、带有浓厚的藏传佛教色彩的民族民间传统艺术,包括绘画(壁画、卷轴画即藏语称"唐卡")、雕塑(泥雕、木雕)、堆绣(刺绣、剪堆)、建筑彩画、酥油花等多种艺术形式。现已成为藏传佛教艺术领域中独具艺术特色的重要流派,许多作品在京、津、港、藏、甘、青等地都曾获得极高的评价。由此可见,旅游和文化艺术的结合实际上就培育出了一种新的文化业态。一方面把传统文化、本地特色作为文化产品推向旅游市场,使其转化为经济效益,另一方面通过旅游活动弘扬传统文化,宣传地方特色,从而更好地保护和促进文化的发展。

综上所述,商品经济的运行方式,决定了民俗文化传承与旅游经济协调发展的基本环节。要发展就离不开商品,而商品经济的运行是离不开作为商品交换场所的市场,有了商品经济就必须有市场存在,文化产业化就是借助旅游这块大市场,打造出具有民族特色的旅游产品,使民族地区在不超越资源和环境承载能力下加快经济发展。

(二)节日民俗文化旅游为非物质文化遗产的继承和传播创造空间,具有不可低估的开发和利用价值

21世纪,一种全新的旅游消费模式正在形成,其中,文化旅游动机正得到强化,出于求知的欲望,希望学习和探索异国他乡的历史、宗教、艺术、风俗等文化旅游者日益增多。非物质文化遗产作为无形的文化资源,在现代旅游中的价

值日益凸现。它是指各种以非物质形态存在的与群众生活密切相关、世代相承的传统文化表现形式，包括口头传统、传统表演艺术、民俗活动和节庆与礼仪、有关自然界和宇宙的民间传统知识及实践、传统手工艺技能等以及与上述传统文化表现形式相关的文化空间。非物质文化遗产是以人为本的活态文化遗产，它强调的是以人为核心的技艺、经验、精神，其特点是活态流变；它的最大特点是不脱离民族特殊的生活生产方式，是民族个性、民族审美习惯"活"的显现。它依托于人本身而存在，以声音、形象和技艺为表现手段，并以身口相传作为文化链而得以延续，是"活"的文化及其传统中最脆弱的部分。因此，对于非物质文化遗产传承的过程来说，人的传承显得尤为重要。对于希望继续保持民族文化本色的藏民族来说，周期性出现的民族传统节日异常重要。人们利用节日定期进行传统的表演与传统的教育，使传统在民众生活中得到延续与加强。传统有时隐藏在生活的背后、隐藏在人们的思想深处，人们要选择具体特殊的时间将它呈现出来，人们通过各种节俗活动，在耳濡目染中自觉理解、接受传统，从而实现传统的传递与继承。

非物质文化遗产旅游作为一种高层次的文化旅游，能够使旅游者在体验异域文化的过程中在求新、求异、求知、求奇等方面获得进一步的满足；近年来，非物质文化遗产蕴藏的深厚文化底蕴使得非物质文化遗产旅游备受众多旅游者的关注，无论是发达国家还是发展中国家，都在挖掘本地区的非物质文化遗产旅游资源，大力发展民俗旅游，努力使之成为新的经济增长点。如前所述的玉树赛马节中，骑手在跑马中倒立、悬体等动作，在环湖藏区都不多见，马上拾哈达则是最激烈的角逐。所见到的玉树歌舞其舞姿其音乐都特别的粗犷豪放和热情欢快，许多中外游客都会闻风而动，不远千万里地跑来体验那纯纯的藏区风情。

传统节日中的风俗习惯及隐于其后的文化内涵，它们均属于非物质文化遗产的范畴，历数千年积累传承至今，凝聚着一个民族的智慧与情感，包含了人类无限的情感，是一个民族、一个社会赋予生命价值的感动，无论是这个民族的语言、传统知识，还是她的物质文化产生方式、价值体系，抑或是反映客观现实的艺术和语言，均囊括于其中。由于非物质文化遗产中有着绵延不息的无形生命力，因此它的价值不容忽视。青藏高原地广人稀，特别在青南地区，民众居住分散，交通不便，致使农牧民群众平日交往较少。因此，人们借节日机会，传递信息,增进友谊,交流经济,同时保护、宣传了传统节日这一民俗类非物质文化遗产。节日民俗文化旅游是进行民族文化教育和交流的生动大课堂,对没有学校、教育比较落后的青南地区来说,这一功能更显重要,所以民间有"送孩子上学,不如带孩子赶街"的俗话。节日荟萃了民族歌舞、民间文学、民间工艺品、民族艺术、民族礼俗等多方面的精华,置身其中,耳濡目染,潜移默化,深受熏陶,自然有传承与教化作用。

(三) 节日民俗文化旅游可创造出更大的经济和社会效益

节日作为人文旅游资源,具有鲜明而丰富的内涵和特点,具有不可低估的开发和利用价值。伴随着不断扩大的旅游市场需求,适时地将其价值挖掘出来,以满足旅游者的要求,同时也可创造出更大的经济和社会效益。

第一,节日民俗旅游是获得信息的重要途径。节日民俗旅游吸引了众多的国内外旅游者,这些旅游者的到来,既可以开阔当地人的视野,又为旅游者了解当地民情民风、加深印象提供了良好的机会。这些人来自世界的各行各业,都是各有所长的人,每一名旅游者就是一个"信息贮存库",他们通过旅游将各自的信息传布到世界各地,这样在客观上就为接待者提供了重要的信息来源。例如,黄南州便通过每年一届的"热贡艺术节",广交四海朋友,收集八方信息,开阔了眼界,更新了观念,促进了对外开放和经济的发展。这些信息中所包含的社会经济效益无法用数字来进行量化。

第二,节日民俗旅游扩大了当地的知名度,加快了民族地区经济的发展。节日以其独有的传统魅力,为协调社会经济发展提供了机会,为社会消费提供了重大商机。传统节日因其负载的特殊文化内涵,较一般公众假日更能激起当地居民和游客的消费欲望。西方社会的圣诞节消费,中国春节的消费都是传统节日推动经济消费市场的典型,节日民俗旅游期间人们因为节日物质享受与社会交往的需要,有着超常的消费需求。既活跃了牧区经济,又为扩大商品市场提供了文化动力。发展旅游业,有效地刺激了地方的经济,例如餐饮业、零售业、住宿、交通等,同时游客在游览观光的过程中,通过游览旅游场景和参与旅游活动,可了解地方经济发展状况及优势,并可投资其中;在特定的旅游中,如会议旅游,均可成为当地经济发展的契机。

第三，以民俗旅游带动商业贸易活动，已经成为青南藏族聚居区旅游业发展的重要趋势。节日活动把很多人汇聚在一起，形成一个周期性的临时市场，节日活动刺激人们的消费欲望，形成购销两旺的局面。随着生产的发展，商业贸易活动在节日中越来越占有重要地位。市场的需要又会大大刺激生产的发展、经济的繁荣。

第四，节日民俗文化旅游满足了广大群众放松休息、恢复体力、调节生活的需要。在体育竞技中，在文艺表演中，在节日的盛装打扮中，群众展示自己的才华，满足表现自我价值、获得荣誉、得到社会承认的精神欲望。同时还能增强民族的凝聚力。从社会层面来说，节日期间互访欢聚，共同欢乐，观赏参与是不论职业、地位、年龄、民族的，除了世俗文化所产生的凝聚力之外，由宗教文化所产生的认同心理，也是很强烈的。

四 青南藏族聚居区节日民俗文化旅游发展中凸显的问题

民俗旅游已成为一大热门旅游项目，随着民俗旅游的更深层次发展的需要，节日民俗旅游的发展也提到了重要的议事上，青南藏族聚居区的节日民俗旅游也有一定的发展，比如以藏历年为代表的传统节日游和各地区推出的文化旅游节等，虽然也取得了一定的成效，但从长远角度考虑还存在许多不足。

（一）节日民俗文化逐渐沦为一种仪式的展演

与其他地区一样，青南藏族聚居区节日民俗文化旅游也难免在变化了的文化情境中对民俗文化简单复制。为了迎合旅游者关于异文化的时空想象，或者仅仅是出于经济资本的投资目的，将民俗文化置于舞台中央加以展示。这时的民俗文化展演呈现了非日常的、设计好的、要求有固定群体参与的一种公众事件，向公众展示的是当地人的服饰、饮食、居住和村落环境等经过开发者有意建设的内容，最为集中的表现为民俗歌舞表演、民间体育娱乐和婚俗的表演。被展演的民俗生活不是一种自然的、原生态的生活状态，具有独特文化意蕴与价值的符号体系只留下一个空壳，民俗旅游被彻底仪式化了，民俗文化的再现也逐渐沦为一种仪式的展演，越来越偏离其原生的文化生存语境。对于来去匆匆的游客而言，表层的可观赏性和新鲜感正是他们所追求的。根据市场规律，民俗表演的编排只是对应游客的需求，因此表演化已成为民俗文化旅游开发的主流趋势。

（二）节日民俗旅游的内容缺乏区域特色

民俗文化带有很强的地域性和民间性，总是与一方水土息息相关不可分离，它既有局限性，又有深厚的群众基础，作为社会的文化重要组成部分选择的空间十分广阔。特色是节日民俗旅游的灵魂，是民族性和地域性的集中体现。但在青南地区已发展的节日民俗旅游中，表现的内容基本相同，各地区的一些文化节无非是表演一些节目，基本内容相同，缺乏各地的特色，没能把藏族农牧区不同的节日文化呈现出来，也未能把青南藏族聚居区节日民俗最主要的文化内涵生动灵活地体现出来。除了热贡艺术界、康巴艺术节外，其他的节日民俗都是大同小异，溶入的地方传统文化元素甚少，人为拼凑成分多，原生态成分少，未能很好地挖掘出地方节日民俗真正的文化内涵。节日民俗活动未能很好地成为具有独特地域特色的文化内涵和历史渊源的展现，原生态性、地方性特色的缺乏，也影响了该区域民俗节日活动的吸引力。

（三）作为文化资本的藏族聚居区节日民俗文化，在商品化的过程中，正在从一种迷失状态进入另一种迷失状态

民俗文化进入旅游业，便从单一的自娱自乐变成了"旅游商品"。它需要符合市场规律、注意市场导向与资源导向的有机结合才能得以生存。有些地方有些部门开发民俗旅游项目时，刚开始还保留民俗的本来面目，后来因市场的冲击则以牺牲民俗的"清纯"为代价，开始重新建构民俗的文化符号，在这个过程中，许多的民俗仪式恢复了，民俗物品被保护起来了，从表层上说，传统文化由此得以延续甚至彰显，但从更深的层面上看，文化符号象征意义的神圣性被旅游活动的娱乐性消解了。由于文化图式不同，在当地人看来神圣的东西，在游客的眼中可能只是一种娱乐。仅从仪式上看，一些有关宗教的、民族的仪式只有在特定的日子才能举行，而如今为了开发民俗旅游，吸引游客的眼球，那些对于当地人有特殊意义的重要事件被作为旅游资源开发后，变成了一种为外来游客进行的表演，其非同寻常的意义消失了，神圣性也随之下降。

随着市场化进程的加快，权力与资本共同作用，将民俗文化符号商品化，目的不是再现失传的文化，而是想通过这种文化展演，带动饮食、住宿、购物、交通、就业、招商引资等第三产业的发展，促进地区经济融入全球化市场体系。"权力政治、资本与地方性文化的共谋所产生的民俗文化旅游的兴盛"[9]。在促进地方经济发展、塑造地方形象的同时，也使民俗文化剥离其生存状态而越来越变形走样，从一种迷失状态走向另一种迷失状态。

（四）青南藏族聚居区节日民俗旅游中的文化印记逐渐淡化

文化不仅是一种能力，还是一种习惯。文化人类学家爱德华·泰勒关于文化的定义中就指出：文化是一种复合体，它包括知识、信仰、艺术、道德、法律、风俗，以及其余从社会上习得的能力与习惯。在经济全球化的形势下，社会的发展必然导致文化的变迁，而不同文化间的交往反过来又加速了这种变迁。在这一变迁过程中，某一文化的拥有者，对该文化中的某些传统习俗或许有能力没有习惯，或许能力与习惯均已消失。

近年来，一些地区在发展节日民俗旅游时，过多地注重民俗设施及餐饮方面设施的建设，而忽视了作为核心的节日文化本身内涵的开发。节日民俗旅游中未能将相关的生产生活用品以及歌舞表演商品化，并且缺乏代表性的东西。尤为突出的是，随着社会经济的发展、改革开放的扩大、人们生活的日益丰富，青南藏区很多古老的节日民俗传承，正经历着盛衰消长的演进过程。许多传统节俗从内容到形式发生深刻的变化，失却了早先的信仰内核，淡化了缥缈的古老情结，消减了节日民俗原先的文化印记。所以现代的节日没有了传统社会中所具有的那种浓烈的情感，除了在节日期间出门逛街购物热情稍高以外，人们很难有节日的兴奋感觉。不难发现，时尚流行的文化艺术潮流，以前所未有的速度在扩展、渗透、推进；加之外来文化艺术的冲击，使青南藏区的传统民俗节日与节庆文化濒临危机，一些节日民俗及民间文化艺术或萎缩、或淡化、或漠视、或冷落、或迷失、或远去。传统的民族节日节庆文化艺术，作为无形文化，其本身具有"脆弱性"，按照联合国教科文组织的用语和意识，标准化和曲解都可能导致它的枯萎和消亡。传统的民俗节日与民间节庆文化艺术，是藏民族文化心灵的家园，如果节庆文化艺术的丰富性、多样性淡化、流失，我们今后到哪里去寻找和欣赏这一古老的民族文化。如果民族的精神文化艺术植被一旦遭受破坏，又靠什么去滋养民族精神呢？

综上所述，旅游业的迅猛发展，使旅游经营者获得了巨大的经济效益和社会效益，也从一定程度上改善了接待地居民的经济生活状况；但由于青南藏族聚居区旅游业发展的时间比较短，有关旅游对接待地社会文化影响的研究，从起步之初就并非构建在对旅游业健康持续发展的前瞻性防范研究之上，造成民俗文化旅游市场一片混乱，盲目地追求效益，干扰了民族民俗文化原有的秩序和发展进程，盲目的仿效追随淡化了原有的文化特征，从长远来看也破坏了民俗旅游资源，旅游者失去了身临其境的感觉，也就失去了旅游兴趣。民俗不仅仅是用来出售的，它是民众的有序的有文化传统的生活规则，它应该存在于人们的生活之中。"文化搭台，经济唱戏"的提法是否恰当，可以重新考虑。即使这个提法仍然可用，这个台应如何搭也是政府应该思考的一个严肃问题。"文化产业化，产业文化化"，要因地制宜，因时制宜。在文化产业化之前，文化的纯度不能受损[10]。

五 打造青南藏族聚居区节日民俗文化旅游品牌，实现文化发展与经济发展的完美融合

（一）正确对待民俗文化遗产

青南藏族聚居区节日民俗文化作为文化旅游的重要资源，在旅游发展中应走民俗文化与旅游产业可持续发展之路。

1. 树立文化认同的观念

在进行旅游开发时应树立文化认同的观念，文化认同是实现民俗文化多样性保护的前提条件。文化认同是指"各民族间文化的相互理解与沟通，彼此依赖和尊重"[11]。作为旅游开发者，就必须认识到：当地居民才是文化的创造者，才是民俗文化的主人。"任何一个民族、族群都拥有平等发展本民族或本族群民俗文化的权利"[12]。所以开发者要了解青南藏民族的本土民俗文化，知道他们的价值观、审美观，知道他们的喜好，并能从较高层次上去理解他们的精神世界。在旅

游开发中要尊重他们的权利,获得文化主人的认可。

2. 保留藏民俗文化中的精华

在青南藏民族聚居区旅游业发展过程中应保留藏民俗文化中的精华,抛弃和克服民俗文化中的糟粕。"在民俗文化资源开发利用过程中,决不能优劣不分,精华与糟粕混杂,以封建迷信内容和庸俗低下的趣味来吸引游客[13],"节日民俗文化旅游是一种文化的交流活动,应以藏民俗文化的特点和优势去吸引游者,旅游地区的民族文化并非是因其弱势而是因其特点和优势吸引旅游者。作为民俗文化旅游中的主体应当充分展示当地民俗文化中最优秀的、最精彩的内容。因此,扬长避短,对民俗文化进行选择和优化是开发利用青南藏民族聚居区节日民俗文化资源时应考虑的首要问题。在开发民俗文化旅游项目时,要发挥民俗在旅游中的作用,就应该继承和弘扬民俗文化的民族性精华,开发多样化的民族民俗文化资源,重视民俗文化实用与审美统一的价值规律,从而实现节日民俗文化更大的旅游价值。

3. 保持藏民族传统节日的原真性

传统节日,是中华民族优秀文化传承的重要载体。优秀的民族传统文化和民间艺术是民族的根,运用传统节日弘扬民族文化已经成为高原人的共识,传统节日被赋予新的时代内涵后,在拉动其他产业发展方面正发挥着越来越大的作用。当然,把少数民族传统节日当作一种民俗旅游品,光是利用现有节日的传统习俗是不够的,必须提高节日的文化品位和科学内涵,使游客置身于平常节日中的歌舞文化、饮食文化、服饰文化和礼仪习俗等各方面的同时,与历史沟通,与现实对话,捕捉层面的节日文化信息,与节日文化环境相感应,充分享受节日的美感。同时,在开发传统节日的民俗旅游资源中,必须坚持"原真性"原则,保持其民族性、历史性、神秘性、周期性、传统性和参与性,因为这些正是少数民族传统节日的魅力所在。"节日能否在当代民众生活中引人注目,能否成为社会公众的一种强烈的精神需要,是一个值得思考的现实问题。我们在构建新的节日形态的时候,不仅要考虑到它与当代社会的适应与协调,而且也应该对传统节日的文化资源有一个正确的估计,应该充分挖掘传统节日文化资源,利用有效的传统形式,赋予它新的意义"[14]。正如著名的民俗学家钟敬文教授所指出的:"把传统民间节日活动中那些确实带有生活情趣的一些活动,认真加以挑选和运用。

这样做，不但丰富了我们的新文化，也将使这种文化确实地具有较多的民族色彩和感情，而这点是很宝贵的"[15]。

（二）突出民族特色，精心设计旅游项目

1. 突出民族特色

青南藏族聚居区节日民俗文化底蕴深厚，民族风情独具特色。发展节日民俗旅游主要以民族的节日文化为主体，需要利用节日期间的民俗活动、民俗工艺品、歌舞文化、饮食文化、服饰文化、礼仪习俗，并将它们汇聚在一起转变为旅游活动。在旅游资源开发中，要坚持"人无我有，人有我新，人新我特"的思路，强化精品意识，优先开发具有比较优势的文化旅游资源，把最能反映青南藏族聚居区节日特色的藏戏、服饰、饮食、民族歌舞融为一体，使区域节日民俗文化旅游既星光灿烂，又重点突出，凸显一批名优品牌、规模产品和精品线路。为加强文化旅游精品建设，各州、县应采取政府拨款和广泛筹资筹措施，抓紧建设一批民族文化园地和民族文化街道，推出原生态的节日民俗活动、以及参与性旅游产品，吸引更多对藏民族文化向往已久的游客。创造"一年四季节不断，八方游客竞相来"的好势头。在旅游项目方面可广开思路设计游乐项目。如民族风情旅游项目：歌舞、赛马、赛牦牛等；民族历史旅游项目：如文成公主进藏旅游等；民族宗教旅游、民族贸易旅游等项目。

如被列为中国非物质文化遗产保护名录的雪顿节是藏族文化传承绵延的具体表现形式，过好这一节日对发挥藏族文化的独特性、增强民族团结和维护世界文化多样性具有积极意义。雪顿节起源于公元11世纪中叶，那时雪顿节是一种纯宗教活动。在历史的变迁和积累中，雪顿节不断注入新的时代内容，在保留传统风俗的同时又赋予了新的时代内涵。众所周知，节日是品牌，也是经济，把传统节日列为非物质性文化遗产加以保护，不仅仅是保护节日的文化特色，更是提升传统节日经济的竞争力。因此，可以把雪顿节发展为以文化、旅游和招商引资的重点，实现文化发展与经济发展的完美融合，同时也可以把它发展成为集文艺汇演、体育竞技、商务洽谈和旅游休闲为一体的传统与现代相融合的节日盛会。同时要进一步重视、挖掘、整理雪顿节的历史文化，全面保护、发展民族传统节日，全面提升雪顿节的文化品位，将其做成藏民族传统文化产业精品，力争将雪

顿节办成又一个盛大的民族传统节日,从而达到促进文化、旅游、经济全面繁荣发展的目的,以点带面,全面促进其他相关民族传统文化产业的发展和共赢的局面。

2. 提升旅游项目的参与度

传统节日民俗是一种民间综合的文化现象,是藏族人民在长期生产和生活实践中逐步积累起来的文化财富。节俗文化历史悠久,流传面广,具有极大的普及性和群众性。而且节日民俗活动,不仅密切了人和人之间的联系,有效地调节民众的心理和生理状态,获得一种身心的放松和精神的自足;还可以通过节日这个人们共享的文化"平台",表露群体的意识和显示民族的精神,实现民众之间的情感沟通,展示民众的生命活力。因为现在很多旅游者大多不再满足于单纯的观赏,而是希望通过亲身的投入,成为特定民俗环境中的一员,满足自己休闲、探奇、求知的旅游需求。因此在开发和设计旅游产品时,为满足游客的参与欲,可以在节日期间通过吃藏餐、穿藏服、住帐篷等活动加深游客对藏民族文化的理解。同时,由于在现代社会节奏加快、竞争激烈,现代都市人的压力较大,游离于日常规范之外的"狂欢"可以让人们暂时得以解脱、释放,这时参与节日民俗休闲狂欢活动可以成为人们追求"另一种生活"的重要途径。在依托节日文化内涵的基础上,人们可以摆脱日常生活的压力与烦恼,陶醉于短暂的欢娱之中,重新找回失去的自我,节日民俗旅游活动是现代社会人们追寻、参与狂欢化生活的重要而"稀有的"体验方式。藏族的节庆民俗文化传统里也不乏存在狂欢文化资源,正有待于我们去发掘、利用。在旅游业发展迅速的今天,拥有节日民俗旅游资源优势的地区都在大力开发、利用狂欢文化,以满足寻求"狂欢"体验的广大旅游者的需要。

(三)打造品牌,助推经济发展

1. 加强宣传促销,创建品牌

首先,每年应选择几个重点的民族节日如"雪顿节""热贡艺术节""赛马节"等进行重点培育和重点包装宣传,逐步提升节日文化旅游的品牌效应。其次,提供广阔舞台,通过举办区域性的艺术节、州县大型民族文化活动,以及旅游景区文化表演、民族风情会演等举措,给民族文化广泛提供展示的舞台,提高民族文化的艺术水平和社会影响。第三，把民族文化旅游宣传与影视文化结合起来，通过民族风光片、电视、作品摄影等，充分展示青南区域多姿多彩的民族文化，把藏民族文化游、生态游、自然风光游推向全国，走向世界。

2. 以节日民俗文化的本真性提升旅游产品的交换价值

一方面，在拥有丰厚的民俗文化资源且经济欠发达的少数民族地区，当地居民对民俗文化真实性的取舍关系到他们自身的生存与发展。因为在这种情况之下，当地居民最为关注的是民俗文化为本地带来的经济效益，那种为保护本地文化而限制旅游业发展的举措，既无益于当地文化的健康发展，也无益于当地居民生活的改善，很难被当地人接受。所以，在节日民俗文化的保护中，当地经济的发展是必要的前提。一旦当地居民的生存和发展得到了保证，他们才会体会到保护、传承本民族文化实际上就是维护自己的经济利益，才会发自内心地对本民族的文化充满自豪感。从民俗旅游开发的角度来讲，民俗旅游产品的设计与展示，特别是在民俗活动的组织过程中，当地人支持与参与是检验该产品的本真性的一个重要指标。如果某种民俗活动本来就是当地居民日常生活的一部分，同时又受到旅游者的喜爱，那它的本真性就是毋庸置疑的。如青南藏族居民喝熬茶、吃糌粑、听藏戏、歌舞融于生活的习俗，既是当地人喜爱的日常活动，又是旅游者感兴趣并乐于体验的民俗旅游活动。如果一种民俗活动是专门为旅游者"制造"的，而当地居民的认可和赞同同样是其真实性的保证。因为民俗文化的核心是人，民俗旅游资源的核心也是人，只有当社区或文化团体确定对他们自己来说什么更重要，并控制着与旅游者和旅游业的交换过程时，真实性才会得到保护和加强。另一方面，民俗旅游中消费者对旅游产品真实性的感知对民俗旅游的消费者来说，虽然他们选择民俗旅游的动机都是体验原汁原味的民族风情，但由于游客的文化背景和各方面主观因素的不同，对民俗旅游产品真实性的认知度也各有不同。首先，不同消费者对同一产品真实性的需求是不同的。国际游客对我国民俗旅游产品的真实度的认知和国内游客有所不同。许多游客对民俗旅游产品真实度的需求相对于中间型心理类型游客来说要大得多。其次，同一消费者对不同产品的真实性的感知也不同。以同一种民俗文化因素为题材可开发成乡村民俗游、民俗节庆游和民俗生态博物馆游等不同旅游产品，它们的真实度也各有不同。

这里所讲的真实度就是消费者对民俗旅游产品本真性共同认定的程度，是消费者对民俗旅游产品好坏评判的倾向性指标和经营者对产品评判的重要参考指标。可以用衡量真实度的方法将旅游者对民俗旅游产品的本真性作一个测定。

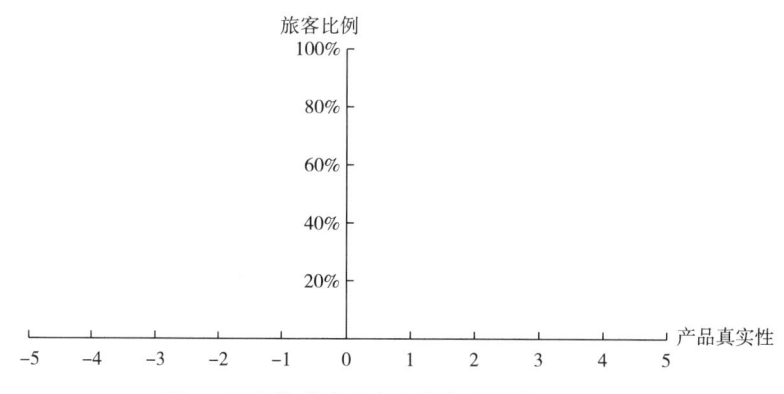

图1 民俗旅游产品真实度衡量的基本坐标图

在坐标图（如图1所示）中的横轴为产品真实性的认定，其中正极为对真实性肯定的评判，负极为对真实性否定的评判。每一极分为5个等级，以便打分量化。竖轴则以百分比的形式测量游客的多寡。用该坐标图对接受调查的游客进行统计，可得出众值 Mo、中位值 Md 和平均值 M 等3个变量值，取其众值，然后看众值 M 位于哪个等级上，该等级即为这个民俗旅游产品真实度的等级。如在3000人中调查某一民俗旅游产品的真实度，得出的真实度分布比例为："-2"级0.4％，"-1"级3.8％，"1"级27.4％，"2"级13.6％，"3"级40.3％，"4"级15.8％。根据真实度取众值的原则，该产品的真实度为3级。同其他商品一样，节日民俗旅游产品也具有不同的种类和档次。游客对节日民俗旅游产品质量进行评判的标准就是其真实度，档次越高的产品真实度越高。那些对节日民俗文化过度庸俗化、商业化、甚至歪曲的旅游产品，如调查结果显示其众值在坐标内的左边，就应考虑对产品的真实度进行调整。文化商品也同样要受到经济规律的制约，如果它的真实性不能满足消费者的需求，其交换价值则无从体现。从市场营销的角度来讲，旅游者对旅游产品真实度的认知，是实现旅游产品市场交换价值的重要途径。

（四）加强人员培训、重视引导

提高民族社区居民的思想道德素质、社会文化素质，提高旅游目的地的旅游服务质量，是树立民俗风情旅游良好形象的关键环节。因为民俗风情旅游者旅游的直接目的是体验社区的纯朴的民风、好客的传统、美好的思想，如果这些都不复存在，民俗风情旅游业就无从展开。同时，人才是民族发展的关键，也是旅游业发展的关键，而民族地区的旅游人才，特别是管理人才和经营人才相对不足，已成为制约节日民俗旅游发展的重要因素，培养高素质的旅游人才是民族地区旅游建设成败的关键。要实现民族地区民俗风情旅游的经济、社会、文化和环境四大功能，就必须考虑到社区居民的切身利益，在发展经济、保护环境的基础上，促进社会的全面进步和民俗文化的继承和发扬。地方政府和旅游规划管理部门，在制定旅游规划和评估旅游开发产生的各种影响时，应当充分尊重当地居民的态度，有必要听取他们的意见；在进行旅游管理时，应当充分考虑当地居民的各种愿望，发展那些对当地居民有利的旅游类型；最为重要的是在利益分配中，充分考虑到社区居民的贡献，以适当的方式保证社区居民从旅游开发中享受到经济、社会、文化等公平的利益。通过旅游规划和管理的程序实现社区居民信息的透明化，以及利益分配的公平化，来赢得社区居民的理解、支持和配合，促进民俗风情旅游的良性发展。

同时，加强对社区居民参与有关旅游知识的教育培训，提高他们的旅游意识和环保观念。通过对民族地区社区居民的教育培训，最终达到由教育前居民被动接受环保而与环境形成的主—客被动关系，转化为教育后居民主动的、自觉的环境保护观念，而与环境形成的主—客对等的目标。强调民族地区居民的参与，是民俗风情旅游可持续发展的基本要求。

其中，在青南地区的节日民俗文化旅游开发中，牧民具有不可忽视的作用，要把节日民俗文化旅游做活、做大、做好，就得加强对牧民的培训和引导工作，激发牧民办旅游的积极性和提高牧民办旅游的能力。青南藏族聚居区民俗文化旅游能否可持续发展的关键在于当地牧民对自己文化价值的认识，成为自己文化的主动传承者和保护者，要做到这一点，首先是让当地牧民对自身文化资源的利用中获得利益，并通过教育培训，使他们成为当地旅游业发展的主体。制订和实施牧区旅游从业人员系统培训计划，建立牧区旅游导游队伍，进行区域历史和民族文化等方面的知识培训，提高他们的文化遗产保护意识，帮助当地艺人和熟知当地历史文化知识的人，对历史文化进行研究和整理，并鼓励他们对年轻一代进行相关历史文化的传授。

总之，藏区丰富多彩的传统节日，对旅游者具有很大的吸引力，充分利用和开发节日资源，就可推动民俗旅游市场的发展，因为"越是民间的，就越有生命力"，"越是民族的，就越是世界的"。这就要求必须以科学发展观去认知藏区传统民俗节日，以人为本，文化人民；在守护中继承，在传承中发展，在发展中创新，以促进社会、经济、文化更加协调地发展与繁荣。

（五）协调旅游开发与生态环境保护的关系

可持续发展是指"满足当代人的需要而又不损害子孙后代满足其自身需要的能力"，也就是说，所谓"可持续发展"既要满足当代人的需要为目的，同时也要以不损害后代人为满足其自身需要而进行发展的能力为原则。青南藏区是生态地位重要的区域，我们在发展节日民俗旅游时必须走可持续发展之路，积极实现经济、社会和生态保护的良好互动关系。

民俗风情的继承和发扬同旅游活动的展开并不矛盾，节日民俗风情完全可以在旅游活动中得到继承、发扬和创新。在旅游开发中，对自然生态环境的保护意识逐渐加强，对人文生态环境的保护还未能引起充分重视。在发展民俗旅游的过程中，我们在强调对自然生态环境保护的同时要保护民族文化生态环境，保持民族文化生态的平衡。我们必须采取有效措施有助于实现民族地区民俗风情旅游的可持续发展：民俗风情旅游开发的过程中，应合理规划、科学设计，将旅游资源的开发与自然环境的保护、再生资源的永续利用紧密结合，根据旅游环境承载力的大小，以价格、宣传等手段来控制游客数量，加强环保宣传与环境管理，追求经济、社会、环境效益的统一协调。

六 结束语

当前，随着我国旅游业的崛起与发展，民俗在旅游业中的重要性日益凸显。民俗旅游属于高档次的文化旅游范畴，是指旅游者被异地或异族独具个性的民俗文化所吸引，以一定的旅游设施为条件，前往某个特定的民族区域，进行民俗文化消费的一个动态过程的复合体。其要件包括以下几方面：一是旅游者出游观赏的主要对象是民俗风情。二是旅游地向旅游者提供的核心产品是民俗产品。三是民俗产品必须由纯正地道的民俗开发而成。四是民俗旅游的主要载体是旅游地的民众。民俗旅游产品的开发必须有民众的广泛参与，因为民众的态度、素质直接关系到民俗旅游产品的质量高低和旅游地的声誉。青南藏族聚居区拥有丰富的民族文化、原始宗教、游艺竞技、民族传统节日等民俗旅游资源，而我们在现实的民俗旅游开发中必须注意以下问题：①在保护与尊重民俗变迁并举的原则下积极打造具有民族与地方特色的节日民俗旅游品牌。通过旅游项目的开发不断挖掘出符合自身文化特色的民俗产品。②节日民族旅游在发展中要积极培育具有浓厚地方特色的民俗活动，并借助这些民俗节日推动青南藏区旅游业的发展，促进当地经济、社会的不断发展。③加强旅游业的基础设施建设，大力培养当地的人才。在为游客提供餐饮和住宿的同时必须打造具有民族及经营特色的服务品牌，以助推节日民俗文化的传播。民俗旅游是一种高层次的文化旅游，要保护和发展青南藏区民俗文化、提高节日民俗旅游资源开发的质量和品位，需要各方面的人才，尤其是人类学、民族学、民俗学、旅游规划设计等方面的人才。因此，必须加强此类高层次人才的培养，最有效的办法就是与本地和其他地方高校、科研单位协作，实施"借脑工程"，加大人才培养和民俗文化学术研究的力度。对于民俗旅游企业的经营管理人员和一线服务的员工（如表演人员等）的培训，也应引起重视，要特别注意将纯正、丰富的民族民俗文化内容加到培训中去，因为他们是民俗文化的载体和传播者，从而为青南藏族民俗旅游的可持续发展提供智力上的保证。同时，必须重视培养当地从事旅游业的人才，而且积极利用双语的优势，让来客体验真正的民俗文化。④加强制度建设，实现民俗文化生态平衡。在旅游开发中，对自然生态环境的保护意识逐渐加强，对人文生态环境的保护还未能引起充分重视。在发展民俗旅游的过程中，我们在强调对自然生态环境保护的同时要保护民族文化生态环境，保持民族文化生态的平衡。通过制度化的手段保护好传统民俗文化。同时要利用发展民俗旅游的正面效应唤起当地少数民族对本民族群体及其传统文化的重新认识，激发其民族自豪感，从而自觉地发扬和繁荣本民族文化。⑤导入"绿色环球21"，建立国际管理体系。"GREEN GLOBE21旅游业可持续发展管理体系"，简称"绿色环球21"，是世界旅游理事会提出的旅游业实施可持续发展的管理标准，作为全球唯一针对旅游业的可持续发展管理体系，它得到了地球理事会、联合国环境署、世界旅游组织、亚太地区旅游联合会等国际组织的广泛支持。从事青南藏区民俗旅游的企事业单位为早日实现与国际接轨,提高自身的管理水平,在认真领会了"绿色环球21"的内涵,应积极导入,建立适合本地区和本单位实际的国际管理体系。

总之,旅游活动是一项综合性的关联度很高的复杂活动,我们要积极推进节日民俗旅游的可持续发展,要在可持续发展战略的指导下,充分认识民俗风情的特征和规律,以科学的理论作为指导,以全面的眼光看问题,制定完善的规划,采取有力的措施,在充分保护祖先留下来的文化遗产的同时,充分利用民俗风情旅游资源,给当代人带来经济利益和社会效益,推动民俗风情旅游的健康发展。

参考文献

[1] 〔英〕爱德华·泰勒:《原始文化》,连树声译,上海文艺出版社,1992。

[2] [15] 钟敬文:《话说民间文化》,人民日报出版社,1990。

[3] 〔英〕雷蒙·威廉斯:《关键词:文化与社会的词汇》,刘建基译,三联书店,2005。

[4] [6] 罗桑开珠:《藏族节日文化研究》,《西北民族大学学报》(哲学社会科学版) 2006年第4期。

[5] 刘志群:《我国青海藏戏在现当代的重新崛起和发展繁荣》,《西藏艺术研究》2008年第6期。

[7] 立璠:《民俗学概论》,中央民族学院出版社,1987。

[8] 巴兆祥:《中国民俗旅游》,福建人民出版社,1999。

[9] 刘晓春:《民俗旅游的意识形态》,《旅游学刊》2002年第1期。

[10] 龙应台:《纵观世界每个文化都有自己的小桥流水》,http://news.SZ.soufue.eom/2003-08-04/182394.htm。

[11] 史波:《西南少数民族传统宗教文化研究》,云南教育出版社,1992。

[12] 李江敏、李志飞:《文化旅游开发》,科学出版社,2000。

[13] 张理华:《浅论西藏自然与人文景观旅游》,《宿州师专学报》2001年第6期。

[14] 萧放:《古今节日文化的比较与思考》,《西藏民俗》1998年第3期。

丝路篇

青海丝绸之路旅游业发展的新机遇新动力

摘　要：新丝绸之路经济带战略构想的提出构建了青海旅游业跨越式发展的平台。丝绸之路沿线以旅游资源为基础，建立国家范围之内的跨省区合作机构，共同塑造丝绸之路旅游形象，加速实现丝绸之路沿线旅游合作利益分享的激励机制。

关键词：丝绸之路；旅游业；新机遇；新动力

丝绸之路旅游业两端连接着世界最大的国际旅游市场，发展潜力巨大。在青海段，丝绸之路旅游主要依托历史上著名的唐蕃古道、茶马互市所涵盖的厚重历史遗存、文化内涵、民俗风情、雪山草原等自然景观和独特的人文景观整合出的各类观光、休闲、科考、朝觐等旅游产品。沿途旅游品位较高、内涵较丰富，但由于诸多原因，丝绸之路青海段旅游业的发展相对滞后，丰富的旅游产品还未被广大游客所认识和熟知，致使该段的产品在旅游市场上知名度较低。因此，在新的历史时期，以新的思路，抓住新机遇，驱动新动力，形成丝路旅游的新格局，将会极大地带动青海省旅游产业的新发展。

一　新机遇

新丝绸之路经济带战略构想的提出构建了青海旅游业跨越式发展的平台。作为古丝绸之路贸易、文化必经之地的青海，是古丝绸之路南线的重要通道，曾为构建经亚欧大陆腹地一直延伸至地中海沿岸的诸多贸易通道联结而成的经济社会文化网络发挥了重要作用。总人口30亿的"新丝绸之路经济带"渐渐形成，必然带动第三产业的发展，尤其是对沿途的旅游业将带来巨大的机遇。随着我国产业的不断升级，旅游产业与文化产业，受到国家的大力支持及提倡。目前青海省已确定文化产业"一核辐射、三带贯通、四区协同、七大支点"的总体布局，积极谋划和实施分布于青海省丝绸之路沿线的文化产业项目建设，促进丝绸之路南线文化发展。丝绸之路青海段集合了让人心旷神怡的西北风光，有雪山、草原、湖泊、沙漠、戈壁、雅丹等多种自然地质资源，汇合了汉文化、藏文化和伊斯兰文化的多民族文化。青海独特的地理地貌，多姿多彩的少数民族风情，古老神秘的宗教文化，以及古文化遗址都具有巨大的旅游、艺术、历史文化价值。而"丝绸之路经济带"区域本来又属于国家西部大开发发展战略的重要地区，这次建设"新丝绸之路经济带"的机遇，必然会给青海旅游业带来新的跨越式发展。

亚欧大陆桥的建设为区域旅游合作创造了条件。第二亚欧大陆桥的开通既为沿桥区域提供了经济上强大的相互依存性与优势互补性，也意味着区域合作有了新的基础。与此同时，丝绸之路沿线旅游合作出现了"西北五省旅游协作"与"陇海兰新铁路沿线地区旅游合作"等多种局面，即造成"旧丝绸之路沿线旅游合作"与"新丝绸之路沿线旅游合作"并存格局。目前，以陇海兰新铁路线为主轴的铁路、公路、航空等多种交通方式的亚欧大陆桥轴线，为丝绸之路沿线旅游业的发展带来了新的机遇，主要体现在对丝绸之路沿线旅游合作的支持作用。

西北旅游资源和线路开发以丝绸之路为主轴，依托亚欧大陆桥，初步形成东西延伸、辐射西北的发展格局。随着丝绸之路沿线景区景点和配套设施建设的日臻完善，丝路旅游已成为中国诸多旅游产品中一条极具吸引力的主题线路。西北各省区旅游部门又依托丝路主轴，精心规划设计了向南北两翼辐射的诸多富有西北特色的分支专题旅游线路。丝绸之路沿线成为中国距离最长、形象突出、辐射面宽、吸引力强的一条旅游黄金带。除目前比较成熟的丝绸之路产品外，还需要共同倾力打造黄河风情、唐蕃古道和红色旅游产品，形成全国乃至全世界知名的旅游品牌，共同搭建"丝绸之路"展台，以丝绸之路、唐蕃古道和黄河风情三条"通道"连接各省区，整体展示西北地区旅游形象。

二　新动力

资源配置中起决定性作用的新市场动力。目前，与全国其他区域一样，青海在旅游业发展中最为凸显的问题是：旅游业发展中政府主导和市场活力的关系问题；旅游业作为从需求界定的产业和传统产业之间的区分及融合问题等。市场的问题须用市场的手段解决，无论是国家旅游发展战略目标的实现，还是地方旅游业的增长与繁荣，都需要让市场机制在资源配置中发挥更大的作用。旅游业是开放性、包容性、竞争性特征鲜明的产业，只有充分发挥市场配置资源的决定性作用，才能激励各类社会资本公平参与旅游业发展，激励各种所有制企业依法投资旅游产业，从而保证旅游业良性健康发展。由此可见，十八届三中全会中有关市场在资源配置中的作用由"基础性"升华为"决定性"，为旅游业的发展注入了新的内在动力。

丝绸之路沿线旅游合作利益分享的新机制动力。利益分享是丝绸之路沿线旅游合作的动力来源，由合作带来的预期利益主要有区域经济、社会、文化等方面的发展，地方政府则是利益分享的预期受益者总代理。因此，在地方各级政府的主导下，各种旅游业发展要素将会被重新组合，实现丝绸之路沿线旅游合作利益分享的激励机制。在丝绸之路沿线旅游合作中，这种利益激励机制主要是通过各种论坛、联合会建立合作平台，形成沿线城市、省区政府间的旅游合作形式，如陇海兰新沿线城市旅游局局长联席会、西北风情旅游联合会等，通过这些平台，沿线旅游合作以旅游资源为基础，共同塑造丝绸之路旅游形象的目的地间合作，在利益分享机制下，建立国家范围之内的跨省区合作机构，作为合作平台，以实现利益分享的机制。

论青海丝绸之路旅游业的新发展

摘　要：新丝绸之路的提出，尤其是新丝绸之路经济带战略构想的提出，一方面促进了东西方的经济文化交流，另一方面也有力地促进沿线各地区旅游业的发展。因此，就起步较晚的青海旅游业而言，抓住新机遇、发挥新动力，实现旅游业的新发展势在必行。

关键词：丝绸之路；青海旅游业；新发展

丝绸之路旅游业两端连接着世界最大的国际旅游市场，发展潜力巨大。在青海境内，丝绸之路旅游主要依托历史上著名的唐蕃古道、茶马互市所涵盖的厚重历史遗存、文化内涵、民俗风情、雪山草原等独特的自然景观和人文景观整合出的各类观光、休闲、科考、朝觐等旅游产品受到越来越多国内外游客的青睐。丝绸之路沿途旅游产品品位较高、内涵较丰富，但由于诸多原因，丝绸之路青海段旅游业的发展相对滞后，丰富的旅游产品依旧"犹抱琵琶半遮面""养在深闺人未识"。因此，在新的历史时期，以新的思路，抓住新机遇，驱动新动力，形成丝路旅游的新格局，将会极大地带动青海省旅游产业的新发展。

一　青海丝绸之路旅游业发展的新机遇、新动力

（一）新机遇

1. 新丝绸之路经济带战略构想的提出构建了青海旅游业跨越式发展的平台

新丝绸之路经济带，是在古丝绸之路概念基础上形成的一个新的经济发展区

域。包括西北五省区（陕西、甘肃、青海、宁夏、新疆）和西南四省区市（重庆、四川、云南、广西）。新丝绸之路经济带，将以点带面，从线到片，逐步形成区域大合作，通过区域经济合作，促进中国的西进战略。新丝绸之路经济带的全面形成，将出现一条横跨中国与西亚的大经济带，具有极大的市场价值。通过与新兴市场的投资合作，在促进我国对外贸易发展的同时，必将有力地推动沿路旅游业的发展。作为古丝绸之路贸易、文化必经之地的青海，是古丝绸之路南线的重要通道，曾为构建经亚欧大陆腹地一直延伸至地中海沿岸的诸多贸易通道联结而成的经济社会文化网络发挥了重要作用。总人口 30 亿的新丝绸之路经济带的逐渐形成，必然带动第三产业的发展，尤其是对沿途的旅游业将带来巨大的发展活力。目前青海省已确定文化产业"一核辐射、三带贯通、四区协同、七大支点"的总体布局，积极谋划和实施分布于青海省丝绸之路沿线的文化产业项目建设，促进丝绸之路南线文化发展。丝绸之路青海段集合了让人心旷神怡的西北风光，有雪山、草原、湖泊、沙漠、戈壁、雅丹地貌等多种自然地质资源，汇合了汉文化、藏文化和伊斯兰文化的多民族文化。青海独特的地理地貌，绚丽多姿多彩的少数民族风情，古老神秘的宗教文化，以及古文化遗址都具有巨大的旅游、艺术、历史文化价值。新丝绸之路经济带区域又属于国家西部大开发战略的重要地点，新丝绸之路经济带的形成必然会给青海旅游业跨越式发展带来新的机遇。

2. 第二亚欧大陆桥的建设为区域旅游合作创造了条件

第二亚欧大陆桥的开通既为沿线区域提供了经济上较强的相互依存性与优势互补性，也意味着区域合作有了新的基础；与此同时，丝绸之路沿线旅游合作出现了打破行政区划的大旅游合作局面，即"旧丝绸之路沿线旅游合作"与"新丝绸之路沿线旅游合作"并存的格局。依托第二亚欧大陆桥，丝绸之路沿线景区由东向西延伸、辐射西北的发展格局逐步形成，且沿线景区和配套设施建设的日臻完善，逐渐成为中国诸多旅游产品中一条极具吸引力的主题线路。西北各省区旅游部门又依托路丝主轴，精心规划设计并向南北两翼辐射出诸多富有西北特色的分支专题旅游线路，如共同倾力打造黄河风情、唐蕃古道和红色旅游产品，加快了旅游品牌效应迅速提升。与此同时，各省区合力构建"丝绸之路"大展台，通过丝绸之路、唐蕃古道和黄河风情三条脉络既打造了区域间的旅游空间网络，又使西北区旅游形象得到了整体的展示。由此可见，以陇海兰新铁路线为核心的包括铁路、公路、航空等多种交通方式的第二亚欧大陆桥轴线，为丝绸之路沿线旅游业的发展带来了新的机遇，主要体现在对丝绸之路沿线旅游合作的支持作用。

（二）新动力

1. 资源配置中起决定性作用的新市场动力

亚当·斯密论证了竞争性市场经济的一个重要特征，就是在完全竞争和不存在市场不灵的情况下，市场会用其资源尽可能多地生产出有用的物品和劳务。也就是说市场在资源配置中是最具效率的。目前，与全国其他区域一样，青海在旅游业发展中最为凸显的问题是：旅游业发展中市场机制和政府机制的关系问题，以需求为核心界定的新兴产业和传统产业间的区分与融合问题。当前和今后一个时期，与全国旅游业一样，青海省同样面临着日渐增长和不断变化的旅游需求与相对落后的旅游管理水平、相对滞后的商业经营机制以及模式之间的矛盾，日益增长的消费需求仍是矛盾的主要方面。党的十八届三中全会通过的《决定》提出："必须加快形成企业自主经营、公平竞争，消费者自由选择、自主消费，商品和要素自由流动、平等交换的现代市场体系，着力清除市场壁垒，提高资源配置效率和公平性"。旅游业是开放性、包容性、竞争性特征鲜明的产业，只有充分发挥市场配置资源的决定性作用，才能鼓励各类社会资本公平参与旅游业发展，鼓励各种所有制企业依法投资旅游产业，从而保证旅游业良性健康发展。由此可见，十八届三中全会中有关市场在资源配置中的作用由"基础性"升华为"决定性"，为旅游业的发展注入了新的内在动力。无论是国家旅游发展战略目标的实现，还是地方旅游业的发展与繁荣，都需要让市场机制在资源配置中发挥更大的作用。

2. 丝绸之路沿线旅游合作利益分享的新机制动力

丝绸之路沿线各省区旅游合作的核心动力是利益分享；区域合作将会给各省区经济、社会、文化的发展带来更多利益，而利益分享的预期收益总代理则首先是地方政府。因此，在地方各级政府的主导下，发展旅游业的各种要素将会被重新组合，最大化地实现丝绸之路沿线旅游合作利益分享的激励机制（图1）。在合作中，这一利益激励机制主要是通过各种学术研讨、中介组织搭建合作平台，形成沿线城市、省区政府间的旅游合作模式，如陇海兰新沿线城市旅游局局长联席会、西北风情旅游联合会等，通过这些平台，沿线旅游合作以旅游资源为基础，以目的地旅游形象为核心，以跨越行政区划的合作组织为平台，最终形成合理的利益分享激励机制。目前，国家旅游局启动的《中国丝绸之路旅游区总体规划（2008—2020年）》为这种平台的建立奠定了基础；其实质是国家旅游局将起到承上启下的作用，并通过该规划协调产生丝绸之路沿线旅游合作的利益分享激励机制，成为旅游合作平台。

```
┌─────────────────┐      ┌─────────────────┐
│ 丝绸之路沿线旅游 │ ───→ │ 经济、社会、区域发展│
│ 合作预期利益分享 │      └─────────────────┘
└────────┬────────┘
         │
┌────────┴────────┐      ┌─────────────────┐
│ 丝绸之路沿线旅游合│ ───→ │ 丝绸之路沿线各级政府│
│ 作预期收益者总代理│      └─────────────────┘
└────────┬────────┘
         │
┌────────┴────────┐
│ 政府主导下的丝绸之路│
│ 沿线旅游要素组合  │
└────────┬────────┘
         │
┌────────┴────────┐      ┌─────────────────┐
│ 丝绸之路沿线旅游 │ ───→ │    利益激励     │
│ 合作利益分享实现 │      └─────────────────┘
└─────────────────┘
```

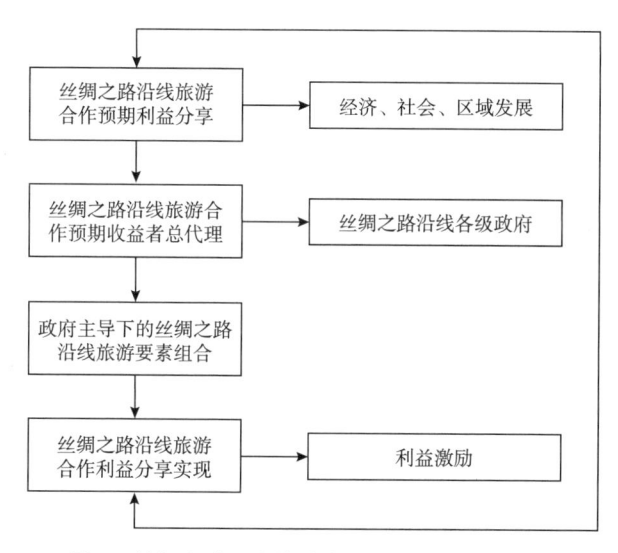

图1　丝绸之路沿线旅游合作利益分享激励机制

二　青海丝绸之路旅游业发展中存在的问题

（一）旅游资源开发程度低，旅游资源受到严重威胁

在青海，旅游开发缺乏的不是资源，而是观念。在很大程度上，是落后的观念意识长期制约着旅游业的发展。近几年，各级领导干部对旅游业的认识虽然有所提高，但不少地区旅游业的产业地位、政策措施、财政收入和管理职能没有到位，没有把旅游业当作大产业去培育。旅游意识不强的另一个表现是对区域旅游资源的独特优势和潜力认识不足，导致旅游资源开发缓慢、利用程度不高。尤为

突出的是对沿途文化遗址旅游资源保护措施不够完善，内涵挖掘不够，开发层次偏低，管理力度弱，游客的随意性大，如吐蕃古墓、伏俟城、克措祭祀坛、诺木洪文化遗址、英德尔古墓、下柴开遗址、香加巴哈莫力岩画等等；对旅游资源缺乏全面系统的普查和评价，对其数量、质量、种类、范围、自然环境、开发价值、市场前景都还没有一个全面科学的统计和分析，因而不利于区域旅游资源的国内外比较和综合评价，也不能为合理开发利用提供准确可靠的依据。资源观上的层次浅，使得旅游资源的综合利用长期受到忽视。此外，重开发、轻保护，旅游资源环境保护意识薄弱也阻碍了旅游业的可持续发展。

（二）旅游发展程度较低，沿线旅游发展不均衡

在丝绸之路青海段沿线分布着大量的等级较高的旅游资源，其中不乏国家级和世界级的旅游资源，但其旅游开发在全国范围来讲却处于相对滞后的状况。并且丝路沿线的旅游发展也不均衡，西宁、海东旅游发展较好，景区数量较多，质量等级也较高，游客市场相对比较稳定。海西的都兰等地由于发展落后，基础设施建设不完善，旅游开发处于较低水平，对旅游资源的保护情况也不乐观。沿线的旅游发展不均衡的一个重要原因是未能建立起围绕丝绸之路旅游开发的区域合作机制。

（三）区域可进入性差，交通不便

一是丝绸之路青海段深处西北部腹地距离主要旅游客源地相对较远；沿线缺乏强有力的经济支撑，基础设施薄弱，机场、铁路、公路等交通运输设施不发达，交通网线稀疏，旅游业发展受到极大的制约。二是生态环境脆弱，土地大片沙化，春季易发生沙尘暴，给游客的出行带来不便。三是游客在进行丝路的观光游览时需要耗费大量的时间和支出用于交通，而且在多数情况下，游客不得不走回头路，无形中增加了进入成本，浪费了时间，大大降低了对游客的吸引力。

（四）旅游业投资规模较低

据不完全统计，丝绸之路旅游业基本投资占西北地区建设的投资比重不到1.3%，远远低于全国平均水平。而青海省经济发展水平比较低，人均收入低于

全国平均水平，旅游产业发展水平低，旅游业自我积累和自我发展的能力很弱。因而，很多地区旅游资源开发水平不高，形式单一，档次低下，基础设施薄弱，数量少，级别低，设备简陋。

（五）沿途旅游业发展缺乏总体规划，盲目和重复建设严重

由于目前丝绸之路尚未制定覆盖全区域、统揽全局的旅游产业总体发展规划，这使得全省的旅游基础设施建设及旅游景观与景点建设还处在分散、凌乱的自发发展状态，盲目和重复建设现象比较严重。具体表现在：一些旅游资源的策划和设计深度不够，难以体现各自的独特魅力；旅游产品开发形式单一和雷同，缺少多样化的开发思路，造成低水平的重复建设和盲目竞争；旅游景区、景点之间重复建设和缺乏分工协作，使得各自主题难以体现；饭店、餐馆、娱乐、购物等服务设施盲目布点，相互配套和协作差，造成资源和资金浪费；旅游商品品种少，质量低劣，所有景点出售的旅游纪念品几乎全都一样，许多景点没有反映本景点特色的纪念品等。

三 加快青海丝绸之路旅游业发展的措施

（一）高度重视沿途文化遗址旅游资源的开发

1. 有计划地复原部分文化遗址

丝绸之路沿线各种类型的文化遗址都是在漫长的历史演变和中西文化交流融合中形成和发展起来的，是宝贵的精神财富和重要的旅游资源。丝绸之路青海段位于生态脆弱区，对其境内的文化遗址旅游资源进行开发不应该简单复制游客流量大、消费水平较低的东部模式，而应该发展成高水平、高层次、客流量适度、可提升消费的收入型模式，在独、特、奇、绝等方面下功夫，挖掘其潜在价值。应按照遗址类型、区域特色、文化结构等内容，遴选出类型独特，涵盖且能代表丝绸之路旅游主题的遗址，在遗址内有计划地复原部分文化遗址，增强文化遗址旅游资源的可观赏性，实现开发方式由粗放型向集约型转变。

2. 在丝绸之路沿线建立名牌旅游景点

闻名世界的丝绸之路旅游带，为世界各国的众多游客所向往。古代丝绸之路

青海段，在历史的演变之中留下了丰富多彩的文化遗址，丰富沿线的旅游景点，可采用"点轴开发"和"网络开发"的发展模式，创建几个游客必到的名牌旅游景区，如唐蕃古道、茶马互市、草原风光、民族风情等从而带动其他旅游景点的共同发展。

3. 丰富文化遗址内涵

文化遗址所反映的文化类型代表了一定历史时期的文化构造、文化符号和文化景致，文化遗址的独特本真的魅力在于其文化内涵的博大精深。众所周知，在2007年全国48处丝路遗址申报世界文化遗产地，青海省入选4处，分别是西海郡故城遗址、赤岭遗址、热水墓群遗址、伏俟城古城遗址。仅热水墓群遗址出土的石器、骨器、铜器、陶器、金银器、丝织品、古藏文木简牍等珍贵文物中，丝绸数量之多、品种之齐全、图案之精美、织造技艺之精湛、时间跨度之大，足以证明了从南北朝晚期到中唐时期，青海是丝绸之路的重要干线和东西方贸易的中转站。墓葬中出土的大量具有汉地风格的文物，说明西域民族与中原汉族早在唐代以前，就形成了一种文化上密不可分和血脉相连的关系。这对研究丝绸之路青海道的重要地位以及中国与印度、波斯之间的文化交流等有着十分重要的价值。所以在开发文化遗址的过程中，凸显文化遗址的本真内涵和构造是旅游资源开发成败的关键。应强化对遗址中丰富的文化内涵进行深入细致的研究，剖析文化遗址的内部构造，对遗址在所处时期的重要性以及遗址的文化因子及其精华部分进行深层次探讨，挖掘文化遗址旅游资源博大精深的文化内涵，塑造文化遗址的文化形象。

（二）树立"大旅游"的营销观念，打造具有竞争力的旅游带

根据青海的雄浑、神奇、纯朴的高原自然风光和神秘、浓厚的宗教文化等旅游资源潜力，做好青海湖、黄河上游、三江源、柴达木等重要旅游景区的精品策划，将丝绸之路沿途建成具有竞争力的旅游带。沿途各州县应以"大旅游"为指导思想，树立"谁投资，谁收益""你投资，你挣钱，我发展"的观念，以共同打造丝绸之路旅游品牌为宗旨，以市场需求和世界旅游业发展趋势为导向，优势互补、资源共享、科学规划、规范管理、团结协作、共同发展，在更广阔的范围展开合作。

1. 沿途旅游规划一体化

本着既发挥各地的旅游资源优势，又因地制宜打造各地特色旅游品牌的出发点，打破行政区划，加强区域旅游合作。区域内各级政府应共同编制跨区域、跨国界的大旅游规划，统一规划和合理设计旅游资源的布局与开发，以市场需求为核心实现旅游资源最佳的配置，具体以西宁、湟源、倒淌河、玉树结古镇等城镇为聚集地，确立主题鲜明的旅游产品，整合设计草原观光游、科考探险游、民俗风情游、宗教朝觐游等线路，借助青藏铁路和 109 国道、214 国道等旅游交通网络，沿途欣赏日月山、倒淌河、花石峡、班禅讲经台、扎陵湖、鄂陵湖、黄河源（卡日曲）、黄河第一桥、巴颜喀拉山口、通天河、长江第一桥、晒经石、通天第一渡、康巴藏区、石庙、文成公主庙、新寨玛尼石经城、勒巴沟岩画、隆宝滩黑颈鹤自然保护区等景点。

2. 沿途旅游要素配置一体化

统筹区域间旅游资源，借助精品线路，发挥市场机制的核心作用，加快区域间旅游要素的优化整合，实现整体优势最大化。如建设统一的旅游网络，把分散的旅游产品连接成统一的旅游产品网络；进一步统一完善并创新区域间旅游产品的促销手段，源源不断地给游客提供内容新颖、丰富的旅游产品，提升旅游产品及其目的地的吸引力。可借鉴近年来云南、陕西、宁夏等省区在旅游目的地形象和旅游相关产品的宣传经验，准确把握客源市场的消费趋势、消费心理及消费特征，有针对性地借助电视、广播、报纸、网络等媒体进行推广宣传，通过"走出去，请进来"的方式和手段吸引国内外游客。值得注意的是整个西北地区与丝绸之路资源的关联性极高，因此，要做大做强做好青海段丝绸之路旅游，必须要树立大旅游观念，必须要加强区域间的联合协作，以实现区域共同发展为最终目标确定丝绸之路旅游产品区域联动方案，围绕关键线路、核心产品共同开展相关旅游宣传和促销活动，实现旅游业发展的区域良性互动和共赢格局。

（三）树立高原地域文化旅游品牌

第一，以原生态打造高原特色精品。根据国内外游客不同的需求，以新、奇、特、险、乐等为主题，开发创新旅游产品，与此同时，加快各区域沿途景区相关产品配置，相关产业与交通体系的发展；要持之以恒的以原生态打造高原特色精品，从而形成环青海湖、唐蕃古道、江河源探险、黄河上游、世界屋脊、宗教朝圣等经典旅游线路和青海湖、塔尔寺、江河源等旅游精品产品。第二，打造高原地域文化旅游品牌。青藏高原风光、青海湖、塔尔寺、江河源、原子城、昆仑文化、藏传佛教、可可西里、盐湖都是具有垄断性的旅游资源，是丝绸之路旅游业青海段极具号召力的品牌，所以，沿途区域仍然要突出宗教文化、藏传佛教文化、多民族文化、吐蕃文化、昆仑文化、生态文化、民俗文化、高原文化的开发建设与利用，树立高原地域文化旅游品牌。

参考文献

张津梁：《科学开发深度合作共同打造现代丝绸之路大旅游格局》，《大陆桥视野》2007年第8期。

李文兵、南宇：《论丝绸之路沿线旅游合作机制》，《干旱区资源与环境》2010年第1期。

孙浩捷：《丝绸之路旅游可持续性研究》，华东师范大学硕士论文，2006。

申培德：《加快实施丝绸之路旅游资源》，《大陆桥视野》2009年第7期。

樊华、金海龙：《丝绸之路文化遗址旅游资源的开发与保护》，《当代旅游》2011年第6期。

马桂芳：《青海丝绸之路旅游业发展的新机遇新动力》，《青海日报》2014年10月13日。

文化篇

论康巴文化旅游业发展

摘 要：近年来，康巴文化旅游业快速发展，取得了一定的成效，但从长远角度考虑还存在许多不足。审时度势剖析原因，制定适宜的对策既有利于丰富和更新康巴藏区旅游业的内容，又有利于康巴藏区旅游业乃至经济发展，为其注入新的血液和活力。

关键词：康巴；文化旅游业；民俗文化

文化旅游已成为当今旅游业的一个亮点。康巴文化底蕴深厚，民族风情独具特色。近年来，康巴文化旅游业通过借助旅游景观景点有效地宣传了康巴民族民俗文化，把康巴民俗文化推上了旅游市场。然而，在快速市场化发展的过程中也暴露出种种不足，这制约了康巴文化旅游的正常发展，因此，审时度势剖析原因，制定适宜的对策既有利于丰富和更新康巴藏区旅游业的内容，又有利于康巴藏区旅游业乃至经济发展，为其注入新的血液和活力。

一 康巴文化旅游发展中凸显的问题

近年来，康巴文化旅游业快速发展，取得了一定的成效，但从长远角度考虑还存在许多不足。主要表现在以下几方面。

（一）民俗文化逐渐沦为一种仪式的展演

与许多民族地区一样，康巴藏区文化旅游也难免推出民族和宗教节日及活动的舞台化表演，为了迎合旅游者关于异文化的时空想象，或者仅仅是出于经济资本的投资目的，将民俗文化置于舞台中央加以展示。这时的民俗文化展演呈现了非日常的、设计好的、要求有固定群体参与的一种公众事件，向公众展示当地人的服饰、饮食、居住和村落环境等经过开发者有意建设的内容，最为集中地表现为民俗歌舞表演、民间体育娱乐和婚俗的表演。被展演的民俗生活不是一种自然的、原生态的生活状态，具有独特文化意蕴与价值的符号体系只留下一个空壳，民俗旅游被彻底仪式化了，民俗文化的再现也逐渐沦为一种仪式的展演。对于来去匆匆的游客而言，表层的可观赏性和新鲜感正是他们所追求的。利益驱动，使表演化成为民俗文化旅游开发的主流趋势。文化本真的传统、庄重和神圣逐渐淡化消失。

（二）文化旅游的内容缺乏地方特色

康巴民族民俗文化带有很强的地域性和民间性。特色，是民族文化旅游的灵魂，是民族性和地域性的集中体现。但在康巴地区已发展的文化旅游中，表现的内容基本相同，例如，节日文化旅游，各地区的一些文化节无非是表演一些节目，基本内容相同，缺乏各地的特色，没能把康巴藏族农牧区不同的节日文化呈现出来，也未能将各地区节日民俗最主要的文化内涵生动灵活地体现出来，节日民俗都是大同小异，溶入的地方传统文化元素甚少，人为拼凑成分多，原生态成分少，未能很好地挖掘出地方节日民俗真正的文化内涵。节日民俗活动未能很好地成为具有独特地域特色的文化内涵和历史渊源的展现，原生态性、地方性特色的缺乏，也影响了该区域文化旅游的吸引力。

（三）作为文化资本的康巴民俗文化，在商品化的过程中，正在从一种迷失状态进入另一种迷失状态

民俗文化进入旅游业，便从单一的自娱自乐变成了"旅游商品"。它需要符合市场规律、注重市场导向与资源导向的有机结合才能得以生存。有些地方有些部门开发民俗旅游项目时，刚开始还保留民俗的本来面目，后来因市场的冲击则以牺牲民俗的"清纯"为代价，开始重新建构民俗的文化符号，在这个过程中，许多的民俗仪式恢复了，民俗物品被保护起来了；从表层上说，传统文化由此得以延续甚至彰显，但从更深的层面上看，文化符号象征意义的神圣性被旅游活动

的娱乐性消解了。由于文化图式不同，在当地人看来神圣的东西，在游客的眼中可能只是一种娱乐。仅从仪式上看，一些有关宗教的、民族的仪式只有在特定的日子才能举行，而如今为了开发民俗旅游，吸引游客的眼球，那些对于当地人有特殊意义的重要事件被作为旅游资源开发后，变成了一种为外来游客进行的表演，其非同平常的意义消失了，神圣性也随之下降。

随着市场化进程的加快，权力与资本共同作用，将民俗文化符号商品化，目的不是再现失传的文化，而是想通过这种文化展演，带动饮食、住宿、购物、交通、就业、招商引资等第三产业的发展，促进地区经济融入全球化市场体系。"权力政治、资本与地方性文化的共谋所产生的民俗文化旅游的兴盛"在促进地方经济发展、塑造地方形象的同时，也使民俗文化剥离其生存状态而越来越变形走样，从一种迷失状态走向另一种迷失状态。

（四）康巴文化旅游中的文化印记逐渐淡化

文化不仅是一种能力，还是一种习惯。在经济全球化的形势下，社会的发展必然导致文化的变迁，而不同文化间的交往反过来又加速了这种变迁。在这一变迁过程中，某一文化的拥有者，对该文化中的某些传统习俗或许有能力没有习惯，或许能力与习惯均已消失。

近年来，一些地区在发展文化旅游时，过多地注重基础设施的建设，而忽视了作为核心的文化本身内涵的开发。文化旅游中未能将相关的传统文化、生产生活用品以及歌舞表演商品化，并且缺乏代表性的东西。尤为突出的是，随着社会经济的发展、改革开放的扩大、人们生活的日益丰富，康巴藏区很多古老的民俗传承，正经历着盛衰消长的演进过程。许多传统民俗从内容到形式发生深刻的变化，失去了早先的信仰内核，淡化了缥缈的古老情结，消减了民俗原先的文化印记。例如，节日民俗文化，现代的节日没有了传统社会中所具有的那种浓烈的情感，除了在节日期间出门逛街购物热情稍高以外，人们很难有节日的兴奋感觉。不难发现，时尚流行的文化艺术潮流，以前所未有的速度在扩展、渗透、推进；加之外来文化艺术的冲击，使康巴藏区的传统民俗节日与节庆文化濒临危机，一些节日民俗及民间文化艺术或萎缩、或淡化、或漠视、或冷落、或迷失、或远去。传统的民俗节日与民间节庆文化艺术，是藏族文化心灵的家园，如果节庆文化艺术的丰富性、多样性的淡化、流失,我们今后到哪里去寻找和欣赏这一古老的民族文化。如果民族的精神文化艺术植被一旦遭受破坏,又靠什么去滋养民族精神呢?

二 原因分析

(一) 经济社会快速发展导致文化过度商品化

经济社会的快速发展,商品经济理念的根植,致使人们物质消费方式和生存观念发生巨大变化,同时,也导致了旅游产品开发中文化过度的商品化。文化旅游产品形式越来越多样化,商业气息却越来越浓,而产品内核的文化庄重和神圣越来越淡,往日神圣的仪式和典礼成为创造金钱价值的工具。例如为了迎合旅游者的需要,藏区一些精美的传统工艺美术品未能摆脱商品化大潮的冲击,蜕变为粗制滥造的旅游购物品,文化特色和收藏价值锐减。

康巴地区的传统文化大多是植根于传统牧业、一部分农业以及草原文化与农耕文化的结合。培育传统民俗文化"土壤"的退化,让越来越多的人渐渐漠视传统文化和精神价值,这是许多传统文化被逐渐"淡化"与"矮化"的一个重要原因。

(二) 外来文化快速涌入带来的冲击

在经济全球化的时代,人们的日常生活日益趋同,人们对外来的文化也采取越来越宽容的态度;旅游开发一方面本身存在着扭曲的反映文化与真实方面文化的差别,更重要的是,它必将干扰民族文化原有的次序和发展过程,使落后地区受到旅游者外来文化的冲击。科技的发展让世界变得越来越小,传统文明架构下原有的诸多文化都在外来文化的冲击下很快瓦解、涣散甚至泯灭。一些优秀的传统地方民俗文化,往往来不及清查就被外来文化的浪潮席卷而去。不少曾经影响过一代又一代藏族群众生产生活的社会习俗和生活艺术,在外来文化的冲击下,传统文化元素严重退化,传统文化意识和传统观念被逐渐淡化。外来文化的冲击直接影响传统民俗文化的保护和发展。例如藏袍作为藏族民俗文化的一部分具有鲜明的民俗特征与独特的民俗特色。以前藏族人喜欢穿颜色鲜艳，款式丰富多彩的藏袍，但随着旅游的开发，世界各地的着装文化走进康巴藏族聚居区，该区域服装市场的生态正发生着潜移默化的变化。经济和文化有关，不仅藏式服装，藏族群众原来的生活用品、生活方式、文化价值观都有可能由于旅游的开发而受到冲击。

（三）地方经济发展水平不高带来的制约

经济是把双刃剑，一方面，经济的发展推动了社会的融合，使得原本处于弱势的地方传统文化在外来文化的冲击下逐渐被切割、肢解直至没落；另一方面，地方传统文化的传承和发展在很大程度上又有赖于一定经济发展水平的支撑。康巴藏区目前就处于这样的双重困境当中，区域经济水平落后于经济发达地区，大部分牧区群众经济尚不宽裕，地方财政收入极为有限，目前还没有能力拿出足够的资金用于传统民俗文化的保护和发展。

三 打造康巴文化旅游品牌，实现文化发展与经济发展的完美融合

（一）正确对待民俗文化遗产

康巴文化作为文化旅游的重要资源，在旅游发展中应走民俗文化与旅游产业可持续发展之路。

1. 树立文化认同的观念

文化认同是实现民族文化多样性保护的前提条件。首先，要充分发挥接待地居民在特色文化保护和提升中的作用，启发和激发当地居民对当地特色文化的认同和自豪感。其次，作为旅游开发者，应当重视当地居民对自己文化及其特色的认识，必须认识到当地居民才是文化的创造者，才是民俗文化的主人。"任何一个民族、族群都拥有平等发展本民族或本族群民俗文化的权利"。所以开发者要了解康巴地区民族的本土民俗文化，知道他们的价值观、审美观，知道他们的喜好，并能从较高层次上去理解他们的精神世界。

2. 保留康巴文化的精华

文化旅游是一种文化的交流活动，应以康巴民族民俗文化的特点和优势去吸引旅游者，旅游地区的民族文化并非是因其弱势而是因其特点和优势吸引旅游者的。作为民俗文化旅游中的主体应当充分展示当地民俗文化中最优秀的、最精彩的内容。因此，扬长避短，对康巴文化进行选择和优化是开发利用康巴文化资源时应考虑的首要问题。在开发康巴文化旅游项目时，要发挥文化在旅游中的作用，就应该继承和弘扬民俗文化的民族性精华，开发多样化的民族民俗文化资源，重视民俗文化实用与审美相统一的价值规律，从而实现康巴文化更大的旅游价值。

3. 保持康巴文化的原真性

优秀的民族文化和民间艺术是民族的根，文化旅游在拉动其他产业发展方面正发挥着越来越大的作用。要打造康巴文化旅游精品，必须提高文化品位和科学内涵，使游客置身于传统文化、宗教文化、民俗文化等各方面的同时，与历史沟通，与现实对话，捕捉深层次的文化信息，与区域文化环境相感应，享受文化的震撼。同时，在开发康巴文化旅游资源中，必须坚持"原真性"原则，保持其民族性、历史性、神秘性、周期性、传统性和参与性，因为这些正是康巴民族民俗文化的魅力所在。

（二）突出民族特色，精心设计旅游项目

1. 突出民族特色

康巴文化底蕴深厚，民族风情独具特色。发展文化旅游主要以民族独特的文化为主体，要利用宗教民俗活动、民俗工艺品、歌舞文化、饮食文化、服饰文化、礼仪习俗，并将它们汇聚在一起转变为旅游活动。在旅游资源开发中，要坚持"人无我有，人有我新，人新我特"的思路，强化精品意识，优先开发具有优势的文化旅游资源，把最能反映康巴文化特色的藏戏、服饰、饮食、民族歌舞融为一体，使区域文化旅游既星光灿烂，又重点突出，凸现出一批名优品牌和规模产品。为加强文化旅游精品建设，各地区应采取政府拨款和广泛筹资等措施，抓紧建设具有特色的民族文化园地和民族文化街道，推出原生态的节日民俗活动以及参与性旅游产品，吸引更多对康巴文化向往已久的游客。创造"一年四季节

不断,八方游客竞相来"的好势头。

在旅游项目方面可广开思路设计游乐项目。如民族风情旅游项目:歌舞、赛马、赛牦牛,以及民族宗教旅游、民族贸易旅游等项目。从而达到促进文化、旅游、经济全面繁荣发展的目的。以点带面,全面促进其他相关民族传统文化产业的发展和共赢局面。

2. 提升旅游项目的参与度

文化旅游是一种民间综合文化的展示。康巴文化历史悠久,流传面广,具有极大的普及性和群众性。而文化旅游活动,不仅密切了人和人之间的联系,有效地调节民众的心理和生理状态,获得一种身心的放松和精神的自足。而且还可以通过旅游这个人们共享的平台,表露群体的意识和显示民族的精神,实现民众之间的情感沟通,展示民众的生命活力。因为现在很多旅游者大多不再满足于单纯的观赏,而是希望通过亲身参与,成为特定民族区域环境中的一员,满足自己休闲、探奇、求知的需求。因此在开发和设计旅游产品时,为满足游客的参与欲,可以在旅游期间通过吃藏餐、穿藏服、住帐篷等活动加深游客对藏族文化的理解。同时,现代社会节奏加快、竞争激烈,处于转型期的中国当代社会的人们常感到压力大、节奏快,而旅游可以让人们暂时得以释放,例如通过体验参与赛马等节日民俗休闲活动可以成为人们追求"另一种生活"的途径。在依托赛马节日文化内涵的基础上,人们可以摆脱日常生活的压力与烦恼,陶醉于短暂的欢愉之中,重新找回失去的自我,节日民俗旅游活动是现代社会人们追寻、参与狂欢化生活的重要而"稀有的"体验方式。康巴藏族的民俗文化传统里也不乏存在狂欢文化资源正有待于我们去发掘、利用。

(三) 打造品牌,助推经济发展

1. 加强宣传促销,创建品牌

首先,每个区域每年应选择几个重点的文化旅游品牌,培育和包装宣传,逐步提升康巴地区文化旅游的品牌效应。其次,提供广阔舞台,通过举办区域性的艺术节、州县大型民族文化活动,以及旅游景区文化表演、民族风情会演等举措,为民族文化提供展示的舞台,进而提升民族文化的艺术水平和社会影响。第三,把民族文化旅游宣传与影视文化结合起来,通过民族风光片、电视、摄影作品等方式，充分展示康巴区域多姿多彩的民族文化特色，把藏族文化游、生态游、自然风光游推向全国，走向世界。

2. 以文化的本真性提升旅游产品的交换价值

在拥有丰厚的文化资源且经济欠发达的少数民族地区，当地居民对文化真实性的取舍关系到他们自身的生存与发展。因为在这种情况之下，当地居民最为关注的是文化为本地带来的经济效益，那种为保护本地文化而限制旅游业发展的举措，既无益于当地文化的健康发展，也无益于当地居民生活的改善，很难被当地人接受。从康巴文化旅游开发的角度来讲，文化旅游产品的设计与展示，特别是在旅游活动的组织过程中，当地人支持与参与是检验该产品本真性的一个重要指标。如果某种民俗活动本来就是当地居民日常生活的一部分，同时又受到旅游者的喜爱，那它的本真性就是毋庸置疑的。如康巴人民喝熬茶、吃糌粑、听藏戏、歌舞融于生活的习俗，既是当地人喜爱的日常活动，又是旅游者感兴趣并乐于体验的民俗旅游活动。民俗文化的核心是人，民俗旅游资源的核心也是人，只有当社区或文化团体确定对他们自己来说什么更重要，并控制着与旅游者和旅游业的交换过程时，真实性才会得到保护和加强；同其他商品一样，康巴文化旅游产品也具有不同的种类和档次。游客对文化旅游产品质量进行评判的标准就是其真实度，档次越高的产品真度越高。那些对康巴文化过度庸俗化、商业化、甚至歪曲的旅游产品，就应考虑对产品的真实度进行调整。文化商品也同样要受到经济规律的制约，如果它的真实性不能满足消费者的需求，其交换价值则无从体现。

（四）因地制宜培养旅游人才

人才是康巴文化旅游业发展的关键，而康巴地区的旅游人才，特别是管理人才和经营人才相对不足，已成为制约康巴文化旅游发展的重要因素，培养高素质的旅游人才是民族地区旅游建设成败的关键。

第一，强调民族地区居民的参与，是康巴文化旅游可持续发展的基本要求。在康巴文化旅游开发中当地农牧民具有不可忽视的作用，要把康巴文化旅游做活、做大、做好，就得加强对农牧民的培训和引导工作，激发农牧民办旅游的积极性和提高农牧民办旅游的能力。第二，康巴文化旅游能否可持续发展的关键在于当地牧民对自己文化价值的认识，成为自己文化的主动传承者和保护者，要做到这一点，就是让当地农牧民从自身文化资源的利用中获得利益，并通过教育培训，使他们成为当地旅游业发展的主体。第三，制定和实施农牧区旅游从业人员系统培训计划，建立农牧区旅游导游队伍，进行区域历史和民族文化等方面的知识培训，提高他们的文化遗产保护意识，帮助当地艺人和熟知当地历史文化知识的人，对历史文化进行研究和整理，并鼓励他们对年轻一代进行相关历史文化的传授。康巴藏区是生态地位重要的区域，在旅游开发中必须加强对自然生态环境和人文生态环境的保护意识。在旅游开发的过程中，应合理规划、科学设计，将旅游资源的开发与自然环境的保护、再生资源的永续利用紧密结合，根据旅游环境承载力的大小，以价格、宣传等手段来控制游客数量，加强环保宣传与环境管理，追求经济、社会、环境效益的统一协调。在发展文化旅游时必须走可持续发展之路，积极实现经济、社会和生态保护的良好互动发展。

参考文献

凌立、曾义：《论康巴文化资源与馆藏数字化建设》，《四川民族学院学报》2013年第4期。

何小军、蒲西安、曾伟、肖波：《浅谈康巴地区马文化的转型》，《绵阳师范学院学报》2013年第8期。

马桂芳：《文化传承视野下藏区节日民俗文化旅游的发展》，《攀登》2012年第5期。

况红玲、王瑜、刘婧：《康巴独特地域文化在旅游发展中开发与保护的思考》，《中华文化论坛》2008年第15期。

以文化创意助推青海旅游业发展

摘　要：发展旅游业最核心的东西是文化创意。因为创意是一种更高层次的生产力。旅游经由文化创意的打造，将获得远远超越传统旅游的社会效益和经济价值。所以，以文化创意助推旅游业发展，是青海省旅游产业发展的必然选择。

关键词：文化创意；旅游产业；高品质

旅游业作为21世纪的朝阳产业，体验旅游、文化旅游、特种旅游受到越来越多人的青睐。面对庞大的旅游需求量和新型的深度旅游需要，具有体验和创意特征的文化旅游是旅游业和社会经济、文化发展多重驱动下的高级旅游形态，是青海省旅游产业发展的必然选择。

2015年，以全国旅游"515"战略为统领，以"生态文明旅游年"为主题，以旅游产业转型升级、提质增效为主线，以发展乡村旅游和自驾车旅游、推动旅游信息化建设为着力点，创新提出并实施旅游"春潮行动"，坚持把增加旅游供给作为重要抓手，积极争取国家和省财政资金支持，以丝绸之路经济带建设为契机，坚持"走出去"战略和"请进来"行动的实施。同时，深入分析各地区的旅游资源特点、历史文化特色，坚持分类指导，因地制宜，把每个地区资源优势转化为产业优势，以特色为导向，打造青海旅游特色产品体系，形成竞争力。并与文化、广电、体育等部门，联合制定了《关于进一步促进文化和旅游融合发展的若干意见》，推动文化旅游深度融合。上半年全省累计接待国内外游客824.96万人次，累计增速13.65%；实现旅游总收入83.63亿元，累计增速18.7%。

当前，青海旅游业在转变发展方式的新格局中发展空间广阔。在物质发展不够充分的时代，向往城市，走向城市是潮流。在人均1000~3000美元收入的当下，都市激烈的竞争、严酷的选择、恶劣的环境、空虚的袭扰都会不约而至，走向边缘、走向农村、森林、原野、走向历史成为城市化进程中人类心灵的必然选择。因为发展的滞后，青海恰恰为人类保留了非常珍贵的自然和人文遗产。在国家转变发展方式的战略中，这些遗产成为后发的基础。也就是说城市化程度越高，旅游的发展就会越快，前景就会越好。

旅游是贫困地区、边远地区、少数民族地区、经济后发地区实现经济腾飞的主要手段之一。青海具有发达地区没有的，在传统经济模式视野中，属于落后的、贫穷的、艰苦的、原始的甚至野蛮的自然状况和人文状况，在文化创意的新视野中，必将获得华丽改变的新命运。众所周知，文化创意是客观性资源从资源转化为商品、一般性商品升华为高端商品、将零散性资源整合为整一性商品的重要手段。发展旅游业最核心的东西是文化创意。守株待兔这一传统的旅游理念必将成为历史，点石成金这一当代旅游新概念是必然选择。

一个区域的自然资源和文化资源只是潜在的产品和商品，还不能够产生经济效益。同样的产品，通过不一样的创意，能够产生本质不同的结果。如青海天地人缘文化旅游发展有限公司的喇海青把原本静谧的贵德黄河奇石资源和丹霞地貌资源用哲学的艺术的思辨手法，将生硬的石头和沉默的黄土演绎成人类石文化和土文化的艺术殿堂。巧妙而艺术地再现了女娲"以石补天、抟土作人"的华夏版的创世理念和中国人"以和为贵"的"和谐"天理。目前已命名为"国家地质公园"，也是"国家AAA级景区"。所以说创意是一种更高层次的生产力。旅游经由文化创意的打造，将获得远远超越传统旅游的社会效益和经济价值。

当旅游由"大众观光市场"发展到"大众休闲市场"和"个性体验市场"时，旅游业态和旅游产品就需要从创意的视角，去打造适应现代休闲旅游市场和个性体验市场发展趋势的全新旅游模式。这一模式的实现，首当其冲需要强化产业融合理念和企业间的合作，依托网络技术为旅游同业提供的集"资讯、交流、营销、商务、撮合交易"四位一体的综合产业平台，整合高价值、高品质的旅游产品采购买家资源，为旅游产业与文化创意产业融合创造直接合作机会。其次，要培育旗舰企业，打造文化创意旅游精品。如打造新型文化创意旅游产品系列，培育旅游新业态，目前可重点发展文化创意园、博物馆、展览、艺术欣赏、手工艺制作旅游产品等文化创意型旅游产品；以新形象、新产品、新形式给旅游者

"耳目一新"的感觉；以产业集群的形式优化文化创意旅游产品的空间布局，打造文化创意旅游区域，形成文化创意旅游品牌集聚效应和新的增长模式。第三，必须要形成"政府主导、多方参与、市场运作"的营销主体模式。由政府专职部门牵头协调各种社会力量，组成旅游目的地营销主体，策划、实施对外旅游营销活动。这种模式能够集中、统一有效配置目的地各种营销资源，从而走出一条"低投入、高产出"的营销模式。

与此同时，政府还应多元化角色定位：第一，政策支持的开拓者。政府通过打造相应的平台、优惠政策和资金支持，来引导和推进两大产业的融合发展；按照产业融合的思路予以规划和开发，重点突出地方优势和特色，扶持或引导企业挖掘地方文化旅游资源要素进行创意化开发。第二，法律保障的规范者。政府必须完善相关法规，推动知识产权的保护。形成有利于旅游产业与文化创意产业的融合法律环境，为各类企业营造平等竞争的环境。第三，管理协调者。因为融合的新兴产业，需要有融合的新机构来加以统一管理，并提供有所针对的专业服务与支持。积极推进与产业发展相适应的组织构建，以使产业管理更加明确、有效，也帮助业务更快、更好的增长。

节日文化是发展青南藏区民族旅游业的核心

摘　要：节日文化是人类文化的组成部分，是一个民族生活文化精粹的集中展示，是观察民族文化的一个窗口，也是研究地域文化的一把钥匙。青南是青海省藏民族聚居区，地理位置特殊，历史悠久，传统节日多姿多彩，民族节日文化与旅游相互依赖、相互影响。

关键词：节日文化；民族旅游

十七届六中全会提出，既要让人民过上殷实富足的物质生活，又要让人民享有健康丰富的文化生活。不断增长的文化生活需要，已成为人民群众越来越热切的诉求。推动文化大发展大繁荣，既要重视文化产业的发展，又要注重文化事业的建设。毋庸讳言，重视和壮大节日文化，对于落实文化惠民、加快发展青南藏区民族旅游业尤为重要。

节日是具有特殊意义、特殊活动内容的日子，并且以年度为周期，循环往复，周而复始。节日文化是以文化活动、文化产品、文化服务和文化氛围为主要表象，以民族心理、道德伦理、精神气质、价值取向和审美情趣为深层底蕴，以特定时间、特定地域为时空布局，以特定主题为活动内容的一种社会文化现象。它是人类文化的组成部分，是一个民族生活文化精粹的集中展示，是观察民族文化的一个窗口，也是研究地域文化的一把钥匙。

当然，就目前而言，节日能否在当代民众生活中引人注目，能否成为社会公众的一种强烈的精神需要，是一个值得思考的现实问题。所以，我们在构建新的节日形态的时候，不仅要考虑到它与当代社会的适应与协调，而且也应该对传统节日的文化资源有一个正确的估计，应该充分挖掘传统节日文化资源，利用有效的传统形式，赋予它新的意义。

正如中国民俗学家钟敬文教授于1990年指出："把传统民间节日活动中那些确实带有生活情趣的一些活动，认真加以挑选和运用。这样做，不但丰富了我们的新文化，也将使这种文化确实地具有较多的民族色彩和感情，而这点是很宝贵的"。传统节日在当代社会不仅是传承传统文化的重要载体，同时它也为民族文化传统的创新与发展提供了基础与凭借。"民间文化不仅仅是物质的精神的宝贵财富，它同时还是建设先进文化，将之推向前进的坚实的基础和重要的助力。"

节日文化是以文化活动、文化产品、文化服务和文化氛围为主要表象，以民族心理、道德伦理、精神气质、价值取向和审美情趣为深层底蕴，以特定时间、特定地域为时空布局，以特定主题为活动内容的一种社会文化现象。它是人类文化的组成部分，是观察民族文化的一个窗口，也是研究地域文化的一把钥匙。

藏族具有悠久的历史和灿烂的文化，同时也拥有丰富的节日资源，除了全藏区共同拥有的40多种节日外，还有难以统计清楚的地域性节日。节日是根据人们的物质生活和精神生活的需要应运而生的。从内容和性质上分有宗教性节日、生产性节日和时令性节日等。既有宗教方面的，更有世俗方面的；既有农业牧业方面的，也有娱乐竞技的。节日还有不可低估的社会功能和文化价值，都有一个统一的文化功能或文化价值，那就是划分时间段落，调节民众的生活。藏区的节日，基本上是群众的欢乐集会。人们借此机会休闲、放松、娱乐，载歌载舞。青南是青海省藏民族聚居区，泛指昆仑山以南、唐古拉山以北的广大区域，包括青海南部的黄南、果洛和玉树三个藏族自治州，俗称"黄果树"。青南地区有着极其特殊的地理位置，西与西藏自治区，南与甘肃省甘南藏族自治州，四川省甘孜藏族自治州、阿坝藏族自治州相邻，同为大藏区的重要组成部分。这里地广人稀，民众居住分散，交通不便，致使农牧民群众平日交往较少。因此，人们借节日机会，传递信息，增进友谊，交流经济。尤其在经济全球化的今天，传统口耳相传的非物质文化生存空间越来越小的情况下，藏民族传统的民间节日，无疑发挥着保护库和传播带的作用。近年来，由于受外来文化的影响，青南地区民间的歌谣、民间舞蹈，以及形式多样的竞技和游艺文化的表达空间日益狭小，已经成为弱势文化；甚至在一些地方，这类无形文化只有在过节时才能得到体现。节日本身作为非物质的文化形态，还可以为许多非物质文化遗产的继承保持和传播创造空间。节日作为人文旅游资源,具有鲜明而丰富的内涵和特点,具有不可低估的开发和利用价值。伴随着不断扩大的旅游市场需求,适时地将其价值挖掘出来,以满足旅游者的要求,同时也可创造出更大的经济和社会效益。

节日浓缩了人们日常生活中的精华,保留了民族文化中最精致、最具代表性的一面。藏族历史悠久,传统节日多姿多彩,各具特色。例如黄南州同仁地区(热贡地区)每年六月中旬到下旬举行的"六月会",是已知的时间最长的藏族(也包括当地的土族)节日之一,也是艺术活动内容最丰富、参与面最广、气氛最热烈的藏族节日之一。是时,居住在隆务河两岸的藏族、土族村庄的全体男女老少都参加。从最早行动的四合寺村,到结束得最晚的苏乎日村,各村都有固定的日子,一般都有五六天的活动。除了请神祭神外,村民们每天都在铜锣和龙鼓的伴奏下,集体跳"拉什则"(神舞)、"莫合则"(军舞)、"勒什则"(龙舞),有的村还表演讽喻性的小品,还表演类似杂耍的爬龙树、跳虎头豹头面具舞,还有高跷、武术、合唱、对唱等。而每个村表演的相同名字的节目,内容和形式又不尽相同。有的节目具有原始戏剧的表演样式,有的节目有大段精彩的曲调和唱词,有的节目有独具特色的服装和面具。在"六月会"里,当地人们的舞蹈艺术、造型艺术、语言艺术、音乐艺术,都得到了充分的展示,并在展示中得到传承和发展。近几年,"六月会"的艺术内容得到进一步的弘扬和扩展,同仁县政府还在此期间举办了"热贡艺术节",注重发挥"六月会"的文化内涵,在传统内容的基础上,增加了藏戏表演、民间绘画展览、宗教舞蹈表演等内容,吸引了大量的中外游客。从中我们可以看出,青南藏民族聚居区的民族节日文化与旅游有着天然的、非常密切的联系,它们相互依赖、相互影响。一方面,民族节日活动是民族文化集中对外展示的机会,这些活动具有深厚的文化底蕴,群众参与性强,气氛热烈,深深吸引着远近的游客;另一方面,旅游也反作用于民族节日文化,推动着藏区民族节日文化的不断交流与发展,使之更新与完善。同时,藏族节日文化呈现了宗教性、周期性、群众性、地域性、民族性、综合性、变异性、实用性等特点,它是发展民族旅游业的核心。

图书在版编目(CIP)数据

青海旅游业发展研究 / 马桂芳著. --北京：社会科学文献出版社，2019.7
ISBN 978-7-5201-4880-1

Ⅰ.①青⋯ Ⅱ.①马⋯ Ⅲ.①地方旅游业-旅游业发展-研究-青海 Ⅳ.①F592.744

中国版本图书馆CIP数据核字（2019）第095311号

青海旅游业发展研究

著　　者 / 马桂芳

出 版 人 / 谢寿光
责任编辑 / 丁　凡
文稿编辑 / 赵智艳

出　　版 / 社会科学文献出版社·城市和绿色发展分社（010）59367143
　　　　　地址：北京市北三环中路甲29号院华龙大厦　邮编：100029
　　　　　网址：www.ssap.com.cn
发　　行 / 市场营销中心（010）59367081　59367083
印　　装 / 三河市龙林印务有限公司

规　　格 / 开　本：787mm×1092mm　1/16
　　　　　印　张：15　字　数：245千字
版　　次 / 2019年7月第1版　2019年7月第1次印刷
书　　号 / ISBN 978-7-5201-4880-1
定　　价 / 78.00元

本书如有印装质量问题，请与读者服务中心（010-59367028）联系

版权所有 翻印必究